国家出版基金项目

以新旧动能转换促高质量发展研究丛书

价值链视角下科技创新与产业升级研究

JIAZHILIAN SHIJIAOXIA
KEJI CHUANGXIN YU CHANYE SHENGJI YANJIU

周志霞　著

企业管理出版社

图书在版编目（CIP）数据

价值链视角下科技创新与产业升级研究/周志霞著. -- 北京：企业管理出版社，2021.8

（以新旧动能转换促高质量发展研究丛书）

ISBN 978-7-5164-2307-3

Ⅰ.①价… Ⅱ.①周… Ⅲ.①技术革新—关系—产业结构优化—研究—中国 Ⅳ.①F124.3②F121.3

中国版本图书馆CIP数据核字（2020）第243740号

书　　名：	价值链视角下科技创新与产业升级研究
作　　者：	周志霞
选题策划：	周灵均
责任编辑：	陈　静　周灵均
书　　号：	ISBN 978-7-5164-2307-3
出版发行：	企业管理出版社
地　　址：	北京市海淀区紫竹院南路17号　　邮编：100048
网　　址：	http://www.emph.cn
电　　话：	编辑部（010）68456991　发行部（010）68701073
电子信箱：	emph003@sina.cn
印　　刷：	北京环球画中画印刷有限公司
经　　销：	新华书店
规　　格：	710毫米×1000毫米　　16开本　　17.25印张　　240千字
版　　次：	2021年8月第1版　2021年8月第1次印刷
定　　价：	89.00元

版权所有　　翻印必究·印装有误　　负责调换

前　言

当前,世界经济的联系越来越密切,各个领域都在进行生产要素的全球合作,实现了在全球范围内的要素流动及重组,形成了价值链不同环节在全球的布局,这正是国际价值链分工不断深化的具体体现。

国际价值链分工本质的特点是推动生产技术的可分性,促进技术分工细化和专业化,促进产品内分工的发展及升级,促进生产过程的延伸,进而推动产业升级。企业如果不能成功实现自主科技创新与产业升级,过分依赖发达国家的先进技术,必将长期受到价值链高端主导企业的结构性制约,对中间产品、技术、资本及产品销售都无法控制,最终被锁定在"微笑曲线"的最底部。企业只有不断提升自主创新能力,加快向价值链高端转移,才能实现科技创新与产业结构升级的耦合发展。

创新驱动是推动经济增长的动力和引擎,更是推动产业转型发展的内在动能。山东省正处于由大到强战略性转变的关键时期,经济增长方式正在发生变化,呈现出速度换挡、结构调整、动力转换的新特征。伴随世界科技创新呈现出新的趋势,新一轮科技革命和产业变革为山东省制造业发展转型升级创造了机遇,全球创新资源和要素加速流动为山东省充分利用外部创新资源、推动跨越式发展提供了机遇,商业模式与技术创新深度融合为激发山东省创新创业活力提供了机遇,区域经济一体化进程加快为山东省开放创新发展创造了新的空间。

本书基于当前山东省产业转型升级、经济高质量发展的紧迫需要,以价值链分工背景下科技创新与产业升级相互促进为主线，全面分析价值链视角下科技创新与产业发展的关系，系统梳理价值链下典型区域科技创新与产业升级的实践探索与成功经验，科学探讨产业低碳化转型发展的模式与路径，深入探寻价值链下科技创新与产业升级耦合发展的路径，并进一步探讨山东省科技创新与产业升级的发展思路、发展路径与环境保障。

本研究成果有助于加快推进山东省科技创新与产业结构升级，进一步增强创新优势和产业实力。研究认为，山东省要实现科技创新与产业升级的耦合发展，应深入贯彻新发展理念，聚焦国家、省经济社会发展重大战略需求，努力在高新产业培育、研发体系建设、科技成果转化、科技人才引进等方面实现新突破；应加快构建有利于科技创新、成果转化、产业升级和人才聚集的体制机制，以科技服务企业发展为中心任务，以提升产业发展质效为目标，优化产业空间布局，高效配置要素资源，营造良好产业生态，扎实推进新旧动能转换，以科技进步引领推动质量提升、效率变革，构建起协调发展的现代化经济体系。

周志霞
2021 年 6 月

目　录

第一章　价值链分工与产业发展 / 001

第一节　国际价值链分工概述 / 003
一、国际价值链分工的发展 / 003
二、山东省参与全球价值链分工的现状 / 004
三、国际价值链分工与产业升级 / 005

第二节　产业集群的形成机制 / 006
一、产业集群的内涵研究 / 006
二、产业集群形成机制的国外研究 / 007
三、产业集群形成机制的国内研究 / 009
四、产业集群形成机制的比较分析 / 010

第三节　产业集群发展的作用机制 / 013
一、产业集群发展的运行机制分析 / 013
二、集群初级阶段资源与环境的作用机制 / 015
三、集群成长阶段企业发展的作用机制 / 016
四、集群成熟阶段合作创新的作用机制 / 017

第四节　产业集群的经济效应 / 020

一、产业集群的经济增长优势研究 / 020

二、产业集群经济效应的框架结构 / 021

三、产业集群经济效应的机理分析 / 022

第五节　产业集群创新发展研究 / 025

一、产业集群创新的相关研究 / 025

二、三螺旋创新理论概述 / 027

三、产业集群的三螺旋合作创新机制 / 029

第二章　潍坊市科技创新实践探索 / 033

第一节　潍坊市科技创新发展现状 / 035

一、潍坊市科技创新的基础与优势 / 035

二、潍坊市科技创新发展存在的不足 / 044

三、潍坊市科技创新成果转化存在的不足 / 046

第二节　潍坊市国际科技合作实践探索 / 048

一、潍坊市国际科技合作发展现状 / 048

二、潍坊市国际科技合作的薄弱环节 / 051

三、潍坊市国际科技合作发展重点 / 052

第三节　潍坊市科技创新发展重点任务 / 055

一、实施重大科技项目，推动技术开发与产业化 / 055

二、完善科技创新平台体系，提升引才聚才功能 / 064

三、加快推动"新基建"发展，培育形成新动能 / 069

四、加快农业技术创新，推动现代高效农业发展 / 073

第四节　潍坊市科技创新能力提升重点 / 075

一、加快构建区域创新支撑高地 / 075

二、加快打造专业化科技创新孵化体系 / 078

三、深化拓展产学研协同创新 / 079

四、畅通科技成果转移转化通道 / 081

五、高质量实施引才引智工程 / 082

第三章　潍坊市产业升级实践探索 / 085

第一节　潍坊市产业转型升级背景与要求 / 087

一、潍坊市产业转型升级的背景 / 087

二、潍坊市产业转型升级存在的问题 / 088

三、潍坊市产业转型升级的基本要求 / 089

四、潍坊市产业转型升级的目标 / 090

第二节　潍坊市产业发展现状 / 091

一、助推新旧动能转换的十大产业 / 091

二、海洋产业发展现状 / 095

三、生物医药产业发展现状 / 098

四、生态环境相关产业发展 / 100

第三节　潍坊市传统产业转型升级重点 / 101

一、提升制造智能化服务水平，打造渤黄先进制造中心 / 102

二、推动海洋技术应用突破，构建现代生态海洋产业基地 / 103

三、做大做强特色农业，发展更具国际竞争力的现代农业 / 104

四、以节能减排为导向，促进纺织造纸绿色环保发展 / 105

第四节　潍坊市新兴产业转型升级重点 / 105

一、大力发展新一代信息技术 / 106

二、打造国内一流智能制造产业基地 / 107

三、积极推进新能源产业发展 / 108

四、推动节能环保技术突破与应用 / 109

五、强化生物医药技术研发与推广 / 109

六、促进新材料推广与应用 / 110

七、打造潍水文化创意区 / 110

八、构建渤黄高技术服务产业带 / 111

九、积极发展现代物流业 / 111

第五节　潍坊市产业布局优化 / 112

一、促进区域空间布局优化，明确产业发展定位 / 112

二、促进产业布局优化，提升产业核心竞争力 / 115

第四章　潍坊市产业低碳化转型发展 / 121

第一节　潍坊市产业低碳化转型背景 / 123

一、低碳经济研究发展脉络 / 123

二、潍坊市低碳化转型发展的必要性 / 124

第二节　潍坊市低碳经济发展现状分析 / 125

一、潍坊市能源消耗总体状况 / 125

二、潍坊市碳排放现状 / 129

三、潍坊市低碳经济发展区域差异 / 132

第三节　潍坊市产业低碳化转型模式与路径 / 136

一、潍坊市低碳经济影响因素分析 / 136

二、潍坊市产业低碳化转型发展模式 / 142

三、潍坊市产业低碳化转型发展路径 / 145

第四节　潍坊市产业低碳化转型发展建议 / 147

一、潍坊市产业低碳发展总体建议 / 147

二、潍坊市低碳模式应用推广建议 / 149

第五章　价值链下科技创新与产业升级案例 / 151

第一节　豪迈集团创新发展实践 / 153

一、豪迈集团简介 / 153

二、豪迈集团业务领域 / 154

三、豪迈集团创新优势 / 156

四、豪迈集团创新价值与机制 / 157

第二节　潍坊千亿级磁悬浮产业链发展实践 / 160

一、布局千亿级磁悬浮产业链 / 160

二、引才引智构建人才链"强力磁场" / 161

三、科技创新构筑产业链"四梁八柱" / 161

四、协同发展构造价值链的"千家万户" / 162

第三节　潍坊市产业集聚发展实践 / 163

一、培育壮大高新技术产业规模 / 164

二、扶持发展新兴高新产业 / 165

三、推进特色产业集聚发展 / 167

四、打造特色产业集群 / 168

第四节　全国典型地市创新发展实践 / 172

一、北京市创新发展实践 / 172

二、沪深宁津创新发展实践 / 184

三、浙江新昌县创新发展实践 / 187

第五节　生态产业价值提升与产业升级案例 / 188

一、五常大米价值提升与产业升级案例 / 188

二、新疆旅游产业价值提升与升级案例 / 191

第六章　价值链下科技创新与产业升级路径建议 / 195

第一节　价值链下科技创新与产业升级耦合发展 / 197

一、价值链分工对科技创新与产业升级的锁定效应 / 197

二、价值链下科技创新与产业升级的耦合体系 / 198

三、价值链下科技创新与产业升级的耦合路径 / 200

第二节　山东省科技创新与产业升级发展思路 / 203

一、山东省科技创新与产业升级面临的形势 / 203

二、科技创新与产业升级的指导思想与原则 / 206

三、科技创新与产业升级的发展目标 / 208

第三节　山东省科技创新与产业升级发展路径 / 210

一、大力发展高新技术产业 / 210

二、培育优势高新技术企业 / 212

三、大力加强科技创新平台建设 / 214

四、打造专业化科技创新孵化体系 / 215

五、促进科技成果转移转化 / 217

六、大力加强高端人才引进 / 218

第四节 山东省科技创新与产业升级环境保障 / 220

一、构建科技创新管理新机制 / 220

二、健全科技创新投融资机制 / 222

三、完善科技信息服务体系 / 224

四、实施知识产权强省战略 / 225

五、强化政策激励措施 / 226

参考文献 / 231

附录一 潍坊市落实国家、省重点科技政策情况 / 247
附录二 山东省产业链条延展案例 / 251
附录三 山东省产业创新与发展调查问卷 / 257

致　谢 / 261

第一章

价值链分工与产业发展

第一节 国际价值链分工概述

一、国际价值链分工的发展

当今，世界经济的联系越来越密切，各个领域都在进行生产要素的全球合作，实现了在全球范围内的要素流动及重组，形成了价值链不同环节在全球的布局，这正是国际价值链分工不断深化的具体体现。

国际价值链分工的发展有其历史背景，伴随第三次科技革命对科技创新的大力推动，新兴产业快速发展，产业转移及生产要素的重组配置在国际范围内大量兴起。第二次世界大战之后，跨国公司呈现快速发展的态势，并直接推动国际价值链分工的快速发展[1]，而伴随经济生活国际化和国家间相互依赖的加强，大量的发展中国家开始进入国际价值链分工体系，国际价值链分工得到进一步深化。

国际价值链分工的发展是较长时期的经济协作活动，经历了生产要素的国际移动与跨国公司全球生产体系的发展等进程。第一个阶段是生产要素的国际移动与价值链分工。该阶段各国生产要素通过价值链分工的全球布局，包括国际投资与国际直接合作等形式，在国际间进行直接流动，或者通过对中间产品的进口，实现技术、资本等要素在国际范围的间接流动。第二个阶段是跨国公司全球生产体系的产生与发展。该阶段伴随跨国公司的规模不断扩张，全球投资政策总体趋向于自由化，跨国投资的行业分布逐渐向服务业拓展，全球生产体系不断完善，价值链分工体系得以在全球配置并不断完善，各国在生产领域

---

[1] 任燕.价值链视角下潍坊市科技创新与产业升级的耦合研究[M].北京：经济管理出版社,2018.

积极进行经济协作，生产要素得以不断优化组合。

二、山东省参与全球价值链分工的现状

价值链分工是山东省技术进步和产业结构升级的重要推动力之一，山东省参与全球价值链分工的形式主要有：其一，垂直型价值链分工，即由发展中国家供给初级生产要素，发达国家供给技术及资本等高级生产要素，分工的主体国家在经济上处于垂直关系，多为低附加值、低技术含量的生产加工环节；其二，水平型价值链分工，即存在于产业之间、产业内部、产品加工工艺环节之间的专业化分工，分工的主体国家在经济上处于水平关系，共同参与价值链上的不同生产或研发环节；其三，混合型价值链分工，即与发达国家一起参与价值链不同环节上的垂直分工，同时也与发展中国家参与相同或类似环节上的水平分工，是一种综合型价值链分工形式。

山东省参与全球价值链分工经历了1978—1986年的起步阶段、1987—1991年的稳步发展阶段、1992—1993年的高速发展阶段、1994—2000年的调整发展阶段，以及2001年之后的稳定发展阶段，已经成为大量跨国公司重要的分工基地。国际价值链分工弥补了山东省经济发展过程中存在的建设资金不足的问题，帮助引进了相关行业的先进技术与管理经验，促进了山东省产业转型升级与开放型经济的发展。

山东省企业通过参与国际价值链分工，也获得了附加值效应、技术进步效应与产业拓展效应[1]。通过积极融入价值链分工，使国外资本和技术要素与本省土地和劳动力要素有效结合，形成静态与动态附加值效应，帮助本省企业从劳动密集型环节向资本和技术密集型环节跃升。通过参与价值链分工的代工环节，代工企业有效地应用国外先进技术，或者通过改进实现技术的二次突破，

---

[1] 任燕.价值链视角下潍坊市科技创新与产业升级的耦合研究[M].北京：经济管理出版社,2018.

从而产生技术进步效应和产业升级效应。通过参与价值链分工体系进一步优化山东省的产业布局，获得生产大量技术含量较高的中间产品的机会，使本地企业和产品迅速进入国际市场，从而产生产业拓展效应。

三、国际价值链分工与产业升级

国内企业参与国际价值链分工体系，要实现产业的转型升级，就要在科技创新的推动下，从垂直型分工向水平型分工或混合型分工转变，由低附加值、低技术含量向高附加值、高技术含量跃升。

其一，价值链分工有利于促进技术分工细化和专业化。价值链分工最本质的特点在于推动生产技术的可分性，各国企业依据各自优势在不同的技术环节进行专业化生产，将全球的国家和企业有效地纳入生产技术分工，技术专业化水平和生产效率得到极大的提高。

其二，价值链分工有利于促进产品内分工及其升级。价值链分工使国际分工进入了产品内分工时代，各国都形成了相对完善的投入产出关系，很多大型产品都成为"万国商品"，由不同国家的不同企业根据本国优势分工协作完成，各国资源得到最大化利用，技术与要素得到最优化配置。

其三，价值链分工有利于促进生产过程延伸和生产分工深化。价值链分工促进了产品的生产制造向两端延伸，推动了设计研发和流通营销环节的延伸；同时，推动了一国垂直型分工、水平型分工与混合型分工的发展，拓宽了国家和企业的分工领域，得以获得更多的价值链分工空间与附加价值。

发展中国家在参与国际价值链分工时，应尽量避免长期过度的出口偏向型增长和贫困化增长[1]，应致力于通过科技创新向价值链分工体系的高端环节演进，从而实现本国产业的转型升级。

---

[1] 任燕.价值链视角下潍坊市科技创新与产业升级的耦合研究[M].北京：经济管理出版社,2018.

第二节　产业集群的形成机制

一、产业集群的内涵研究

产业集群（Industrial Cluster）描述了特定行业一定数量的企业在地理上出现集中的经济现象。由于学者们对这一经济地理现象研究的角度不同，出现了对同一现象的不同描述，并派生出各具侧重点的概念。

在各类文献中，与产业集群类似的概念还有产业集聚（Industrial Agglomeration）、聚集经济[①]（Agglomeration Economics）、产业综合体[②]（Industrial Complex）、新产业区[③]（New-Industrial District）、产业区（Industrial District）、地方生产系统（Local Product System）、块状经济（Massive Economy）等多种表达方式。

其中，产业集聚与聚集经济侧重从生产要素聚集角度对这一现象进行描述；产业综合体强调这一集中是由产业相互关联的企业形成的；产业区、新产业区偏重于对集群构成影响的地方社会和文化因素；块状经济则是国内对这一现象的一种形象的描述。

[①] 臧旭恒.产业经济学[M].北京：经济科学出版社，2002.
[②] 徐强.产业集聚因何而生：中国产业集聚形成机理与发展对策研究[M].杭州：浙江大学出版社，2004.
[③] 王缉慈.创新的空间[M].北京：北京大学出版社，2001.

二、产业集群形成机制的国外研究

从西方产业理论研究的历史来看,对于集群形成机制的解释大致经历了两个阶段。在 20 世纪 70 年代以前,主要是以新古典经济学家马歇尔为代表的"外部经济"理论和以工业区位论鼻祖韦伯为代表的"集聚经济"理论。

(一)"外部经济"与"集聚经济"理论的解释

在对产业集聚机制的研究中,马歇尔(1890,1920)研究了英国产业集聚现象,发现企业追求外部规模经济的动机导致产业集聚的形成[①]。他首次描述了大量专业化中小企业地域集中和发展的情况,提出了"产业区"概念,并从三个方面对产业的地区性聚集做出了解释:信息交换和技术扩散、规模扩大带来的中间投入品的规模效应和劳动力市场规模效应。在其《经济学原理》第四篇第十章中,马歇尔认为:"自然条件,如气候和土壤的性质,在附近地方的矿石和石坑,或是水陆交通的便利""宫廷的奖掖""统治者有意识地邀请远方的技术工人,并使他们住在一起"等都可以导致工业的地方性集中,进而形成集聚现象。

继马歇尔从经济学角度对产业聚集现象做出解释后,韦伯(1929)从工业区位理论角度对产业聚集进行了深入研究,并首次提出了"聚集经济"概念。韦伯进一步指出,集聚能给企业带来收益或节约成本;实际支付运费最小的地点,将会成为工业集聚的地点。

法国经济学家佩鲁(1950)提出了"经济空间"的概念,为了分析支配效果产生的非均衡经济增长,他引入了"推动力单位"(Proposive Unit)及"增长极"(Growth Pole)的概念,正是这种增长极的乘数带动效应铸就了竞争优势。增长极理论突出强调了政府在产业聚集形成、发展过程中的作用。之后,佛罗

---

① Marshal. Principles of Economics[M].London: Macmil-lan, 1920.

伦斯（1948）、罗煦（1954）对聚集经济进行了进一步的阐述；而亨德森（1974）认为，规模经济越明显、生产阶段越长的产业可以获得更高的聚集利益，也更易于形成聚集[①]。

（二）"新产业区"及相关理论的解释

20世纪90年代崛起的新经济地理学抓住了工业集聚最为本质的力量——收益递增，克鲁格曼（1991）引入地理区位等因素，分析了空间结构、经济增长和规模经济之间的相互关系，提出了新经济地理学理论。他发展了聚集经济的观点，将劳动力市场共享、专业化附属行为的创造和技术外溢解释为马歇尔关于产业理论的三个关键因素，并认为经济活动的聚集与规模经济有紧密的联系，能够导致收益递增。克鲁格曼倾向于以模型来解释产业的地理集聚及其利益的问题，他总结了产业区竞争优势来自劳动力发展、相关企业和服务活动对核心产业的支持以及频繁的信息交流对创新的贡献三个方面，并将这三个方面称之为"规模报酬递增"的基础。

波特系统地提出了新竞争经济学的产业集群理论，认为产业集群的产生和发展关键在于其竞争优势，在其著名的企业集群钻石模型中，波特认为具有竞争优势的产业之所以能够获得持续创新和升级，主要取决于四个基本要素：生产要素，需求条件，相关产业和支持产业的表现，企业的战略、结构和竞争对手[②]。

（三）形成机制的实证检验

越来越多的学者致力于通过实证研究来检验这些因素对产业集群影响的显著性。奥玛斯（1997）、罗森塔尔和斯特兰奇（2001）通过回归分析得出结论，企业倾向定位于低技术劳动力供给多的地方。亨德森和沃纳伯尔斯（2000）从

[①] Henderson J V. The sizes and types of cities [J]. American Economic Review, 1974（64）: 640-656.
[②] 波特. 国家竞争优势 [M]. 李明轩, 邱如美, 译. 北京：华夏出版社, 2002.

经济发展和地理的角度探讨产业为什么会群集、新集群是如何形成的等问题[①]，并对国际和国内经济的地理特征进行了实证研究。阿雷克等（2003）对德国制造业集聚影响因素的实证研究发现，规模较大的产业集聚性较低，更多地依赖于服务的产业倾向于集聚，运输成本倾向于降低整体集聚水平，更多地利用标准化生产技术的产业将降低集聚，回归结果在一定程度上支持了产业区理论和新经济地理学理论。

罗森塔尔、斯图尔特和斯特兰奇（2001）对美国制造业集聚经济的回归分析表明，劳动力蓄水池指标在所有的地理分析单位上都对集聚有正的影响，知识溢出指标只在邮政区码水平上对集聚有正的效应，制造性投入或自然资源只在州水平上对集聚有正的影响。布兰迪等（2004）运用面板数据估计方法研究CEEC国家制造业集聚状况，发现产出的集中受到生产率差异、外国直接投资水平差异和地方性消费的显著强烈影响。

上述学者的研究结果一致表明（尽管不同国家检验结果的显著性水平有所差异），劳动力蓄水池对产业集聚的影响比较显著，自然资源也是影响产业集聚的重要因素，知识溢出在不同的地理单元上作用程度不同，运输成本、地区消费水平、产业规模大小等对产业集聚都有一定影响。

三、产业集群形成机制的国内研究

国内学者对集群形成机制也进行了大量的研究。李小建（1997）提出将区域的形成时间、规模结构、联系程度和根植性等因素作为识别新产业区的标准[②]；仇保兴（1999）指出应从生态学的角度研究中小企业集群；王缉慈（2001）指出，影响产业形成与发展的因素主要有区位与空间因素、社会文化因素、产业组织与经济方面的因素及公共机构与组织支撑因素；魏后凯（2003）认为政

[①] 王燕燕.济南市高新技术企业集群化成长研究[D].济南：济南大学,2008.
[②] 张淑静.产业集群的识别、测度和绩效评价研究[D].武汉：华中科技大学,2006.

府政策在引导产业合理有序发展，创造有利于创新的良好外部环境，以及防止产业退化甚至走向衰退等方面具有十分重要的作用；陈柳钦（2007）指出区域创新环境中四大创新（技术、制度、管理体制、文化）因素是营造整个区域创新环境的关键，这四大创新因素又分别直接与产业发生互动关系，从而产生相互作用；桂拉旦（2007）认为区位与空间、社会背景、产业组织关联以及公共机构与组织支撑诸因素是产业集群形成与发展的主要影响因素。

部分学者进一步研究了集群创新及升级的形成机制。胡恩华（2009）、郭洪晶（2009）研究了产业集群创新的形成机理；熊永清（2008）、张学伟（2010）认为集群创新机制的影响因素可以分为外部环境因素和内部环境因素，内外环境因素交织作用、催化互动，共同影响产业集群创新机制的运行；戴勇（2009）基于全球价值链的角度对外生型集群企业升级的影响因素进行了研究。

郑小勇（2009）对集群企业外生性集体行动的影响因素进行了效度检验，余福茂（2009）、王娟茹（2009）、陈守明（2009）、刘红丽（2009）对集群企业知识分享行为及知识转移影响因素进行了实证研究，马鹏（2010）则基于正式创新网络视角对产业集群升级的影响因素进行了实证研究。

四、产业集群形成机制的比较分析

从马歇尔的产业区理论、韦伯的工业区位论、斯科特的交易费用理论、波特的竞争优势理论，一直到新经济地理学理论，都对产业集群的形成机制进行了理论分析，其研究结论经整理如表 1-1 所示。

表 1-1　各学派关于产业集群形成机制的主要观点

理论学派	产业集群影响因素	形成机制归结
产业区理论	劳动力市场共享、专业性附属行业的创造、技术外溢[①]	集聚经济机制
工业区位论	区域因素（劳动力、运输成本），位置因素（集聚、分散）	
新经济地理学理论	贸易成本、劳动力流动、本地市场需求、前后向关联	
交易费用理论	企业数量因素、企业的地方根植性因素、距离因素	企业竞争优势机制
竞争优势理论（钻石模型）	生产要素因素，需求条件因素，相关支撑产业因素，厂商结构、战略与竞争因素[②]	
GEM模型（基础-企业-市场模型）	资源要素，设施要素，供应商和辅助产业要素，企业结构、战略和竞争要素，本地市场要素，外部市场要素[③]	
报酬递增理论	技术创新因素、制度创新因素、偶发事件	技术创新机制
创新理论	技术创新与扩散	
社会经济网络理论	社会网络因素、人际关系的非正式性	社会网络机制
交易成本理论	社会网络	
增长极理论	区位因素	区位机制

---

① 马歇尔.经济学原理[M].朱志泰，译.北京：商务印书馆,1997.
② Porter M E. The Comparative Advantage of Nations [M]. New York: Free Press, 1990.
③ Padmore T, Gibson H. Modelling systems of innovation: A framework for industrial cluster analysis in regions[J]. Research Policy, 1998 (26): 625-641.

通过梳理上述文献资料可以发现，尽管近年来有关产业集群的文献大量涌现，但至今为止学术界并没有就产业集群的内在机制形成一致的看法。可以看出，各学派对产业集群形成机制的研究可归结为以下几类。

其一，集聚经济机制。该观点的代表学派有：产业区理论，认为产业集群的影响因素包括劳动力市场共享、专业性附属行业的创造以及技术外溢等；工业区位论，认为集群影响因素主要有以劳动力、运输成本为代表的区域因素和集聚性、分散性为特性的位置因素；新经济地理学理论，认为集群影响因素包括贸易成本、劳动力流动、本地市场需求以及前后向关联等。

其二，企业竞争优势机制。该观点的代表学派有：交易费用理论，认为集群影响因素可分为企业数量因素、企业的地方根植性因素以及距离因素等；竞争优势理论（钻石模型），认为集群影响因素主要有生产要素、需求条件、相关支撑产业、厂商结构、战略与竞争因素等；GEM模型（基础-企业-市场模型），认为集群影响因素包括资源要素，设施要素，供应商和辅助产业要素，企业结构、战略和竞争要素，本地市场要素，外部市场要素，等等。

其三，技术创新机制。该观点的代表学派有：报酬递增理论，认为集群影响因素主要有技术创新因素、制度创新因素以及偶发事件等；创新理论，认为集群影响因素主要包括技术创新与扩散。

其四，社会网络机制。该观点的代表学派有：社会经济网络理论，认为集群影响因素主要有社会网络因素、人际关系的非正式性等；交易成本理论，认为集群影响因素主要是社会网络因素。

其五，区位机制。该观点的代表学派为增长极理论，认为集群影响因素主要是区位因素。

第三节 产业集群发展的作用机制

一、产业集群发展的运行机制分析

（一）集群发展的运行机制

集群发展过程是一个复杂的过程，是各种动力共同作用的结果[①]。通过深入探析产业集群的发展优势，可知产业集群发展的动力机制是由资源企业及关联性产业、政府、高校及科研院所等诸多主体，在资源禀赋、资源市场、外部环境等条件下，相互耦合而涌现成为具有强烈根植性自组织的过程。在集群发展过程中，企业发展、集群合作创新以及资源与环境等要素贯穿其产业演进全过程。

如图1-1所示，集群发展的运行机理如下：集群发展动机产生后，在政府的推动下和高校与科研机构知识库的辅助下，在资源市场与外部环境的拉引及影响下，通过生产企业主体的转换作用，转化为现实生产力；现实生产力将会产生经济效益，将分别在生产企业、政府和高校之间进行利益分配，在诸种动力源的作用下，产生了集群发展与创新活动，同时也会反作用于市场竞争与消费行为，从而激发新的发展需求；新一轮发展进而推动集群向更高层次发展；集群发展活动因此呈螺旋上升而不断演进。可见，产业集群的发展过程是一个多变量共同作用的、螺旋式上升的动态过程。

[①] 涂俊,李纪珍.从三重螺旋模型看美国的小企业创新政策[J].科学学研究,2006(3):411-416.

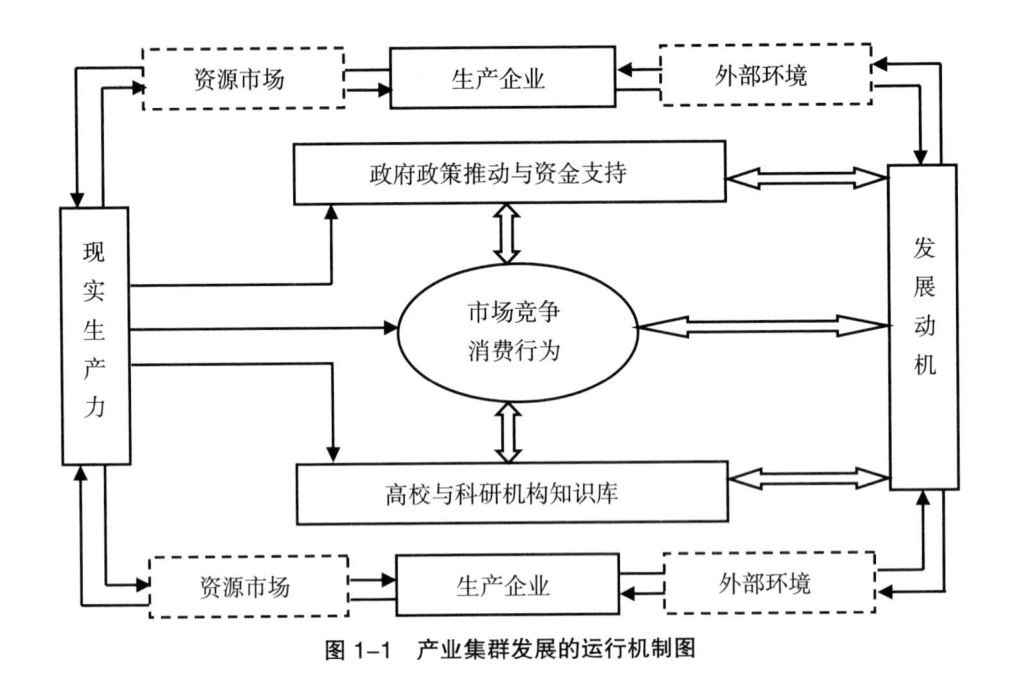

图 1-1 产业集群发展的运行机制图

（二）集群发展的动态阶段

产业集群并不是一个静态的结构，而是一个动态发展的过程，其成长也呈现出明显的阶段性特征。在产业集群的成长过程中，相关因素会起到不同程度的推动作用，故而在集群发展的不同阶段，集群动因的作用力强度各有侧重，从而也使集群发展呈现出不同的发展模式[1]。

依据弗农产品生命周期理论对产品发展阶段的划分[2]，学者们将产业集群的发展划分为不同的阶段。国外学者诸如阿霍坎加斯基于产业内生性的集聚现象将产业集群发展过程分为起源和出现、增长和趋同以及成熟和调整三个

---

[1] MitraR, PingaliV. Analysis of growth stages in small firms: a case study of automobile ancillaries in India [J]. Journal of Small Business Management, 1999,37（3）: 62-75.

[2] Vernon R A. International investment and international trade in the product cycle [J].Quarterly Journal of Economics,1966（2）:190-207.

阶段[1]，菲尔德曼从复杂系统理论出发将产业集群的发展过程分为出现、自组织、集聚和系统成熟四个阶段，波特则将集群发展阶段分为诞生、发展、衰亡三个阶段。国内学者诸如王缉慈依据集群竞争优势的发展将集群演化过程分为形成、成长和成熟阶段，魏守华将集群的动态阶段划分为发生、发展和成熟阶段，贾明江将产业集群划分为产生、发展、成熟、转化四个阶段，郑文军将低壁垒集群的发展过程分为初级阶段、成长阶段、成熟阶段及衰退阶段。

整合上述学者研究结论，我们将产业集群的发展过程划分为初级阶段、成长阶段及成熟阶段三个阶段，以进一步研究不同阶段集群发展的作用机制。

二、集群初级阶段资源与环境的作用机制

集群的生成和发展与地域的资源特色、产业要素、文化传承、市场环境等要素有着多样的关联，集群初创期能否吸引新企业加盟，关键在于是否具有企业所需要的资源和基础设施。在产业集群发展的初级阶段，企业之间基于资源优势在某一地区集聚形成产业集群，此时区内企业数量较少，高度分工协作的生产网络没有完全形成，集群发展相对缓慢。由于企业规模小，发展资金有限，地理优势为企业发展提供了便利条件，集群企业也以生产扩张型的发展模式为主。在这一阶段，资源与环境要素是集群形成的主要因素。

以山东省木材加工产业集群为例，山东省木材资源并不是很充足，但得益于整体较高的经济水平的拉动及良好的区位优势，这一制约得以有效缓解，一定程度上促进了产业集群的形成与发展。山东省以本地的杨树、桐木、柳木等特色资源优势为支撑，大力营造产业发展所需的良好的经济、科技、社会、文化环境，培植出了大批具有本地特色的产业集群。

---

[1] Ahokangas P, Hyry M, Rasanen P. Small technology-based firms in fast-growing region cluster [J].New England Journal of Eetrepreneurship, 1999（2）:19-26.

三、集群成长阶段企业发展的作用机制

集群进入成长阶段后,随着集群内企业和机构数量的迅速增加,建立了一定的工业园区和组织,企业间形成了一定的分工协作网络,并形成了广泛的产业配套网络,产业集群发展进入增长期;但同时行业竞争日益激烈,产品的市场空间越来越小,低层次、反复性的产能扩张型生产模式已不再适合集群的进一步发展,集群开始转入市场开拓型的发展模式。产业集群目前基本处于发展的成长阶段(仍有个别集群尚处于初级阶段),此时,资源与环境要素的作用力开始减弱,企业自身的发展成为集群进一步发展的主导要素。

(一)企业竞合机制促进集群升级

马姆伯格和马斯克尔(2002)认为,地理集聚和专业化分工便利了集群企业间的合作与信任。集群内企业依靠其地理位置的聚集,利用区域性市场的特点,通过联合开发新产品、开拓新市场以及建立生产供应链,形成了一种互动互助的竞合机制,即企业彼此竞争又互相协作,竞争和协作互相转化。企业之间的交互作用所产生的协同与竞争,对产业集群的健康发展作用显著。

如图1-2所示,通过企业间的竞争与合作,企业可以实现高效的网络化的互动和合作,建立战略联盟和伙伴关系,以克服其内部规模经济的劣势[1];同时这种互动机制的形成,使集群内信息流通加快,有利于知识和技术的扩散,增加交易的机会和成功率,从而获取集体效率。产业集群的发展壮大,就是通过集群内企业之间的这种竞合机制实现的。

---

[1] 刘彬. 江苏省制造业产业集群分布及其经济效应分析[D]. 南京:南京航空航天大学,2006.

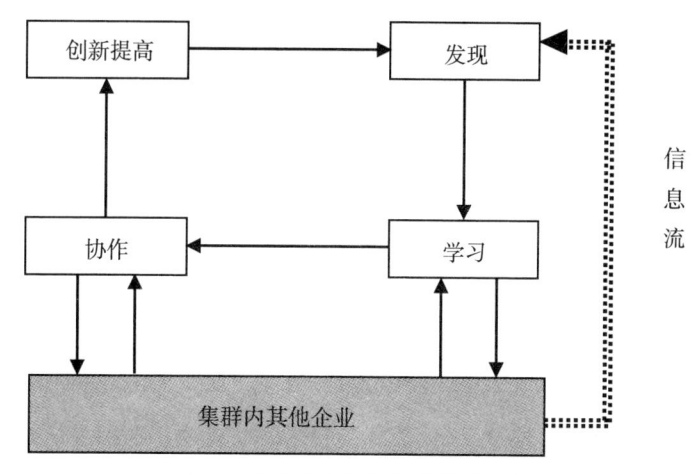

图 1-2 企业竞合机制的良性循环图

（二）企业产业链条促进集群升级

产业集群的竞争力取决于其在全球价值链中的地位、集群内部企业以及集群与相关产业之间合作的宽度和联系的强度。完整的产业链条正是集群优势所在，生产企业利用社会网络中分工合作的经济关系，按照产业内部的分工合作链条，通过资源的联合进行技术创新，促进集群建立起知识共享的信任机制和激励机制，从而建立起集群的组织学习机制，最终促进集群的不断发展。

以山东省产业集群为例，木材加工企业立足本地资源、拉长产业链条，在菏泽、临沂、聊城、德州等地，已基本形成"林业生产—木材交易—木业加工—胶合板制造—家具制造"这样一条完整的产业链条，使产业辐射效应和集聚优势得以放大，更好地推动了产业集群的发展。

四、集群成熟阶段合作创新的作用机制

当集群扩张到一定程度后，由于群内企业数量和规模接近区域所能容纳的上限，产业集群将逐渐过渡到成熟期。迅速增加的资源竞争导致生产成本、

经营成本递增，单靠市场拓展已不能应对激烈的国际与国内竞争，部分大型企业率先步入产品创新型发展模式。在这一阶段，企业发展要素的作用强度有所减弱，集群创新要素将成为引导集群向高价值链、高水平方向发展的关键因素。

（一）集群创新促进集群竞争力提升

集群创新是产业竞争力的一个重要来源，集群的创新能力始终是支撑产业持续发展的决定力量。黄速建（2010）指出，只有依靠创新发展，中国产业才能够避免走向马歇尔"工业区"衰退的境地，才能够走出"低端道路"的困境，才能够在未来的产业竞争中处于"高端"地位[①]。当产业集群由成长阶段向成熟阶段转变时，集群利用传统技术生产的低档产品将远远不能满足市场需求，由于竞争激烈，各种要素的成本上升，必然引起竞争优势的逐渐丧失，产业集群要保持持续的竞争优势，创新是其唯一途径，这不仅是增强单个企业持续竞争力，也是实现集群升级的一个有效途径。

（二）产官学合作创新促进集群升级

按照拉尔森的观点，集群内企业合作创新是企业组织间连续"握手"的结果，集群内的企业形成一个共生的系统[②]。在集群社会网络形成与孵化的作用下，生产企业、地方政府、高校与科研机构等主体在交互作用于协同创新过程中，彼此建立起各种相对稳定的、能够促进技术创新的、正式或非正式关系的总和[③]，从而构成了集群的创新网络。

在这一网络中，企业可以充分利用各种资源优势，促进企业、政府以及高等院校和科研机构在互动过程中产生技术创新优势，这种产官学三方合作创新

[①] 黄速建.中国产业创新发展报告[M].北京：经济管理出版社,2010.
[②] 王缉慈.创新的空间：企业集群与区域发展[M].北京：北京大学出版社,2001.
[③] 盖文启.创新网络[M].北京：北京大学出版社,2002.

成为驱动集群创新绩效提升的重要因素，有利于提高产业核心竞争力，从而摆脱以消耗基础资源为基础的产业价值链低层次连续，进入以创新资源为基础驱动的产业价值链的高层次连续。

综上所述，我们用一个直观的图形（见图1-3）大致反映产业集群不同发展阶段的主导动力机制：资源与环境因子在集群初级阶段推动力最大，之后不断减弱；企业发展因子在集群成长阶段推动力最大，而前、后两阶段相对较低；集群合作创新因子自集群进入成长阶段后开始发挥推动作用，当集群过渡到成熟阶段后其推动力达到最大。

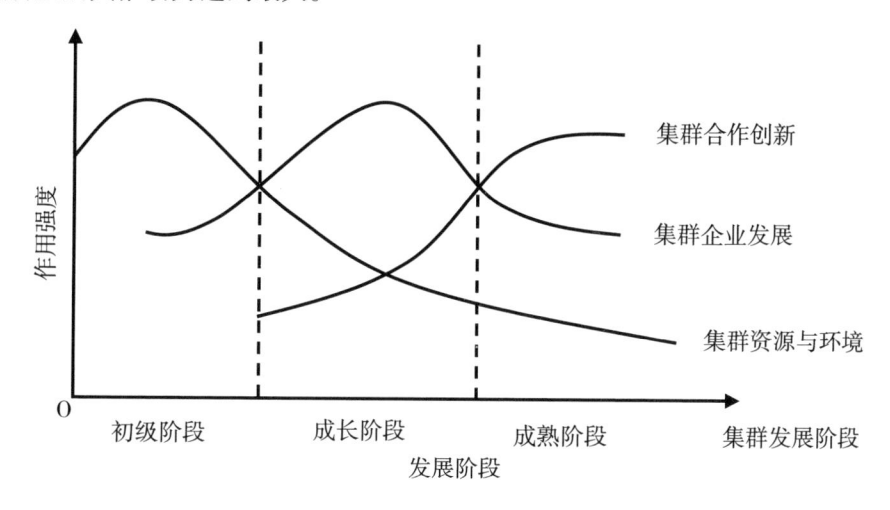

图1-3 产业集群不同发展阶段作用机制图

第四节　产业集群的经济效应

一、产业集群的经济增长优势研究

（一）集群经济增长优势的国外研究

国外学者很早就认识到经济增长具有区域集中性的特点。赫希曼（1958）指出，一旦某个地区实现了经济起飞，就会有一股强大的力量促使经济增长在其发源点的周边地区集中起来。缪尔达尔（1957）也持有类似的观点，他认为在市场经济中，这股力量的发展在正常状态下定会趋于增强而不减弱，那么，随之就会出现地区间经济发展的不平衡。弗里德曼和佛罗里达（1994）则观察到，在20世纪晚期，各种革新都集中出现在以研究和开发为目标的企业和大学所集聚的地区。在这些地区，这些特殊资源的集中进一步增强了这些地区再创新和发展的能力，这种特殊结合进一步增强，促进了该地区的创新活动专业化，从而使经济增长和地理位置之间的关系通过这种方式变得更为密切。所以，集聚可以被看作其所对应的地理区域的经济增长[①]。

学者们对产业集群对区域经济发展的贡献进行了大量的实证研究。对集聚与经济增长之间关系更深一步探讨的结论是：集聚随着增长而增加，增长随着集聚而增加，二者相互促进。鲍德温和福斯里德（2000）以及藤田昌久和蒂斯（2001）使用了不同的模型，考察了劳动力可以跨地区流动条件下的非垂直关

[①] 藤田昌久,蒂斯.集聚经济学[M].刘峰,张雁,陈海威,译.成都：西南财经大学出版社,2004.

联的产业，得出了集聚对于整体增长有利且地理和增长有关系的同样的结论。

（二）集群经济增长优势的国内研究

王缉慈（2001）指出，产业集群理论是新型的适合中国国情的区域发展理论，不仅强调发挥区域发展要素中各种资源要素的整合能力，突出技术进步与技术创新的作用，还强调资源整合的协同效应。

周兵和蒲勇键（2003）发现，产业集群通过发挥集聚经济和竞争优势促进了区域经济增长，并基于索洛经济增长理论解释了产业集群与经济增长的关系[1]。沈正平等（2004）运用区域乘数对产业集群与区域经济增长的关系进行了探讨，认为产业集群的发展会导致该产业在收入、就业、生产等方面的增长，这一增长将产生乘数效应而使区域经济总量得以扩张。刘世锦（2003）从区域工业化的角度展开研究，指出我国已经进入产业集聚与产业竞争力密切关联的工业化阶段。

二、产业集群经济效应的框架结构

国内外学者对于集群经济效应问题进行了大量研究。马歇尔（1890，1920）[2]研究了英国产业集聚现象，认为集聚利益主要体现在专业化劳动力、中间投入品和知识溢出效应。斯维考斯克斯（1975）、西格尔（1976）、中材（1985）、亨德森（1986）、安东尼奥（1996）等人则从生产效率的视角研究集聚效应，验证了空间集聚促进要素生产率提高[3]。王缉慈、魏守华等（2002）指出产业集群是一种新型区域发展理论；周兵（2003）、钱学锋（2007）、王志彬（2010）解释并验证了产业集群与经济增长的关系。

综合国内外学者对集聚经济效应的研究成果，本书将产业集群的经济效应

---

[1] 黄珊. 湖南省制造业产业集群对经济增长的影响研究[D]. 长沙：湖南大学，2009.
[2] Marshal. Principles of Economics[M]. London: Macmillan, 1920.
[3] Ciccone A, Hall R E. Productivity and the density of economic activity[J]. American Economic Review, 1996（1）:54-70.

归结为市场竞争优势效应与区域经济增长效应，其具体结构如图1-4所示。

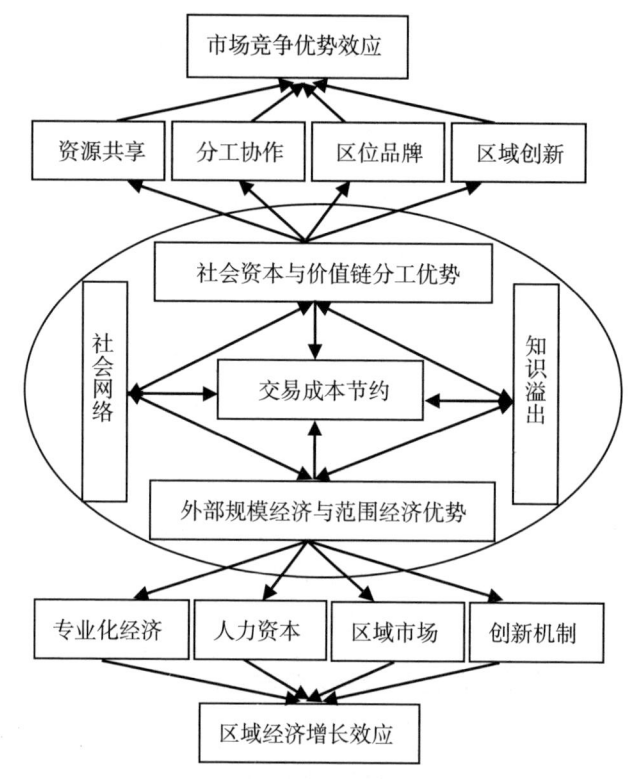

图1-4　产业集群经济效应结构图

由图1-4可以看出，集群经济效应的本质内容为交易成本的节约，围绕这一核心目的，在集群社会网络与知识溢出的氛围中，通过集群的社会资本与价值链分工优势，市场竞争优势的效应得以实现；继而在集群外部规模经济与范围经济的作用下，集群的区域经济增长效应得以实现。

三、产业集群经济效应的机理分析

（一）市场竞争优势效应的机理分析

产业集群经济效应的良好发挥首先体现在市场竞争优势的提升上，它所具有的群体竞争优势是其他形式无法比拟的。波特通过对10个工业化国家的考察发现，产业集群在地理上的集聚能够对产业的竞争优势产生广泛而积极的影响[1]。集群的社会资本优势及价值链分工优势有利于集群内资源的共享、专业化的分工协作、区位品牌的形成及区域创新优势的形成，进而营造具有本地化的产业氛围，从而实现提高市场竞争优势的经济效应。

第一，资源共享效应。产业集群的资金、技术、人才、信息的高度集中可以实现资源的集约化使用和生产力的集约化布局，有利于充分发挥集群内资源利用的共享效应。譬如，刨花板企业可以充分利用集聚区内家具企业的木质废弃物，既推动了木材资源的循环利用，又降低了原材料购买的交易成本。

第二，分工协作效应。产业集群的分工与合作效应较为明显。以木材加工产业集群为例，单板是胶合板生产的前向投入品，而胶合板又是家具制造的中间投入品，通过集聚企业间的合理分工协作，各个生产环节均可实现专业化、规模化生产，有利于提高企业生产效率，既能达到规模经济的要求，又不会失去产品生产的灵活性特点[2]。

第三，区位品牌效应。随着产业集群的发展，集聚所依托的产品不断走向市场，自然就形成了一种区位品牌[3]。区位品牌效应的形成不仅有利于企业有效开拓国内外市场，而且有利于提升整个区域的形象，营造本地化的产业氛围，为产业发展提供有利的外部条件。

第四，区域创新效应。纳哈皮特和戈沙（1998）认为社会资本会促进组织学习和知识创造，集群内知识与技术的溢出会产生强大的创新效应，有利于促进区域整体竞争力的提升。波特认为这样的竞争力优势可以用钻石理论来解释，这种创新的外部效应一旦产生，将使上下游的"相关和支持性产业"结合为一

---

[1] 傅京燕.中小企业集群的竞争优势及其决定因素[J].外国经济与管理，2003，25（3）：29-30.
[2] 程宝栋，宋维明.产业集聚与中国木材产业竞争力研究[J].北京林业大学学报，2006，28（12）:50-152.
[3] 孙天琦.产业组织结构研究[M].北京：经济科学出版社，2001.

个具有竞争力的共同体[①]。波特（1990）[②]和阿歇姆[③]（2002）等学者还以事实证明了企业技术创新，越来越倾向于采取集群行为以获得区域创新优势。由此产生的区域创新效应对于区域创新能力的提高以及区域产业和经济的发展，都会产生重要的推动作用。

（二）区域经济增长效应的机理分析

产业集群的经济效应着重体现在促进区域经济增长上面。它发挥了规模经济和范围经济效应，具有特殊的创新能力和技术扩散能力，在集群外部规模经济和外部范围经济的扩散和渗透下，能够吸引区域外资源流入，有利于集群内专业化经济的形成[④]、人力资本的获取、区域市场的发展及创新机制的培育，从而提高产业和区域竞争力，最终实现促进区域经济增长的经济效应。

第一，专业化经济效应。产业集群中聚集了竞争企业、供应商、用户、高等院校和科研机构、金融机构及各类专业化服务机构，具有主体健全性的特征，有利于企业获得较低成本的中间投入和高效的专业化服务，从而使企业在集群内可以获得较低的生产成本，而这正是专业化经济的效应所在。

第二，人力资本效应。在集聚外部性的作用下，通过更广泛的劳动分工，可以形成劳动力蓄水池，具有高度专业化技能的员工在集群中更加频繁地流动，使企业更容易获取所需的人力资本。基于人力资本与专业化分工的优势，产业构建了企业间的合作关系和社会联系，有利于促进集群知识创造能力的提高，为产业发展提供智力支持。

[①] Porter. Location, competition and economic development: local clusters in a global economy [J]. Economic Development Quarterly, 2000（1）:15-35.

[②] Porter. The competitive advantage of nations [J]. Harvard Business Review, 1990, 68（2）:73-93.

[③] Asheim B T. Regional innovation systems: the integration of local sticky and global ubiquitous knowledge [J]. Journal of Technology Transfer, 2002, 27（2）: 77-86.

[④] 刘彬. 江苏省制造业产业集群分布及其经济效应分析 [D]. 南京：南京航空航天大学, 2006.

第三，区域市场效应。在产业集群与市场的分工协作网络中，集群的动态外部性通过专业化经济与多样化效应作用于区域市场的发展，推动了区域市场核心竞争力的构筑，加速了区域市场的升级，有效地促进了区域经济的增长。

第四，创新机制效应。产业集聚规模经济、范围经济效应的存在，有利于促进集群创新机制的完善，不断为经济增长提供原动力（奥德兹、费尔德曼，1996），并进一步形成专业化分工与创新机制的良性互动力量，以构成经济增长的长效机制。

从上述分析中可以看出，产业集群通过发挥其市场竞争优势效应及区域经济增长效应，不断吸引区域外的技术、资本和劳动等经济资源向集群内集中，通过要素之间和生产环节之间的整合建立起专业化分工网络，在外部规模经济与范围经济、社会资本与价值链分工、社会网络和知识溢出四个核心要素的自我强化及相互催化的作用下，形成了一个良性的正反馈系统，强化了地区经济增长的核心能力，从而最终带动了区域经济的增长。

第五节　产业集群创新发展研究

一、产业集群创新的相关研究

（一）集群创新的国外研究

在产业区理论研究的基础上，很多经济学家开始研究区域创新以及集群创新的问题。熊彼特（1912）在其著作《经济发展理论》中，首次提出了"创新"

这一概念,从而开创了创新理论研究的先河[①]。索洛(1957)提出,从长期角度看,经济增长最根本的因素是技术创新而不是规模经济、资本投入和劳动力的增长。

萨克森尼安(1994)认为,硅谷持续的动力与基于地区网络的产业体系有关,该体系促进集体的学习和灵活的调整,反过来与促进企业家能力的区域社会网络和开放的劳动力市场相联系。费尔德曼和佛罗里达(1994)发现产业集群创造力与外部技术资源的地区供应相联系,在相联系的产业中形成制造业公司的集聚以及企业服务供应商的网络;库克(1995)进一步将创新网络起作用的条件概括为识别(高度的自我识别和政治凝聚力)、智力(信息和学习能力)与一体化(制度形成网络)。赫梅林(1997)同样认为外部生产服务供应商对制造业公司的创新绩效具有重要作用。

著名的SAPPHO项目研究发现,外部因素对创新具有重要影响,其研究结果导致了技术创新的网络范式的出现。创新环境理论以马歇尔有关知识和组织的论述为主要理论渊源,但是其更强调产业区内创新主体的集体效率,强调创新行为的协同作用。由弗里曼、伦德瓦尔等人所倡导的国家创新体系理论,强调创新过程中的交互式学习作用,可以用来解释为什么集群化有利于创新绩效的提高。阿歇姆(2000,2002)等认为区域创新系统是由支撑机构环绕的区域集群,在系统中有两个主体:一是主导产业中的企业;二是制度基础结构,包括教育科研机构、行业协会、金融机构、政府机构等。

(二)集群创新的国内研究

国内很多学者从产业竞争优势的角度研究集群的创新优势。王缉慈(2001)从经济学、社会学、创新学三个角度,将集群优势分为直接经济要素的低成本、产品差异化、区域营销和市场议价能力优势以及非直接经济要素的区域创新系统优势、社会资本优势[②]。吴宣恭(2002)比较全面地将集群的竞争优势概括

[①] 张保胜.基于产业集群的经济发展浅析[J].产业与科技论坛,2006(03).
[②] 王缉慈.创新的空间:企业集群与区域发展[M].北京:北京大学出版社,2001.

为资源优势、成本优势、创新优势、市场优势和扩张优势[1]；魏守华与石碧华从直接经济要素（包括生产成本优势、基于质量基础的产品差异优势、区域营销优势和市场竞争优势）和间接经济要素（体现在集群的创新能力上）两方面分析了竞争优势的来源[2]。

赵中伟和邵来安（2002）认为，中小企业集群竞争优势的形成归因于集群的集聚效应、知识的溢出效应、植根性、追赶和拉拔效应、外部范围经济、衍生及吸聚作用等六方面引致的成本优势、创新优势和自增强机制。朱英明（2003）从创新的集群观点出发，认为集群可以被看作规模变小的创新体系，是在增值生产链中相互联系、相互依赖的公司（包括专业化供应商）的生产网络，也包括与大学、研究机构、知识密集型商用服务、联接机构（经纪人、咨询人员）和消费者等的战略联盟。孙沛东等（2004）从技术创新的组织形式研究角度，提出技术创新经历了一个从"线性范式"到"网络范式"的转变，其网络创新范式实现了与产业集群创新的融合。赵卓、孙燕东（2004）从专业化分工、运输成本、交易成本、规模经济、外部效应、劳动力市场、竞合博弈、制度文化和创新等方面详细论述产业集群的竞争优势。盛亚军（2009）认为创新优势促进产业企业集体联合创新，降低了创新的风险、成本，提高了创新的效率和成功率。

二、三螺旋创新理论概述

三螺旋体系是由埃茨科威兹教授引进的，源于大学想要与企业一起紧密合作从而促进知识扩散与保持校企一体化的持续发展的需求。自1996年至今，三螺旋模型国际会议已召开了6次，西方国家诸如美国等希望三螺旋模型的采用可以加强大学、产业、政府的联系，使之形成三方的机构互动，从而提高其

---

[1] 吴宣恭.企业集群的优势及形成机理[J].经济纵横,2002(11)：2-5.
[2] 魏守华,石碧华.论企业集群的竞争优势[J].中国工业经济,2002(1):59-65.

一体化的协同发展。莱德沙弗（2003）描述了三螺旋模型中大学、产业、政府三个维度及三者的结合效用[①]，戈特佩（2003）指出在将知识转化为生产力的过程中，三方的联系已经呈现出相对独立但又充分互动的趋势[②]。埃茨科威兹（2000，2009）解释了螺旋线之间的角色变换、相互影响、三边联系及回归效应[③]，并指出当与大学建立联系、进行技术升级时，产业群也成为三螺旋的一部分[④]；并进一步探求了大学怎样将教学与研发的核心功能扩展到经济与社会发展中，进而发展为创业型大学，从而作为大学、产业、政府三方发展的动力并在政府与产业的关系的构建中发挥关键的作用。

如图1-5所示，在三螺旋模型中，政府、产业、高校中双维度的结合，如单独的政府支持并推动产业发展（IG）、单纯的校企间教育与科研的合作（IU）及单纯的政府支持高校进行创业（GU）的活动，并不能形成三者的良好互动，只有当三个维度充分结合、协调发展，才形成了三方互动的混合型网络组织（UGI）。在三螺旋模型中，大学由于拥有学术基础上的研发行为可以作为新科技与知识的源泉；企业是生产场所，是建立在商业活动以及研究与开发基础上的顾客需求的提供者；而政府作为政策制定者，充当了契约联系的源泉以确保稳定的相互作用与相互交换，三方的联系已经呈现出相对独立但又充分互动的趋势。由此三螺旋模型就使我们能够在向"后工业化"的转变中，既从演化概念又从集合理论的概念研究大学、产业与政府间的网络联系，而且三螺旋模型已不仅是一种政策工具，它已被接受作为一种创新网络产生和监管的通常机制。

[①] Leydesorf L. The mutual information of university-industry-government relations: an indicator of the triple helix dynamics [J]. Scientometrics, 2003, 58(2):451.

[②] Goktepe D. The triple helix as a model to analyze Israeli magnet program and lessons for late-developing countries like Turkey[J].Scientometrics, 2003, 58 (2):222-224.

[③] Etzkowitz H. The dynamics of innovation: from national systems and "mode 2" to a triple helix of university-industry-government relations [J]. Research Policy, 2000, 29: 109-123.

[④] 埃茨科威兹.创业型大学与创新的三螺旋模型[J].科学学研究,2009（4）:481-484.

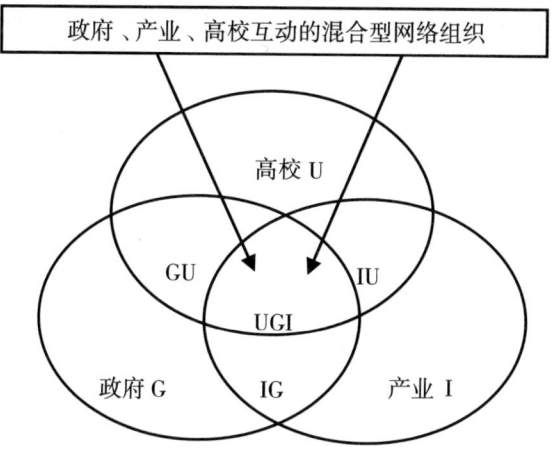

图 1-5　三螺旋模型中政府、产业、高校的互动

三螺旋体系在发达国家已被广泛接受，其核心观点在于，在知识经济发展中大学、政府和企业之间存在相互依存的互动关系，以此达到三者资源的共享与信息的充分沟通，实现各自效应的最大化。这种大学、产业、政府的互动提供了一种知识基础上的创新体系的网络构架，并致力于使不同经济主体在创新体系中的行为协调化。三螺旋理论为我们提供了一个很好的方法论意义上的研究工具，可借鉴它来分析产业的产官学合作创新行为。

三、产业集群的三螺旋合作创新机制

（一）企业应成为三螺旋合作创新的主体

要实现产业集群的转型升级，必须加快集群的科技创新步伐。企业应积极推广见效快、效益好的精深加工技术、经营管理技术等先进技术，实施一批重大科技项目，着力突破一批产业共性关键性技术，促进其推广应用，以加强科技核心竞争力的培育。企业还应加快集群内合作网络的建设，通过相互依存的产业体系，形成密切合作与分工完善的企业网络，建立完善的区域服务体系，营造良好的集群创新文化环境，使地方生产系统能根植于当地的社会文化网络中，以充分发挥集群发展体系内各要素的协同效应，减少集群发展体系运行的社会成本。在此基础上，企业应进一步增强其与高校及科研机构的联系与合作，促进要素间交流与合作，从而建立以企业为主体、政府为保障、高校及科研机构为辅助的集群三螺旋合作创新网络，使三方充分结合、协同发展，产生交互作用，形成三力交叉、螺旋扭结的网络关系，从而提高集群发展的整体效率，并最终带动产业的动态、协调、螺旋上升发展。

以山东省木材加工产业为例，目前企业正进一步增强自主创新能力和产业带动能力，加快产业科技进步，同时通过引进、消化、吸收国外先进技术与设备，以先进适用技术改造传统产业，并大力发展精深加工产品。临沂市板材加工企业不断加大科技投入，紧跟国内国际人造板产业的最新技术，主导产品从初级压合板、刨花板等一般产品，逐步发展到防水建筑模板、高档家具板、多层胶合板、优质贴面板、覆膜板、大规格集装箱板等中高档系列产品，近百家企业通过了ISO9001或美国、欧盟等国家或地区的相关产品质量认证，两家企业的产品获得了"山东省名牌产品"称号，较好地实现了产业集群的转型升级。

（二）政府应成为三螺旋合作创新的保障

在很多情况下，企业与科研院校间往往处于割裂状态，科研成果也迟迟不能转化为现实生产力，此时政府部门的协调力量就显得尤为关键。在三螺旋模式中，充分发挥政府主导作用的关键所在就是尽快地做出有利于大学和企业合作发展的制度安排。

政府应进一步支持企业建立三螺旋合作创新技术中心，支持行业关键共性公共技术服务平台与信息网络建设，为中小企业稳步、可持续发展提供技术支撑。以企业自主研发为主体，帮助企业与国内外科研机构、大专院校开展产学研对接活动，通过和企业建立起高效的产官学三螺旋合作机制，推动高校及科研机构与企业开展互惠合作创新,加速科技成果的转化。同时,政府还应明晰知识产权分配,建立合法的技术成果转移体系,大力支持林科教、产学研相结合,科工贸一体化,企业连农户、市场连农户等科技成果转化模式,积极探索以成果为依托、以市场为导向、以效益为中心的成果转化新形式和分配新机制,整合科技资源,搭建科技成果转化平台,大力促进产业的创新与发展。

(三)高校应成为三螺旋合作创新的智力支持

在三螺旋模式中,源于大学、政府的知识、技术、投资和政策等横向因素在企业发展中的作用逐渐突显,大学在知识研发层面的参与以及政府作为公共风险资本投资商的介入,从研究与市场两个方面加速了企业的创新与发展步伐。创业型大学在政府与企业关系的重构中起着关键的作用。硅谷和128公路都是成功的产学合作案例,而很多研究也表明,研究机构与企业的合作能大大提高研发回报率[1],例如阿尔伯特和约翰的研究表明,与大学合作研究的企业能获得34.5%的研发投入回报率,其中与大学合作研究的小企业研发投入回报率更高,达44%,而一般公司的回报率只有13.2%[2]。

鉴于此,大学尤其是研究型大学作为知识的创造和扩散机构,应将教育与科研功能与企业研发功能有机结合,协同发展,在政府引导与支持下,通过校企联合等形式,积极参与产业项目,为企业提供技术咨询、技术转移等配套服务,加强专业人才的培养和交流,以及通过吸引科学园在其周围集聚,使高校及科研机构真正成为集群科研成果转化的推进器,从而推动产业三螺旋合作创新与发展。

---

[1] Jaffe B A. Real effects of academic research [J].The American Economic Review, 1989(79):957-970.
[2] Link A N, Rees J. Firm size, university based research, and the returns to R&D [J]. Small Business Economics, 1990(12): 25-31.

第二章

潍坊市科技创新实践探索

第一节　潍坊市科技创新发展现状

一、潍坊市科技创新的基础与优势

近年来，潍坊市以推进国家创新型城市建设为契机，强化政策举措，优化创新环境，加大科技投入，科技创新工作得到全面加强。2018年，潍坊市成功获批建设国家创新型城市，从全国60多个地市中脱颖而出；连续6次创建为全国科技进步先进市；市高新区获批参与建设山东半岛国家自主创新示范区，成为全国13个创新示范区之一；潍坊（寿光）高新区创建工作进入国家考核程序；盛瑞传动股份有限公司（以下简称盛瑞传动）"前置前驱8挡自动变速器（8AT）研发及产业化"项目和潍柴动力股份有限公司（以下简称潍柴动力）"重型商用车动力总成关键技术及应用"项目连续荣获国家科学技术进步奖一等奖，实现2016—2018年三年两个国家一等奖的历史性突破；建成潍柴内燃机可靠性国家重点实验室、国家商用车汽车动力系统总成工程技术研究中心[①]、盛瑞传动国家乘用车自动变速器工程技术研究中心等国家级创新平台36家；2016年以来，实施省级以上科技项目近600个，获得科技资金超过16亿元。

（一）科技创新政策体系基本形成

围绕深化科技体制改革，加快制度创新，市委、市政府先后制定下发了《深化科技体制改革加快创新发展的实施意见》《深入实施创新驱动发展战略加快

[①] 石莹. 激发第一动力　建设创新型城市[N]. 潍坊日报, 2017-03-04.

建设创新型城市的意见》《潍坊市十三五科技规划》等指导性文件，出台了《关于进一步加强科技企业孵化体系建设的意见》《潍坊市支持创新创业财税政策30条》《科教创新园区认定管理办法》，修订出台了《潍坊市科技奖励办法》《潍坊市重点实验室管理办法》《潍坊市科技计划项目管理办法》等科技创新激励政策措施。

2019年，又接连出台了《潍坊市人民政府关于潍坊市产业技术研究院建设与发展的意见》《科技成果转化贷款风险补偿管理办法》《潍坊市科技企业孵化器管理办法》《潍坊市众创空间管理办法》《潍坊市支持培育技术转移服务机构补助资金管理办法》《潍坊市企业研究开发财政补助实施办法》等政策文件，基本形成了国家、省、市关联配套的科技创新政策体系。

（二）政产学研金服用合作开辟新渠道

潍坊市大力实施创新驱动战略，把深化产学研合作作为推进区域创新和经济转型发展的重要举措，加快推进与以中国科学院（以下简称中科院）为重点的高校院所、科研机构的合作创新，有力推动产学研合作纵深发展和科技与经济的深度融合，加快促进高校院所技术成果的转移转化和规模产业化。

1.成立了潍坊市科技合作中心

中心挂中科院山东综合技术转化中心潍坊中心牌子，专职负责招院引所，全面推进企业与国内外知名高校科研院所的科技合作，发布高校院所科研成果和企业技术需求信息，促进企业与高校科研院所的科技合作。中心成立以来，充分依托中科院强大的科技创新及人才资源优势，以促进科技成果转化和提高企业自主创新能力为目标，集聚国际国内先进科技创新要素，构建起合作共赢的科技服务体系。

2.市产研院和创新创业共同体助力政产学研金服用合作创新

借鉴苏、浙、粤等先进地区建设新型研发机构的新思想、新观念、新机制和新政策，立足"强内功，促效能"，2019年9月成立了潍坊市产业技术研究院，成为潍坊市第一家"四不像"新型研发机构，也是全省第三个组建成立的市级产业技术研究院。同时，根据省《关于打造"政产学研金服用"创新创业共同体的实施意见》精神和"1+30+N"创新体系部署，积极培育了一批具有产业特色的市级创新创业共同体。潍坊先进光电芯片研究院率先成为全省22家创新创业共同体之一，为全市创新创业共同体建设树立了标杆。

3. 构建起产学研合作网络体系

构建以中科院为中心，涵盖科研院所、重点高校、科技中介服务机构为一体的开放式的产学研合作网络体系。先后与中科院12个分院、86家中科院研究院所以及70多所高校全面建立长效对接机制，与西安交通大学、天津大学、机械科学研究总院、山东信息通信技术研究院等30多所重点院校、科研院所签署全面科技合作协议。在潍坊、沈阳、西安等地市联合组织举办成果对接洽谈会117次，共邀请西安交通大学、中科院大连化学物理研究所等高校院所500多名专家参会洽谈，累积洽谈对接科研成果5000多项，对接相关领域企业3000多人次。全市已与国内重点知名高校院所建立起产学研合作长效对接机制，有效推动了产学研合作创新深入开展。

4. 培育壮大产学研合作联络员队伍

培育壮大以市县两级科技管理部门为核心、以重点企业和高校科研院所为基础的多层次、全方位、立体化的产学研合作联络员队伍。聘任县市区科技部门分管负责人担任潍坊市县市区科技合作联络员，在寿光、昌乐等部分县市区成立了县市区中科院技术转化分中心，形成省、市、县联动机制。筛选确定一批积极性高、有一定承载能力的中小企业，作为科技合作重点联系企业，确定企业科技合作专员，并进行了专业业务培训，负责科技合作对接洽谈活动的组织协调等。建立以重点高校、科研院所技术专家为主的院校科技合作联络员，2015年聘任4名高校院所领导、专家作为潍坊市重点院校招商及科技合作联络员，同时积极吸纳400多名高校院所专家入选潍坊高端智库。

5. 搭建全面的科技信息服务平台

积极搭建面向国内外的综合性、开放式、多层次、多功能的科技信息服务平台。建立了集科技成果展示、技术评估、成果交易等功能于一体的"一站式"潍坊市技术交易市场，借力"互联网+"，与科易网联合举办"潍坊市在线科技成果对接会"，实现技术、人才、资金、政策等创新要素的供需双方同步在线对接。建成集项目成果库、科技专家库和企业需求数据库为一体的潍坊市科技合作信息网，有效推动企业、重点高校、专家资源的互动交流，促进前沿技术和创新成果及时转化。

6. 全力推进院校科技成果落地转化

围绕全市绿色化工、智能制造、生物医药等产业领域需求，先后联合知名高校院所组织潍坊市科技创新促进新旧动能转换产业技术成果对接活动（绿色化工产业专场）、潍坊市现代农业食品业科技成果对接洽谈会等各类活动130多次，达成关键技术研发、平台联合创建、人才联合培养等各类合作意向协议1000余项。

依托行业龙头企业，对接高等院校优势学科资源，深入发展合作共建模式，在潍坊建立行业性研究院或研发分支机构。目前，已建成北京大学现代农业研究院、中科院化学所潍坊海洋化工新材料产业技术研究院、华中科技大学高密轮胎模具研究所等191家院所或分支机构，联合开发出"纤维素膜材料新工艺及其关键技术"等重大行业性新技术、新产品100余项，实现直接经济效益近200亿元。

（三）高新技术产业规模不断壮大

1. 科技孵化载体建设加快

学习借鉴广州、成都等南方城市科技孵化体系建设成功经验，积极吸引科研、管理、金融、创业导师等各类人才来孵化载体创新创业，提升孵化载体在科技研发、科技金融、创业辅导、技术转移等方面的专业化服务水平，构建"众创空间—孵化器—加速器—产业园区"科技创业孵化链条，孵化培育了一批具有行业核心竞争力的科技型企业。2019年年底，潍坊市市级以上科技企业孵化器和众创空间总量达到134家。

2. 高新技术企业数量大幅增加

深入实施高新技术企业"育苗造林"工程和"小升高"计划，完善覆盖不同发展阶段的企业创新扶持政策体系，建立"初创企业—科技型中小企业—高新技术企业"梯次培育机制，每年筛选一批成长性好的企业给予重点指导和资源倾斜。近三年来，每年认定高企都在250家以上。其中2017年共认定262家，2018年共认定286家，2019年共认定261家。截至2019年，全市效期内高新技术企业发展到808家，总数居全省第四位。

3. 高新技术产业发展势头良好

依托潍坊高新区，加大对新技术、新产业、新业态、新模式的培育发展力度。充分发挥潍柴动力、歌尔股份有限公司（以下简称歌尔股份）等龙头骨干企业作用，示范带动产业发展。截至2019年年底，高新技术产业产值占规模以上工业总产值的比重为49.74%，高于全省9.60个百分点，较2017年（34.35%）增加15.39个百分点。高新技术企业中2019年科技企业共立项目5152项，2018年3993项，同比增长29.03%，较2018年有了较大进步。2019年规模以上企业490家，2018年439家，增长51家。

全市高新技术企业中，营业收入过百亿元的企业有3家，分别是潍柴动力股份有限公司、山东寿光鲁清石化有限公司、歌尔股份有限公司；营业收入上10亿元的企业有44家，营业收入上2亿元的企业有153家，上市挂牌企业168家。

（四）科技创新平台体系日趋健全

1. 科学规划科技创新平台发展布局，全面推动平台建设

按照统筹规划、突出特色的原则，强化全市科技创新平台发展的顶层设计

和规划引导。坚持需求导向，突出重点，分步实施，确保科技创新平台健康有序地建设和发展，逐步完善布局合理、功能齐全、开放高效的科技创新平台体系。

目前，全市共建成国家级工程技术研究中心 2 家（潍柴动力、盛瑞传动）、国家级企业重点实验室 1 家（潍柴动力）、省级工程技术研究中心 116 家、省级重点实验室 13 家、省级技术创新中心 2 家（潍柴动力、雷沃重工股份有限公司〈以下简称雷沃重工〉）、市级工程技术研究中心 780 家、市级重点实验室 391 家。

2. 进一步优化科技创新平台发展环境

进一步加大创新平台建设的政策支持力度，落实有关优惠政策，营造创新发展的良好环境。对科技创新平台优先推荐列入市级以上政策类支持计划，落实研究开发费用税前加计扣除有关政策。在财政预算中拿出专项经费，设立科技创新平台建设提升计划专项资金，重点培育和支持科技研发平台实施科技创新项目。

3. 建立平台与人才联动发展机制

全方位开展与重点高校院所的深层次合作，建立科技创新平台引进和培养科技人才、科技人才提升创新平台研发水平的良性发展机制。加大产学研合作平台建设，通过招院引所在潍建设分支机构，依托平台引进人才团队；实施产学研合作创新项目计划，通过联合承担市级以上科研计划留住人才。

（五）引才引智取得显著成效

1. 深入实施人才强市战略

坚持以科技项目培养人才，以创新平台凝聚人才，以科技政策激励人才，吸引了一大批海内外人才来潍坊创新创业。目前，潍坊市共有国家创新人才推进计划人才 21 人，国家万人计划领军人才 19 人；泰山产业领军人才 55 人（其中，战略性新兴产业14人，高效生态农业7人，科技创业34人），泰山学者种业领军人才2人，泰山学者特聘专家1人；10个创业项目在全省第二届"创业齐鲁·共赢未来"高层次人才创业大赛中脱颖而出；引进"一事一议"顶尖人才1人；培育鸢都产业领军人才53人（其中，生物医药产业16人，战略性新兴产业23人，科技创业14人），为加快推进新旧动能转换和创新型城市建设提供了强有力的科技人才支撑。

2. 优化人才发展环境

以"一次办好"改革为契机，编制人才专员服务清单，实现人才服务流程再造。加强科技人才金融服务创新，探索设立市级人才创新创业基金，解决种子期、初创期人才项目融资难题。建设人力资源服务产业园，加大各类人才中介服务机构引进培育力度，发挥各类招才引智工作站的引才作用。深化党委联系服务专家制度，经常性开展人才慰问、休假、研修等活动，强化对人才的政治引领和团结凝聚。

3. 聚焦科技创新，高质量实施三级引才引智工程

聚焦科技创新，高质量实施三级引才引智工程，具体体现在以下几个方面。

其一，高效执行重大引智项目。突出"高精尖缺"导向，深挖外国人才资源，形成"申报一批、引进一批、培育一批、储备一批"梯次推进的良性格局。先后组织执行引智项目1132个，获批省以上引智项目73个，争取国家和省引智专项资金2479万元。

其二，全力做好省以上重点人才工程。把引进外国专家智力数量、省"外专双百计划"等纳入潍坊市人才目标责任制重点考核指标体系，先后有2名外国专家入选"千人计划"外专项目，7名专家和7个团队入选省"外专双百计划"，入选专家数量居全省前三位。

其三，大力实施市引进海外专家项目。自2016年开始，启动实施潍坊市引进海外专家计划，评选市引进海外专家项目25个，拨付市海外柔性引智工程

奖补资金 1228.78 万元。

4. 坚持需求导向，打造"国外引智"品牌

坚持需求导向，打造"国外引智"品牌，具体体现在以下几个方面。

其一，精准把握全市外国人才供需。深入企业调研，了解外国人才需求，建立起"需求库、项目库、专家库"。

其二，搭建引才聚才国际人才交流合作平台。密切潍坊与海外联系、深化对外交流合作，组建成立潍坊市国际人才交流协会，搭建起潍坊国际人才交流中心、潍坊国际人才交流协会、国际人才交流市场三位一体的引才引智、交流合作平台。

其三，着力打造潍坊引才引智特色品牌。为更好地吸引和聚集海内外高层次人才来潍坊创新创业，以"智行鸢都""鸢都国际名师讲堂"等系列活动为重点，持续打造潍坊引才引智特色品牌。组织开展中以科技合作推进会、外国专家扶贫支教乡村行等系列活动 20 余次，组织包括 4 名外国院士、15 名"千人计划"专家在内的近 200 名海内外博士以上高端人才，与百余家重点企事业单位进行洽谈对接。

其四，引才引智示范基地实现县域全覆盖。深入实施"一县（市、区）一基地，一基地一特色"的引智成果推广基地全覆盖工程。目前，全市获批省级以上引才引智示范基地 27 处，实现了县域全覆盖。

（六）科技助力打造乡村振兴"潍坊模式"升级版

1. 强化农业科技园区建设

充分发挥各类农业科技园区的示范带动和集聚作用，依托农业科技园区推动第一、二、三产业融合发展，引领发展。已建成黄河三角洲农业高新技术产业示范区（辐射区）1 个，山东寿光国家农业科技园区（以下简称寿光国家园区）和潍坊（青州）国家农业科技园区等国家级农业科技园区 2 个。

寿光国家园区通过项目实施，建立"试验→核心示范→辐射示范→推广"逐级扩大型科技服务和推广体系。园区现拥有技术研发平台11个，承担国家、省科技项目30多项，推广国内外新技术80多项、新品种60多个、新模式20多种，每年组织培训150多场次，培训农民9000多人，学习考察人数多达100多万人。2016—2017年孵化引进企业10家、新增高新技术企业4家，省级农业龙头企业3家，核心园区年产值20多亿元，被科技部评估为优秀园区。建设青州、昌邑、高密等省级农业科技园11个，积极推动寿光省级高新区升建为国家高新区工作。

2. 加快新型农业服务平台建设

"星创天地""农科驿站"等是集农科研发推广、科技精准扶贫、乡土人才培养等功能于一体，推动农村大众创业、万众创新的新型服务平台。截至2019年，潍坊市已有11家"星创天地"获科技部批准建设，孵化企业30多家，备案"坊子区稷丰农科驿站"等75家"农科驿站"。

坊子区玉泉洼"星创天地"通过互联网、移动App等新媒体，开展即时信息查询和农技服务，为农民提供技术培训，帮助农村群众解决农业生产中的技术难题，充分掌握技术要领。寒亭朱里街道农科驿站为贫困村提供农业技术服务、组织培训、测土配方施肥，发放科技教材、书籍、农业报刊等，帮助农民脱贫致富。2019年培训300余人、举办培训班6期、开展田间指导20余次，服务群众人均收入1000元、集体总收入5万元，在助力农业供给侧改革中初显成效。

3. 深化农业科技交流与关键技术研发

不断加大与美国、荷兰、以色列等农业科技强国的国际合作，开展现代种业、节水农业、农副产品深加工等方面的合作研究，加快建设中美食品与农业创新中心、水产遗传育种中心、中荷农业（食品）创新中心和北京大学现代农业研究院，创建一批国际科技合作园区和基地。

寿光蔬菜产业集团、山东华盛农业有限公司分别在荷兰、泰国建立育种研发基地，从技术竞争、未来技术和了解世界先进技术发展动向上实现企业战略目标，同时在人才交流、技术合作上实现优势互补。最大限度争取上级资源，2019年设施蔬菜园区精准管理技术与智能装备集成与示范、青州银瓜提纯复壮及产业化推广等5个项目列入园区提升工程项目，寿光三木种苗、市农业科学院（以下简称市农科院）、山东华盛农业承担省农业良种工程项目，推荐雷沃重工承担中科院"STS"计划，承担潍坊市重点研发计划（公益类）25项。极大提高了企业自主创新能力，推动了产业的升级发展。加快农业人才培养，争取科技部创新创业人才2名、泰山产业领军人才工程高效生态农业创新类专家8名，备案科技特派员400余名，成立了23个科技服务队。

二、潍坊市科技创新发展存在的不足

（一）政策环境不够优越

尽管各级出台了一系列支持创新发展的政策措施，但部分部门单位认识还不到位，政策的支持力度与先进地区相比相对较弱，政策落实过程中存在打折扣问题，导致政策的引导作用没有充分释放。

（二）创新基础较为薄弱

科技创新基础较为薄弱，主要体现在以下几个方面。

其一，在企业研发投入方面，存在不想投入、没能力投入等问题，同时，各县市区设立财政科技专项经费较少，导致政府资金的引导作用发挥不明显。

其二，高等院校和科研院所等基础研究力量薄弱，潍坊市纳入国家统计的14家科研院所中，正常开展研发活动的仅有市农科院和山东省海洋化工科学研究院（以下简称海科院）。

其三，高端人才很难在潍坊市长期留任，受创新氛围、科研基础、文化环境、待遇政策等方面的影响，部分企业与各领域高端人才的合作往往是阶段性的。

其四，县域创新能力不足，目前潍坊市只有诸城、寿光、青州3个县域创新城市。

（三）产学研合作亟待向更高层次发展

产学研合作亟待向更高层次发展，主要体现在以下几个方面。

其一，企业、高校、科研院所、政府机构、融资机构等几方之间缺乏畅通的信息交流，市场信息、科技信息、生产信息、融资信息分布不对称，信息交流不完全，彼此的私有信息无法在产学研各方中均衡掌握，给各方的理解和沟通带来障碍。

其二，产学研合作主要局限在企业与高校、科研院所在项目上的"点对点"合作，产学研合作层次较低、规模较小，技术创新体系不够健全。

其三，潍坊市高校、科研院所少，高校、科研机构科研创新能力相对较弱，创新成果产出不足，严重制约着产学研合作。

（四）高层次科技人才资源需求缺口加大

高层次科技人才资源需求缺口加大，主要体现在以下几个方面。

其一，本土高层次科技人才创新能力不足，大量高学历人才流失，高端人才回乡流逐年下降。

其二，高端创新平台的引才聚才能力不强，潍坊市70%的省级以上工程技术研究中心仅限于为企业自身提供日常技术服务，对整个产业的带动作用不大。从平台组建数量看，企业研发平台组建工作取得了较为明显的进步，但从平台组建质量看，多数平台层次不够高，尤其是省级以上平台建设还有较大提升空间。

其三，科技人才政策落实力度不够，部分部门单位对于人才政策实施的决心和信心不足，致使没有完全落实到位。

其四，科技人才引进观念滞后，部分企业对人才的先进理念与创新能力不够重视。

三、潍坊市科技创新成果转化存在的不足

潍坊市在推进科技创新成果转移转化方面采取了许多措施，取得了一定成效，但与先进城市相比，还存在以下一些不足和问题。

（一）企业科技成果转化的主体意识不明确，转化意愿和能力不足

科技成果转化是一项周期长、高投入、高风险的活动，企业承担着巨大压力。金融机构出于安全性考虑，对一些转化周期长、技术和市场风险大的项目积极性不高。部分科技型小微企业有一定的研发能力，但由于品牌知名度不高，社会影响力小，造成产品产业化困难，难以形成市场规模。另外，规模以上工业企业R&D经费投入相对较少，投入总量与先进地市差距仍然较大。

（二）企业研发基础弱，成果转化水平不高

目前，潍坊市市场经济所涉及的产业领域多且全，但像潍柴动力、歌尔股份这样规模化的龙头企业、集团企业较少，中小型企业占据绝大多数，而且大量的企业普遍存在研发基础弱、科技成果转化水平不高的问题，企业高层次创新人才普遍比较匮乏，并没有成为真正意义上的科技创新主体，许多企业仅依赖于引进先进技术，不重视自主研发能力，自主创新能力薄弱。

企业自主研发投入少，研发队伍薄弱，大量的"引进"和"山寨"导致企业创新动力不足，企业更愿意引进"立竿见影"的成熟技术，不愿意去承担风险。企业的核心技术、自主品牌不多。全市高新技术企业中，由于缺乏高层次研发团队，多数企业很少拥有具有自主知识产权和良好产业化前景的高水平研发成果。

（三）高校、科研院所研发的成果转化水平有限

科研院所方面，潍坊市纳入国家统计的14家科研院所中，正常开展研发

活动的仅有市农科院和海科院（海科院于 2017 年年底由省政府批复划归潍坊市），其余的均不再开展研发活动。像苏州、嘉兴、宁波都有中科院的分支机构，这些研发机构围绕当地产业开展关键技术攻关、公共技术研发等，大大推动了当地产业的发展。高校方面，潍坊市有 5 所本科高校，在国内的研发创新能力都相对较弱。宁波有高校 15 所，布局非常完善，既有以宁波大学、浙大宁波理工学院为代表的研发类高校，又有以宁波工程学院、宁波万里学院为代表的教育类高校，这些资源都为当地基础研究奠定了良好的基础。在这方面，潍坊市与南方城市比较，已成为科技创新发展的最大短板。

同时，高校、科研机构考核评价标准不利于科研人员开展科技成果转化，高校、科研院所科研水平考核的标准多侧重于发表论文的数量和层次，导致了高校和科研院所的研发实用性存在较大障碍，成果大量长期停留于实验室，成果成熟度低。

（四）科技成果转化服务体系不够健全

潍坊市科技中介服务机构仍停留在初创阶段，功能单一、业务量少，无论是从功能还是数量上，都远远不能适应科技成果转化需求。技术交易市场运行不完善，由于企业、科研机构信息不对称导致一系列问题，如一些科技成果找不到需求者而无法转化，一些企业需要的技术成果找不到合适的供应者，企业产品开发中的难题找不到合适的科技人才来研究，等等。

（五）高端创新平台的成果转移转化支撑力不强

潍坊市省级以上工程技术研究中心 116 家，70% 仅限于为企业自身提供日常技术服务，高端创新平台的成果转移转化支撑力不强，对整个产业的带动作用不大。从平台分布范围看，现有的科技研发平台主要集中在规模以上企业，绝大部分小微企业没有组建研发机构。

第二节　潍坊市国际科技合作实践探索

一、潍坊市国际科技合作发展现状

潍坊市认真贯彻落实省厅关于国际科技合作有关要求和潍坊市委、市政府《关于构建新体制培育新优势加快全市开放发展的意见》，强化企业在国际科技合作中的主体地位，围绕建设区域性国际科技创新中心，主动融入全球创新网络，推动中以（潍坊）科技转移平台等十大科技国际化工程顺利实施，进一步提升企业科技国际化水平。

（一）着力打造国际科技合作平台

支持建立国际科技合作基地，建有潍柴动力、盛瑞传动等2家国家级国际科技合作基地，亚泰农业等4家潍坊市国际科技合作基地。

与以色列LR集团合作，重点建设中以科技转移平台，全力整合以色列及其他全球创新资源，加快推动潍坊市新旧动能转换步伐。建立了"以色列科技资源信息库"，举办了山东—以色列（潍坊）科技产业对接洽谈活动23次，华以农业、潍坊金控集团与以色列LR集团成立了总规模为5亿元的中以基金，其中美元基金在以色列已经直接投资了医疗科技公司和智慧城市科技公司。推动华以农业以色列水培工厂技术、山东现代农业研究院、阳光融合医院与以色列舍巴医院在妇儿、康复医疗领域合作，与全球最小的超小型质子重离子装备产业等24个平台及项目开展实质性科技合作，走在全省、全国前列。

潍坊市科技局、山东中以科技转移平台和以色列亲善大使、潍坊市人民友好使者塔尔·布罗迪三方签署了《中以科技合作框架协议》，成功推动以色列P-Cure公司在潍建设全球最小的超小型质子重离子装备产业。该项目总投资7.14亿元，预计2023年将实现产值50亿元。目前，项目已开工建设，并成立中以康联（潍坊）粒子束产业技术研究院，已入驻潍坊市产业技术研究院，各项工作正在有序推进。

（二）"走出去"借力海外优势创新资源

鼓励有条件的行业龙头企业"走出去"，重点推动雷沃阿波斯欧洲研发中心、中德磁电与智能选矿技术研发中心、潍柴动力（东京）科技创新中心等建设，发挥好科技创新引领作用。

中德磁电与智能选矿技术研发中心，由山东华特磁电与德国亚琛工业大学选矿研究所联合建立，与世界智能传感分选领域知名权威专家海尔曼·沃特鲁巴先生合作开展国际领先水平的磁电与智能选矿技术与设备及其工业应用的试验和研发，推进智能传感分选技术在有色金属、贵金属、非金属等矿石上的广泛应用，实现智能选矿新技术与选矿工艺相结合，降低磨矿能耗，提高矿石的综合利用率和提升经济效益，有效解决我国难选矿石预先抛废的技术难题。海尔曼·沃特鲁巴先生先后入选"泰山产业领军人才"、潍坊市"战略性新兴产业创新类鸢都领军人才"。

潍柴动力在东京成立潍柴动力（东京）科技创新中心，旨在借助日本在汽车、新能源产业的领先优势，特别是在新能源、智能驾驶、自动变速箱、新材料和轻量化等方面的技术优势和人才优势，共同开发整车整机、新能源关键核心技术，为中国国内汽车相关企业提供整车、核心零部件研发及生产支持，加速创新成果商业转化，推动潍柴动力产业升级和结构调整，实现超越引领。

(三)"引进来"突破重大关键技术瓶颈

通过委托研发、合作研究、联合开发等形式,实现重大关键技术突破。重点推动盛瑞传动国际科技合作基地、山东天瑞重工(日本)磁悬浮技术研发中心、中荷蔬菜育种合作研究中心等项目建设,有力推动产业转型升级。

盛瑞传动国际科技合作基地同德国波鸿鲁尔大学、英国里卡多公司等单位合作,分别在德国、英国、北京等地建立研发分中心,形成了"三国五地"的研发布局。公司与英国里卡多公司合作的"8挡自动变速器(8AT)联合研发"国际科技合作项目,获得国家科技部无偿资金支持1169万元。通过项目实施,突破了自动变速器技术瓶颈、填补了国内空白,后续完成了国际先进水平的带启停功能8AT、13AT、插电式混合动力8AT的研发及样机制作,2017年8AT项目荣获国家科技进步奖一等奖,成为建国以来汽车零部件行业唯一的一个国家科技进步奖一等奖。

山东天瑞重工有限公司(以下简称天瑞重工)联合日本Mutecs轴承公司、KOYO磁轴承公司共同成立山东天瑞重工(日本)磁悬浮技术研发中心,重点以磁悬浮动力装备产业化应用研发为核心,努力突破磁悬浮产业"卡脖子"关键技术,拓展磁悬浮产业链条,培育磁悬浮技术新动能、新产业,市政府强力推动,全力打造磁悬浮动力装备千亿级产业。

山东信得科技与韩国忠北大学金允培教授的干细胞股份有限公司合作,就干细胞技术在宠物疾病领域的应用展开联合研究,合作建立了信得干细胞研究实验室,以自体干细胞和携带基因的无限增殖干细胞技术在宠物与其他动物领域的研究与应用为主,突破干细胞技术在宠物领域疾病的应用治疗方法,实现干细胞及其分泌物外泌体的产业化生产,有力推动了中国动物保健行业进步提升。

二、潍坊市国际科技合作的薄弱环节

潍坊市国际科技合作有以下几个薄弱环节。

第一，国际科技合作受国际形势和外交政策等的影响较大。国际科技合作服从和服务于国际外交政策，同时也受外交政策的影响。自2018年以来，美国采取单边主义措施，挑起贸易战，导致中美之间贸易摩擦和争端不断升级，不仅严重威胁中美双边经贸关系，而且对世界经济也有负面影响。之前潍坊市曾推荐威能环保与加拿大滑铁卢大学合作的"高能量密度锂离子动力电池的开发"项目申报中加政府间国际科技创新合作计划，项目进展顺利并进入了答辩阶段，但因为中加关系紧张，导致该计划目前处于停摆状态。

第二，国际科技合作的参与主体相对单一。目前，开展国际科技合作活动的主体主要是政府和企业，平台、孵化器、加速器、第三方机构等市场化运作的国际科技合作机构在社会上的显示度、影响力不够，导致资源渠道不够畅通，支持开放发展的公共信息基础设施薄弱，公共信息流通不畅，不能充分发挥其他多元化主体的重要作用，导致有价值的国际先进技术信息和平台与日益增长的企业需求相比略显不足。

第三，落实支持国内外科技合作的政策力度不够。科技合作工作的开展和平台建设均需要中长期、不间断地大量有形与无形资本的投入，而相关鼓励扶持政策及配套引导资金的不足，容易造成企业缺乏创新积极性及资金原动力，导致无法顺利进行。

第四，高素质科技与管理人才缺乏。国际科技合作要求项目管理者熟悉国际科技合作规则、国际金融以及科技专业知识，同时要精通外语和运用现代信息技术。人才的短缺、分布不平衡，也是制约潍坊市国际科技合作开展的因素之一。

第五，产学研合作各方缺乏有效沟通，信息不对称。由于信息的高度不对称性以及信用管理制度不健全，合作双方缺少了解和信任，制约了产学研的合作及科研成果的成功转化。

第六，科技成果转化效率仍然偏低。一方面，企业普遍研发基础弱，自主研发投入少，科技成果转化水平不高，高层次创新人才相对匮乏，单纯引进成熟技术，创新动力不足。另一方面，高校、科研院所在促进科技成果转移转化方面政策体系不够健全，对科研人员的激励政策落实不到位，科技成果转化投融资机制不健全，导致科研成果的实用性和成熟度相对偏低。

三、潍坊市国际科技合作发展重点

（一）建立健全国际科技合作战略规划体系

围绕潍坊市新旧动能转化重大需求，多渠道、多形式组织国际科技交流活动。加大国际科技合作计划实施力度，鼓励企业以合作共建、并购、建立海外研发中心等多模式"走出去"，支持更多有条件的企业与国外大学、科技园区合作共建海外孵化器，鼓励投资、基金、国际专利等方面的专业国际机构组织作为主体参与。组建对外开放人才库，培育一批外语能力强、懂金融、熟悉国际科技合作规则的高层次人才。

（二）打造国际科技合作潍坊品牌

坚持开放包容，积极主动寻求国际交流和合作，打造国际科技合作潍坊品牌。在充分发挥潍坊硅谷高科技孵化器、中以科技转移平台等高端国际科技合作平台作用的基础上，与欧美、日韩等国家深入开展国际科技合作与交流，大力建设国际科技合作基地，着力引进外国高端专家和先进成熟科技成果，重点支持山东兴瑞生物科技有限公司（以下简称兴瑞生物）、天瑞重工等企业在海外建立研发中心。

加强高端国际科技合作平台建设。搭建高层次国际科技合作平台，强化引进外国高端专家和先进成熟技术，支持企业在海外建立研发中心。培育雷沃重工智能农机、威能新能源汽车关键零部件等国际科技合作基地，每年新建海外研发中心、国际科技合作基地等高端国际科技合作平台4家以上，全方位提升潍坊市科技国际化水平。

（三）推动企业"走出去"与"引进来"相结合

加强与"一带一路"沿线国家的交流合作，鼓励科技型企业与欧美国家和以色列、日本、韩国等国家企业、科研机构和大学开展双边合作。充分发挥B2C中以科技转移平台孵化器等高端国际科技合作平台的作用，通过网上路演、在线合作交流等多种方式，加快海外研发中心和孵化器建设。

全力推动重点企业研发向海外拓展。深入实施国际合作创新行动计划，重点开展与"一带一路"国家的科技交流与务实合作，积极探索组建国际化新型合作研发机构、建设科技合作园区，在推动国际科技合作方式创新、平合建设、引进国外先进技术和项目联合研发等方面实现新突破。坚持"人才+项目"捆绑式双引机制，积极引进国际高端创新创业人才，建立完善国际合作创新体系，提升企业国际科技创新能力。

推动离岸创新创业基地建设。坚持服务导向，聚焦人才国际化，充分发挥用人单位主体作用和科技部门推动作用，深入开发利用离岸创新人才资源，为离岸创新创业基地提供优质高效服务，重点推动潍柴动力、威能环保、雷沃重工申报省离岸创新创业基地。加快海外区域性创新创业共同体建设，围绕强化关键核心技术攻关，按照"聚焦一个产业、建设一种模式、打造一个生态、形成一个集群"的思路，加快推进开放融合、兼容并包的省创新创业共同体建设。目前，潍柴动力、雷沃重工等企业在欧洲、北美地区和日本、韩国等国家已经建立了海外创新中心，集聚了一批海外专家人才，建成了具有较强影响力的国际创新创业共同体。

（四）加强科技人才队伍建设

加快人才科技支撑平台建设。充分发挥科技创新平台引才聚才功能，重点推动潍柴氢燃料电池国家技术创新中心争创工作，加快国家级水动力系统专项实验室和院士城、航天城建设。加快市级以上创新平台建设，加快"卡脖子"关键共性技术攻关，培育转化优秀科技成果。

加大对各类科技人才的政策支持落实力度。积极组织科技人才申报省级以上科技计划，争取有更多科技人才承担的项目列入国家、省相关计划。充分发挥政府引导鼓励人才创新创业的导向作用，带动企业不断加大对人才培养的投入力度。强化有关人才政策的落实督导力度，确保高新技术企业税收减免、企业研发费用加计扣除等优惠政策得到落实，提高各类人才自主创新的积极性。

积极组织举办各类人才大赛。坚持大赛选才，常态化举办国际人才创新创业大赛，广泛吸引海内外高层次人才带技术、带项目、带创意、带资金来潍坊创新创业。推荐优秀人才参加省"创业齐鲁·共赢未来"高层次人才创业大赛，力争更多人才纳入省支持范围。

着力提高人才服务水平。以"一次办好"改革为契机，编制人才专员服务清单，畅通人才服务绿色通道，提升人才服务信息化水平，为人才落户、出入境、就医、家属安置、子女入学等提供高效便捷服务。深化党委联系服务专家制度，常态化做好专家人才走访慰问等工作，强化政治引领和团结凝聚。

第三节　潍坊市科技创新发展重点任务

一、实施重大科技项目，推动技术开发与产业化

潍坊市聚焦省、市经济社会发展重大战略需求，面向长远发展，找准科技创新突破口，在具有基础和优势的重点领域超前部署，实施重点项目推进工程，开展前瞻性、战略性、系统性研究，加快技术研发与产业化，形成一批具有自主知识产权和行业发展推动力的核心技术，积极争取国家、省级科技计划专项支持。

（一）实施重点项目推进工程

1.高端装备领域

把握装备制造世界前沿技术和产业发展方向，推动装备制造向柔性、绿色、智能、精细转变[1]，提升潍坊市装备制造和智能化生产技术的核心竞争力。

重点组织实施天瑞重工"磁悬浮真空泵关键技术研发及应用"与"磁悬浮冷媒压缩机关键技术研发及应用"，盛瑞传动"高挡位高效精密传动纵置自动变速器研发及产业化"，雷沃重工"大型CVT拖拉机（200-340PS）关键技术及整机研发"与"基于5G技术的智慧农场关键技术研发与集成应用示范"，山东海科院"海水淡化和浓海水综合利用高性能离子交换膜的制备及应用研究"，山东豪迈机械科技股份有限公司（以下简称豪迈机械）"数控机床"与"碳化硅换热器"等高端机械、轻工与海洋装备项目开发，如表2-1所示。

---

[1] 潍坊市人民政府关于印发潍坊市"十三五"科技创新规划的通知[R].潍坊市人民政府公报,2017-01-20.

表 2-1 高端装备领域重大科技项目

所属领域	项目名称	承担单位	县市区
高端装备	磁悬浮真空泵关键技术研发及应用	山东天瑞重工有限公司	高新区
高端装备	磁悬浮冷媒压缩机关键技术研发及应用	山东天瑞重工有限公司	高新区
高端装备	海水养殖用磁悬浮鼓风机的研究及产业化应用	山东天瑞重工有限公司	高新区
高端装备	高挡位高效精密传动纵置自动变速器研发及产业化	盛瑞传动股份有限公司	高新区
高端装备	纵置后驱 8 挡混合动力自动变速器关键技术研发及产业化	盛瑞传动股份有限公司	高新区
高端装备	大型 CVT 拖拉机（200-340PS）关键技术及整机研发	雷沃重工股份有限公司	坊子区
高端装备	基于 5G 技术的智慧农场关键技术研发与集成应用示范	雷沃重工股份有限公司	坊子区
高端装备	海水淡化和浓海水综合利用高性能离子交换膜的制备及应用研究	潍坊市海洋化工科学研究院	滨海区
高端装备	数控机床	山东豪迈机械科技股份有限公司	高密市
高端装备	碳化硅换热器	山东豪迈机械科技股份有限公司	高密市
高端装备	新能源卡车智能悬架减振系统的研发与产业化	山东美晨工业集团有限公司	诸城市
高端装备	年产 2 万吨高端赤藓糖醇智能化生产线扩建项目	诸城东晓生物科技有限公司	诸城市
高端装备	高耐腐蚀性大型热力设备烟气余热回收碳化硅换热装置	山东赛利科膜科技有限公司	青州市
高端装备	高铁牵引变压器智能化牵引供电系统	山东晨宇电气股份有限公司、山东轨道交通科学技术研究院有限公司	青州市
高端装备	高性能 LNG/ 柴油双燃料电控多点喷射系统	潍坊力创电子科技有限公司	奎文区

2.高端制造、智能制造领域

重点组织实施潍柴动力"大型船用发动机开发""中型船用柴油机开发""燃料电池发动机及商用车产业化技术与应用（新能源）"等先进制造项目，潍坊盛瑞零部件有限公司（以下简称盛瑞零部件）"商用车用电控硅油离合器变流量水泵研发"等高端制造项目，北汽福田汽车股份有限公司（以下简称北汽福田）诸城汽车厂"车身车间智能化改造项目"、迈赫机器人自动化股份有限公司（以下简称迈赫机器人）"基于泛在物联网的汽车制造业智慧运维系统及示范"等智能制造项目，如表2-2所示。

表2-2 高端制造、智能制造领域重大科技项目

所属领域	项目名称	承担单位	县市区
高端制造	大型船用发动机开发	潍柴动力股份有限公司	高新区
高端制造	中型船用柴油机开发	潍柴动力股份有限公司	高新区
高端制造	燃料电池发动机及商用车产业化技术与应用（新能源）	潍柴动力股份有限公司	高新区
高端制造	新型复合储能式混合动力装载机研发项目	英轩重工有限公司	昌乐县
高端制造	1~4MW燃气轮机关键技术研发	山东赛马力发电设备有限公司	高新区
高端制造	20~500kW新型智能环保船用双燃料发电机组	山东赛马力发电设备有限公司	高新区
高端制造	商用车用电控硅油离合器变流量水泵研发	潍坊盛瑞零部件有限公司	安丘市
智能制造	计及工业可燃气发电的综合能源高可靠性供电系统研究	山东赛马力发电设备有限公司	高新区
智能制造	大口径长距离非等径梯度重防腐输水管道涂层关键技术及智能成套装备的开发和示范应用	潍坊亿斯特管业科技有限公司	经济区

所属领域	项目名称	承担单位	县市区
智能制造	车身车间智能化改造项目	北汽福田汽车股份有限公司诸城汽车厂	诸城市
智能制造	基于泛在物联网的汽车制造业智慧运维系统及示范	迈赫机器人自动化股份有限公司	诸城市

3. 新能源新材料领域

立足潍坊市重大需求和产业优势，加快部署战略性基础材料、高性能材料、特种新材料和前沿新材料的制备和产业化关键技术研发，发挥新材料在产业高端发展中的基础和先导作用。

重点组织实施潍坊市海洋化工科学研究院"均相系列荷电膜技术开发及应用（海洋新材料）"、山东润科化工股份有限公司（以下简称润科化工）"新型绿色高分子溴系阻燃剂溴化SBS关键制备技术及产业化"、潍坊弘润新材料有限公司（以下简称弘润新材料）"聚酰亚胺双向拉伸薄膜的生产"、山东七维新材料有限公司（以下简称七维新材料）"轨道交通用高性能水性涂层材料的研发与应用"等新材料开发，如表2-3所示。

表2-3 新能源新材料领域重大科技项目

所属领域	项目名称	承担单位	县市区
新能源新材料	新型绿色高分子溴系阻燃剂溴化SBS关键制备技术及产业化	山东润科化工股份有限公司	滨海区
新能源新材料	聚酰亚胺双向拉伸薄膜的生产	潍坊弘润新材料有限公司	滨海区
新能源新材料	均相系列荷电膜技术开发及应用（海洋新材料）	潍坊市海洋化工科学研究院、山东天维膜技术有限公司	滨海区
新能源新材料	轨道交通用高性能水性涂层材料的研发与应用	山东七维新材料有限公司	安丘市
新能源新材料	BMSC生物降解材料	潍坊华潍新材料科技有限公司	保税区

续表

所属领域	项目名称	承担单位	县市区
新能源新材料	海洋重防腐新材料研究及产业化应用	潍坊东方钢管有限公司	潍城区
新能源新材料	年产5000吨生物基纤维素肠衣项目	潍坊潍森纤维新材料有限公司	寒亭区
新能源新材料	薄型耐高温材料关键技术研究与产业化	山东恒联投资集团有限公司	寒亭区
新能源新材料	生物质综合生物精炼多联产项目	山东恒联投资集团有限公司	寒亭区
新能源新材料	10万吨子午线轮胎钢丝帘线智能化改造项目	山东大业股份有限公司	诸城市
新能源新材料	10万吨糠酮树脂产业化开发项目	山东大业股份有限公司	诸城市
新能源新材料	精细化工	山东豪迈机械制造有限公司	高密市

4. 新一代信息技术领域

着眼于新一代信息技术加速演化生成，突出5G、大数据中心、区块链、工业互联网、物联网、人工智能等技术研发。

重点组织实施歌尔股份"增强现实AR光波导技术研发"与"面向虚拟现实产业的微纳光学精密制造技术开发"、山东浪潮华光光电子股份有限公司（以下简称浪潮华光）"大尺寸、高质量GaN材料制备技术研究"、潍坊华光光电子有限公司（以下简称华光光电）"先进制造用大功率半导体光纤耦合激光器研发及产业化项目"、迈赫机器人自动化股份有限公司（以下简称迈赫机器人）"迈赫优沃工业互联网MHUniver系统研发及示范应用"等电子信息技术开发项目，如表2-4所示。

表 2-4 新一代信息技术领域重大科技项目

所属领域	项目名称	承担单位	县市区
新一代信息技术	增强现实 AR 光波导技术研发	歌尔股份有限公司	高新区
新一代信息技术	面向虚拟现实产业的微纳光学精密制造技术开发	歌尔股份有限公司	高新区
新一代信息技术	大尺寸、高质量 GaN 材料制备技术研究	山东浪潮华光光电子股份有限公司	高新区
新一代信息技术	先进制造用大功率半导体光纤耦合激光器研发及产业化项目	潍坊华光光电子有限公司	高新区
新一代信息技术	迈赫优沃工业互联网 MHUniver 系统研发及示范应用	迈赫机器人自动化股份有限公司	诸城市

5.现代高效农业领域

重点组织实施山东永盛农业发展有限公司（以下简称永盛农业）"设施蔬菜精准生产关键技术优化与产业化示范"、雷沃重工"数字化精准农业技术及系统研发"、潍坊兴旺生物种业有限公司（以下简称兴旺生物种业）"番茄不育系的创制"、山东绿圣兰业花卉科技股份有限公司（以下简称山东绿圣兰业花卉）"蝴蝶兰基因品种选育技术研发"等现代高效农业技术与项目推广，如表 2-5 所示。

表 2-5 现代高效农业领域重大科技项目

所属领域	项目名称	承担单位	县市区
现代高效农业	设施蔬菜精准生产关键技术优化与产业化示范	山东永盛农业发展有限公司	寿光市
现代高效农业	数字化精准农业技术及系统研发	雷沃重工股份有限公司	坊子区
现代高效农业	番茄不育系的创制	潍坊兴旺生物种业有限公司	峡山区

续表

所属领域	项目名称	承担单位	县市区
现代高效农业	高直链玉米淀粉改良	潍坊兴旺生物种业有限公司	峡山区
现代高效农业	蝴蝶兰基因品种选育技术研发	山东绿圣兰业花卉科技股份有限公司	青州市
现代高效农业	智慧农业花卉生产智能一体化研建推	山东绿圣兰业花卉科技股份有限公司	青州市

6. 生物医药领域

重点组织实施山东新和成药业有限公司（以下简称新和成药业）"薄荷醇合成新工艺的研发与产业化"、山东兴瑞生物科技有限公司（以下简称兴瑞生物）"一种治疗艾滋病的CAR-T细胞产品的临床研究及转化"、山东信得科技股份有限公司（以下简称信得科技）"畜禽基因工程疫苗的研制及产业化生产"、潍坊新力超导磁电科技有限公司（以下简称新力超导磁电）"新生儿全身型自屏蔽静音磁共振成像整机系统"等生物医药技术与设备开发，如表2-6所示。

表2-6 生物医药领域重大科技项目

所属领域	项目名称	承担单位	县市区
生物医药	薄荷醇合成新工艺的研发与产业化	山东新和成药业有限公司	滨海区
生物医药	一种治疗艾滋病的CAR-T细胞产品的临床研究及转化	山东兴瑞生物科技有限公司	高密市
生物医药	畜禽基因工程疫苗的研制及产业化生产	山东信得科技股份有限公司	诸城市
生物医药	强力霉素合成工艺研究	山东国邦药业有限公司	滨海区
生物医药	新生儿全身型自屏蔽静音磁共振成像整机系统	潍坊新力超导磁电科技有限公司	高新区

7. 节能环保领域

重点组织实施山东蓝想环境科技股份有限公司（以下简称蓝想环境）"智能化循环水节水消雾系统集成项目"、潍坊力德电器有限公司（以下简称力德电器）"工业废水三维电催化–微泡臭氧耦合绿色处理装置"、山东万达环保科技有限公司（以下简称万达环保）"智能环保设备项目"、山东奥扬新能源科技股份有限公司（以下简称奥扬新能源）"氢燃料电池供氢动力组件的研究与产业化"等节能环保项目开发，如表2-7所示。

表 2-7　节能环保领域重大科技项目

所属领域	项目名称	承担单位	县市区
节能环保	智能化循环水节水消雾系统集成项目	山东蓝想环境科技股份有限公司	安丘市
节能环保	工业废水三维电催化–微泡臭氧耦合绿色处理装置	潍坊力德电器有限公司	临朐县
节能环保	智能环保设备项目	山东万达环保科技有限公司	临朐县
节能环保	氢燃料电池供氢动力组件的研究与产业化	山东奥扬新能源科技股份有限公司	诸城市
节能环保	低成本无污染中水回用核心吸附降解专用新材料的研制与开发	山东四海水处理设备有限公司	青州市

（二）推动科技项目产业化

重点组织实施潍柴动力"燃料电池动力系统"、歌尔股份"虚拟现实"、豪迈机械"陶瓷热交换器"、天瑞重工"磁悬浮鼓风机"、山东默锐化学有限公司"化学溴素阻燃剂"等创新项目；重点推动雷沃重工的"14千克/秒以上大型智能化多功能谷物收获机械技术及装备研发""重型CVT拖拉机（280~340马力[①]）关键技术研究与整机开发""基于遥感和物联网技术的数字农业技术开发与应用""面向协同精准作业的农机自动控制技术及系统""高端复式条播

[①] 1马力=0.735千瓦。

机械研发""200马力以上拖拉机高端转向驱动桥研发"和"面向智能工程机械的专家诊断系统"项目，山东坊能新动能科学研究院有限公司的"适用于深部地热开采与浅层地热高效利用的RTR热泵系统研发及产业化应用"和"自主式智能消防机器人技术"，潍坊富源增压器有限公司"燃料电池用空气悬浮离心压缩机的研制与应用"、山东北斗院物联科技有限公司"多源融合自动导航技术"、共达电声股份有限公司"智能声纹识别芯片的关键技术研究和产业化"、潍坊华美精细技术陶瓷股份有限公司"超薄液晶玻璃基板用碳化硅陶瓷及其制品的研制与产业化应用"等重大科技创新项目。每年力争有50个项目列入省级以上重点研发计划，争取资金2亿元以上。

重点抓好山东奥扬新能源科技股份有限公司"新能源氢燃料电池供氢动力组件"、山东美晨工业集团有限公司"新能源卡车智能悬架减振系统的研究与产业化"、北汽福田"车身车间智能化改造项目"、山东省青腾机械科技有限公司"机械工业制造泛在物联网全景质控平台"、山东大业股份有限公司"10万吨子午线轮胎钢丝帘线智能化改造项目"、山东蓝想环境科技股份有限公司"湿烟气深度协同治理超净排放绿色智能技术装备"、七维新材料"年产20万吨环保型工业水性涂料"、山东奥天电子科技有限公司"绿色节能的新一代大功率开关器件驱动、保护、动态检测集成电路"、山东金鸿新材料股份有限公司"高性能反应烧结碳化硼陶瓷及复合装甲材料"、山东埃尔派粉体科技有限公司"大宗固废超音速蒸汽粉碎及多固废协同互补高值利用技术产业化成套装备"、山东万山集团有限公司"2万吨/年液体纯氢能源项目"、山东神州野马汽车服务有限公司"26万辆新能源乘用车"、山东矿机集团（股份有限公司）"急倾斜薄及中厚煤层智能化开采关键技术与装备"、世纪阳光纸业集团"50万吨麦草生物机械浆纸模包装项目"、山东潍焦集团（有限公司）"全海深浮力材料"、元利化学集团股份有限公司"4.5万吨/年受阻胺类光稳定剂技术"、潍坊欣龙生物材料有限公司"超高分子量聚丙烯腈碳纤维原丝及相关助剂的研发"、潍坊潍森纤维新材料有限公司"生物基包装新材料纤维素肠衣关键技术研究与应用"、山东百德生物科技有限公司"废弃动物蛋白资源高效生物酶解集成化关键技术研究与示范"等科技项目的研发及产业化工作。

二、完善科技创新平台体系，提升引才聚才功能

潍坊市坚持按照统筹规划、突出特色的原则，强化全市科技创新平台发展的顶层设计和规划引导。坚持质、量并举，积极搭建高水平国家、省、市级各类创新平台。重点推动水动力国家重点实验室、潍柴氢燃料电池国家技术创新中心、高端智能装备与精密制造潍坊市实验室等高端研发平台建设，围绕平台布局战略化，加快推动潍坊先进光电芯片研究院等创新创业共同体与市产业技术研究院等新型研发机构建设，提升创新平台的引才聚才功能，为经济发展提供强有力的科技支撑。

（一）完善重大创新平台体系

统筹全市优势科技资源，在重点产业领域建设共性技术创新平台。以潍坊市实验室体系重组和"1133"布局为契机，重点推动高端智能装备与精密制造潍坊市实验室、国家级水动力系统专项实验室、潍柴氢燃料电池国家技术创新中心建设。

充分发挥潍柴国家商用汽车动力系统总成、盛瑞国家乘用车自动变速器等国家级工程技术研究中心的研发龙头带动作用，进一步提升国家级平台在全市应用技术研究和行业共性关键技术中的功能水平，推动建成世界一流的研发平台。

充分发挥潍坊市数码喷印功能材料工程技术研究中心、潍坊市机械式停车设备工程技术研究中心等省级工程技术研究中心的研发带动作用，开展产业共性问题攻坚，形成为全行业服务的共性技术研发平台。

（二）实施创新平台提升工程

完善企业研发平台，开展现有研发平台的上档升级，积极培育一批有望升

级为省级、国家级的企业研发平台。

在高端装备、电子信息、生物医药等重点产业领域，以企业为主体，瞄准国内外创新发展前沿，每年新建8家省级以上企业技术中心、工程技术研究中心、工程实验室、工程研究中心、重点实验室、院士工作站等创新平台。依托潍坊市在轮胎模具、蔬菜育种、磁悬浮、质子重离子等行业领域优势，积极争创省技术创新中心，力争在高能级创新平台建设方面实现新突破。积极推进平台、项目一体化，健全完善科技计划项目库，重点推荐有高端研发平台的企业申报省级以上科技计划项目，进一步提高平台的研发能力和技术攻关水平。

（三）加快打造一批创新创业共同体

统筹布局潍坊市创新创业共同体建设，充分发挥创新创业共同体牵头建设单位的辐射带动作用，积极整合各类创新要素和资源，推动本市重点优势产业化发展。围绕新一代信息技术、高端装备、新能源新材料、现代高效农业等重点产业领域，统筹布局建设一批创新创业共同体，全面提升科技创新供给能力。

围绕新旧动能转换重大工程，重点推动潍坊先进光电芯片研究院、山东海洋高速动力装备、潍坊市智能农机装备等省级创新创业共同体建设，进一步完善共同体建设体制机制，推动共同体参与单位间协同创新，以创新链服务产业链，通过提升产业层次，努力打造激光芯片领域优势产业。

加大潍坊市智能农业装备创新创业共同体、潍坊市智能农业装备、潍坊市水洞试验群及关联海洋装备、潍坊市基于北斗的多源融合高精度芯片及智慧应用等市级创新创业共同体培育力度，研究出台《潍坊市创新创业共同体管理办法》，按照"突出市场导向、创新体制机制、促进成果转化、引领产业升级"的建设原则，建设一批不同主体、不同模式、具有较强影响力的市级创新创业共同体。

（四）加快推进新型研发机构建设

配合推进潍坊市产业技术研究院建设，通过政府引导、市场化运作，联合高等院校与科研院所，着力构建新型创新研发机构服务平台。

加快产业技术研究院和专业技术研究分院建设，到 2025 年建成山东成体细胞产业技术研究院、中以康联（潍坊）粒子束产业技术研究院、潍坊磁悬浮产业技术研究院等 10 家以上专业研究机构。推进中科院化学所潍坊化工新材料产业技术研究院等大院大所引进力度，以市产业技术研究院为基础，整合已有和新引进院所的力量，每年推出 30 项创新成果。

建设潍坊市产业科技发现与科创服务平台、潍坊工业互联网协同创新中心、e 融湾智能投顾 O2O 三大服务平台，设立"科技型企业培育基金"，为科技型企业、科研院所提供全方位服务。推进北京大学现代农业研究院重点实验室、生物基新材料重点实验室、SDL 科学实验室等重点研发平台建设，提升全市行业共性、关键技术研发转化能力。加快北京大学现代农业研究院建设。该研究院整合潍坊市和北京大学的资源优势，计划建成 30 个世界前沿实验室，成立多个研究中心，包括基础研究、生物育种、科技成果转换、食品安全研究、作物遗传研发和生物信息大数据等。

积极培育创建省级新型研发机构。围绕主导产业和龙头企业需求，科学规划科技创新研发平台建设，采取企业主办、校企合作等多种形式，加快建立重大科技创新平台支撑服务体系，逐步形成以企业为主体，高校、科研院所为依托，自主创新与引进消化相结合的企业科技创新体系（见表 2-8）。重点指导"SDL 科学实验室"及共达电声股份有限公司、潍坊富源增压器有限公司、潍坊华美精细技术陶瓷股份有限公司、潍坊精诺机械有限公司等企业，做好省级重点实验室申报工作，依托山东穆柯传感器有限公司、潍坊裕川机械有限公司、潍坊正达实业有限公司、山东奥精生物科技有限公司、山东马克智能科技有限公司等企业，积极做好工程技术研究中心培育工作，重点在项目、资金、人才方面给予倾斜。加强新型研发机构建设，立足潍坊市产业发展需求，建设一批新型研发机构，开展产业关键、共性及前瞻性技术研发，为经济高质量发展提供科技支撑。

表 2-8 潍坊市重点创新平台

平台类别	平台名称
国家级重点实验室	水动力国家重点实验室
国家级技术创新中心	潍柴氢燃料电池国家技术创新中心
国家级工程技术研究中心	潍柴国家商用汽车动力系统总成
	盛瑞国家乘用车自动变速器
国家级研发平台	山东潍坊海洋化工企业服务中心
省级重点实验室	高端智能装备与精密制造潍坊市实验室
	潍坊市新能源汽车重点实验室
	潍坊市高端助剂重点实验室
	潍坊市海洋精细化工重点实验室
省级工程技术研究中心	潍坊市数码喷印功能材料工程技术研究中心
	潍坊市机械式停车设备工程技术研究中心
	潍坊市荷电膜工程技术研究中心
	潍坊市溴化技术及应用工程技术研究中心
	潍坊市阻燃开发及应用工程技术研究中心
省级技术创新中心	潍坊市蔬菜生物育种技术创新中心
省级研发平台	山东海洋化工生产力促进中心
	潍坊市海洋精细化工中试基地
	潍坊市盐及盐化工产品质量监督检验站
省级创新创业共同体	潍坊先进光电芯片研究院
	山东海洋高速动力装备创新创业共同体
	潍坊市智能农机装备创新创业共同体

续表

平台类别	平台名称
市级创新创业共同体	潍坊市智能农业装备创新创业共同体
	潍坊市水洞试验群及关联海洋装备创新创业共同体
	潍坊市基于北斗的多源融合高精度芯片及智慧应用创新创业共同体
新型研发机构	潍坊市产业技术研究院
	山东成体细胞产业技术研究院
	中以康联（潍坊）粒子束产业技术研究院
	潍坊磁悬浮产业技术研究院
	中科院化学所潍坊化工新材料产业技术研究院
	中科院沈阳应用生态所潍坊现代农业与生态环境研究院
	清华大学潍坊人工智能研究院
	北京工业大学潍坊研究院
	中科院复杂系统管理与控制国家重点实验室（潍坊）智能技术研究院
	海洋经济协同创新研究院
	佩特来商用车研究院
	兴旺生物育种国际研发中心
	山东夙沙蓝色工程研究院
	氢能源研究院
重点研发平台	潍坊市产业科技发现与科创服务平台
	潍坊工业互联网协同创新中心
	e融湾智能投顾O2O
	北京大学现代农业研究院重点实验室

续表

平台类别	平台名称
重点研发平台	生物基新材料重点实验室
	SDL科学实验室（专项水动力系统科研测试平台）
	电子级特气和湿化学品重点创新研发平台

三、加快推动"新基建"发展，培育形成新动能

坚持以新发展理念为引领，以打造全省"新基建"先行区和示范区为目标，以技术创新为驱动，以信息网络为基础，充分发挥"新基建"促投资、稳增长、惠民生重要作用，面向高质量发展需要，培育5G网络、数据中心、工业互联网、人工智能等信息基础设施，提升特高压、新能源汽车充电桩、加氢站、城际高速铁路和城市轨道交通等融合基础设施，推动全市基础设施加快补齐短板，培育形成经济社会发展新动能[1]。

（一）信息基础设施创新

着眼于新一代信息技术加速演化生成，突出5G、大数据中心、区块链、工业互联网、物联网、人工智能等支撑能力建设，进一步提升信息基础设施整体效能和综合实力。

1.5G产业基础设施创新

优化5G基站布局，2020年全市建成5G基站4000个，实现市级中心城区和各县市区（含市属各开发区）城区重点区域5G信号全覆盖；计划2022年全市5G基站突破1.3万个，实现5G信号重点区域连片优质覆盖；在工业制造、城市治理、公共服务、营商环境、文化娱乐等领域开展5G试点示范，培育100

---

[1] 潍坊市新型基础设施建设三年行动计划（2020—2022年）[R].潍坊市人民政府公告，2020-07-31.

项以上重点场景应用，形成可复制、可推广的"潍坊模式"。

2. 大数据中心基础设施创新

推进市超算中心建设，优化"全市一张网"信息高速公路，提升网络承载能力，逐步完成 IPv6 改造，实现互联网出口带宽由 1 万兆扩容至 1.4 万兆。扩充计算、存储、软件和安全云服务等软硬件资源，增加高性能计算、AI 服务器等超算单元，每年至少增加 20% 运算和存储能力，支撑全市上云需求。选址建设"城市大脑"超算中心，提供高性能计算、AI 计算与边缘计算等算力支持，支撑产业、民生、服务等各类智慧应用运行。

优化升级民意舆情大数据平台功能，开展社会风险点监测与防控，实现全面监测、系统分析、及时预警和量化评估一体化。开展"数聚赋能"专项行动，进一步归集数据资源，充实完善人口、法人、电子证照、空间地理、公共信用等基础信息资源库，启动主题库、专题库、通用业务库建设，加快形成"四库一体"的信息资源体系。建设全市大数据中心，促进城市运行大数据融合，实现大数据统一采集、归集、清洗、分析、开放，为城市综合管理和服务供给提供智力支撑和决策参考。

3. 区块链基础设施创新

支持基于 BSN 等区块链公共服务基础设施建设，搭建全市区块链公共平台，为政务服务、"一次办好"改革、诚信体系、工业智能化等领域提供高效部署、低成本、安全性强等区块链技术支撑。

4. 工业互联网基础设施创新

借鉴海尔 COSMOPlat（卡奥斯）工业互联网模式，推动全市制造业生产要素与资源集聚。以潍柴动力、雷沃重工等骨干企业在工业互联网平台建设方面的成果为基础，构建全市统一应用体系，加强平台建设和创新应用，推动工业企业"上云"，推动制造业向"制造＋服务"发展。

计划到2022年，工业上云企业突破2万家，建成数字化车间200个以上，培育省级以上智能制造试点示范企业60家以上，智能制造与装备制造业产值突破2000亿元，打造国家智能制造示范区和全国领先的高端装备制造基地。

5. 物联网基础设施创新

集聚一批国家、省、市物联网领域高层次科研力量，建立健全技术创新和产业发展公共服务平台支持功能，推动物联网关键技术的研发与创新孵化。围绕物联网产品研发、生产、销售和应用系统集成等环节，完善物联网产业链条，壮大物联网产业园区规模。以物联潍坊公共服务平台为支撑，重点开展智慧泊车、车联网、智慧消防、智慧农机、智慧河长、智慧农业等领域物联网应用示范工程建设，以"局部试点、重点示范"发展模式推进物联潍坊建设，带动全产业持续健康发展。

6. 人工智能基础设施创新

加快人工智能关键技术转化应用，推动技术集成、商业模式及重点领域智能产品创新，积极培育人工智能新业态，打造国内具有较强竞争力的人工智能产业。在智能终端、VR、工业机器人、柔性生产线、自动化控制、减速器等智能装备、智能部件的细分领域打造知名品牌，依托迈赫机器人智能化实验室与潍坊市工业机器人产业技术创新战略联盟，建设机器人研究院，促进机器人产业与智能制造等领域有机融合。大力推进虚拟现实技术创新和产业化发展，以歌尔VR智能硬件产业园为基础，打造国家虚拟现实产业基地。建设智慧穿戴产业基地，刺激挖掘各类虚拟现实消费新需求，培育消费级应用市场。

（二）融合基础设施突破

着眼于提升传统基础设施保障能力，突出新能源汽车充电桩、加氢设施、智能电网及特高压、城际高铁和轨道交通等智能升级，努力构建数字化提升、智能化调控的能源、交通网络体系。

1. 新能源汽车充电桩基础设施突破

加快推进"互联网＋充电基础设施"建设，鼓励充电服务运营企业将充电基础设施数据信息接入信息公共服务平台，实现全市充电设施在线监控、数据实时交换、充电服务互联互通共享，逐步形成统一开放、标准规范、竞争有序的充电服务市场。到 2022 年，全市充电基础设施实时在线率不低于 90%，保有量达到 8500 个。

2. 加氢基础设施突破

开展氢能基础设施、燃料电池汽车研发与测试服务平台等共性设施建设，培育有国际影响力的新能源创新中心和新能源测试中心，建设国内领先、国际一流的氢燃料电池生产基地和氢能示范城市。到 2022 年，实现 600 台燃料电池公交车上线运营、10 座以上加氢站建设、潍柴氢燃料电堆和发动机万套级生产线投产运营。

3. 智能电网及特高压基础设施突破

推进配电自动化和智能用电信息采集系统建设，接纳新能源和分布式电源并网，支持电动汽车智能充换电服务网络建设，提升电网智能化水平。在供冷供热、工业制造、交通运输等领域，推进电能替代，打造一批有特色、可推广的精品示范项目。积极构建跨行业能源运行动态数据集成平台，实现电、水、气、热"多表"一体化采集，实现能源与信息基础设施共享复用，打造新型用能服务模式。推动远距离输电，积极开展特高压直流输电、柔性交流输电装备技术研究，推进电力电子技术与现代控制技术结合。

建成高密官亭、昌乐乔官，开工寿光清河 500 千伏超高压输变电工程，扩建寿光、益都、密州 3 个 500 千伏超高压变电站，新增主变容量 475 万千伏安。开展 500 千伏昌邑柳疃输变电工程及临朐站、官亭站扩建工程项目前期工作。

4. 城际铁路和城市轨道交通基础设施突破

构建高速铁路交通网络，建成潍莱高铁项目，加快京沪高铁二通道、潍烟高铁、青岛西至京沪高铁二通道项目规划实施，打造全国性综合交通枢纽和区域性高铁枢纽城市。全面启动城市轨道交通建设，加快轨道交通建设规划报批工作，有序推进轨道交通1号线一期和2号线建设。加快发展轨道交通装备产业，引进产业链上下游企业，拓展延伸产业链条，不断提升本地配套率，培育壮大轨道交通装备产业。

四、加快农业技术创新，推动现代高效农业发展

（一）强化农业科技创新供给

强化农业科技创新供给，解决制约农业发展的关键技术问题。围绕产业兴旺、绿色生产、循环发展，支持企业积极承担国家重点研发计划、省重大创新工程、农业良种工程等科技计划。开展蔬菜、畜禽等新品种培育，研发适应不同土壤、作物特点的生态化肥农药，研发新型动物疫苗及试剂，研发各类智能农业机械。着力创新一批关键核心技术，集成应用一批先进科技成果，基本满足农业对新品种、新装备、新产品、新技术等科技成果有效供给的需求。

围绕国家现代农业发展战略，充分挖掘具有较强区域带动能力的农业特色支柱产业。聚焦现代种业、精准农业、"互联网+农业"、智能化农机装备、农产品加工与质量安全、农业环境修复与资源高效利用、农业灾害与动物疫病防控等领域，着力突破一批农业关键核心技术。实施潍坊市农业科技园区示范带动工程，推动农业向规模化经营、标准化生产、企业化运营、社会化专业化服务方向发展。

（二）推动农业科技园区发展

1. 做好国家级农业科技园的建设

将园区规划建设成现代农业科技示范基地、农业科技成果转化基地、农业科技人才培训基地。认真做好国家农业科技园区规划编制工作，注重做好园区建设与旅游、养生长寿、民本民生相结合，探索工商企业进入农业形成文旅农科融合发展的新模式。目前潍坊市已建成寿光国家高科技示范园和潍坊（青州）农业科技园等2个国家级农业科技园，在2019年的国家农业科技园区评估和验收中，寿光国家农业科技园区通过现场考察和集中答辩进行了综合评估，被评为优秀等次；山东潍坊国家农业科技园区顺利通过验收，给予正式授牌。

2. 做好省级农业科技园的建设

充分发挥已批省级农业科技园区作用。助力区域产业做强做大，提质增效，推动产业创新能力和核心竞争力不断提升，培育更多的龙头企业和高新技术企业。目前潍坊市已创建昌邑、高密、坊子、寒亭、潍城、昌乐、诸城、安丘、临朐、青州、峡山等11个省级农业科技园，寿光建成省级农高区。2019年，省科技厅对省级农业科技园进行了验收，潍坊市青州、诸城、昌乐、临朐、安丘等10个园区全部验收合格，青州、昌邑、潍城园区被评为优秀园区。

进一步做好峡山省级农业科技园区建设。按照园区规划建设好核心区各项功能设施，重点发展有机蔬菜和无公害蔬菜等种植，强化集约育苗、环境监控、水肥一体化、生物防治、智能作业等新技术、新产品、新品种、新设备等集成创新与利用，打造潍坊市有机蔬菜生产基地。

3. 高标准建设农业科技园区

紧紧抓住国家规划部署的现代农业发展"一城两区百园"战略和省科技厅提出的农业科技园区"一县一区一特色"的总体布局，充分挖掘具有较强区域带动能力的农业特色支柱产业。实施潍坊市农业科技园区示范带动工程，推动农业向规模化经营、标准化生产、企业化运营、社会化专业化服务方向发展。

把握农业科技园区的"农、高、科"定位，把国家、省农业科技园区建设成为创新创业的重要基地，培训职业农民的大课堂，成果示范推广的主要阵地，集聚创新资源的重要载体，农业农村改革的试验田，吸引更多农业企业到园区落户，培育更多高新技术企业，连片带动乡村振兴。

第四节 潍坊市科技创新能力提升重点

潍坊市着力加强科技创新能力建设，构建区域创新支撑高地，推动科技创新载体建设，打造专业化科技创新孵化体系，深化拓展产学研协同创新，畅通科技成果转移转化通道，健全完善科技创新投融资机制，高质量实施引才引智工程，支撑产业创新能力提升，形成内外融合的国际创新网络。

一、加快构建区域创新支撑高地

围绕区域发展特色化，积极推进创新型市县建设，完善科技创新示范园区建设，充分发挥科创园区的创新引领带动作用，打造全市科技创新的样板和高地，提升区域创新能力。

（一）积极推动区域创新发展

突破国家农综区这一核心。借助国家农业开放发展综合试验区这一国家级对外合作开放平台，重点围绕农业等领域，坚持"引进来"与"走出去"相结合，推动优势产能国际合作。

积极推进创新型市县建设。对照国家创新型市县建设标准，按照理念、平台、产业、人才、制度"五大革新"要求，立足传统产业改造升级和战略新兴产业发展，创新推进项目招引、高端人才引进和产学研结合，加快发展高科技产业，引导企业建设技术研发平台，提高产品附加值和综合效益，力争在推进国家创新型市县建设中科技创新软实力得到提升。

（二）全力推动高新技术开发区建设

全力支持潍坊高新区改革。支持高新区机构改革，引导高新区聚焦主责主业，加快高质量发展。全力推动寿光争创国家级高新区。充分发挥寿光农业发展特色，推动寿光省级高新技术开发区升建国家高新技术开发区。进一步完善寿光高新区发展规划，争取尽快创建为国家级高新区，赋予"寿光模式"新内涵，开创一个地市两个国家级高新区的创新发展新局面。

（三）健全完善科创园区建设

1.抓好创新型园区建设提升，形成浓厚科技创新氛围

加快推进潍坊市农业高新技术产业开发区建设，大力推进食品产业整体技术改造升级，争取建设省级高品质肉类产业技术创新中心。抓好生物医药、高端装备制造、信息技术、新材料等产业发展，力争将潍坊市生物医药创新创业共同体列入省级支持范围，支持重点企业牵头组建产业联盟，开展产品联合研发攻关，促进产业发展向中高端延伸，不断提高产品加工转化率和附加值。

2.打造多个特色科技产业园区

围绕产业转型升级需求，聚焦生物医药、现代农业、新能源、新材料等产业，

谋划和建设一批科技产业园区。

新松（潍坊）智慧园总投资50亿元，规划占地1500亩，主要依托新松机器人全球领先的技术和产业优势，整合潍坊理工学院"新工科"资源，打造全省机器人及人工智能产业创新发展样板区和新旧动能转换示范区。潍坊中南高科·鸢都汇智园项目占地440亩，总投资13.5亿元，整合潍坊当地优质企业和引进北京、青岛、济南优质企业，重点引进智能制造、精密仪器、人工智能硬件及应用等无污染优质企业。生物医药产业园占地面积150亩，总建筑面积15万平方米，项目计划投资5亿元，打造生物医药公共服务平台，构建生物医药、生物制剂和医疗器械三大基地。高新技术产业园占地200亩，总建筑面积16万平方米，园区内的科技企业孵化器于2013年通过国家科技部认定，是全市第五家国家级科技企业孵化器，也是全市高新区外的第一家国家级孵化器。

积极推动潍坊长松科技产业园、万创众创空间、潍坊总部基地、特色人才产城公园、潍坊农创港、跨境电商总部产业园等特色园区建设，做强做优龙头骨干企业、隐形冠军企业和高成长性企业，继续完善"苗圃—孵化器—加速器"的科技创业孵化链条，将专业化服务不断向前端和后端扩展，对处在不同发展阶段的在孵企业提供高质量创业增值服务，促进高新技术产业和高端技术人才集聚，打造山东新旧动能转换引领示范区。

3.加快推进产业园区创新技术成果转化，推动实施乡村振兴战略

强化协同创新，建设和发挥战略联盟和科技创新平台作用，壮大特色优势产业，大力引入专业成果技术，加快成果转化，发挥项目示范带动作用。牢固树立科技引领产业发展的思维，结合实施乡村振兴战略，推动互联网＋、物联网农业、区块链技术创新发展；结合旅游产业发展，配合推进农业综合体、田园综合体项目；结合医养事业发展，配合助力健康养老产业发展。

二、加快打造专业化科技创新孵化体系

（一）加快打造专业科技孵化载体

围绕特色产业，布局建设专业科技孵化载体。结合产业基础和优势，探索新型孵化方式，支持各园区搭建专业化、市场化创业服务平台，完善提升"众创空间＋孵化器＋加速器＋产业园区"四位一体创新创业服务体系。重点协助蓝色智谷建设综合性科技服务平台，建设中国（潍坊）创新创业孵化示范基地，培育形成若干特色鲜明、具有较强影响力和带动示范作用的创客空间和科技企业孵化器。

大力发展众创空间，鼓励发展多种创新型孵化器，优化加速服务机制，营造创新创业文化氛围。推动寒亭区高新技术产业园申报国家科技企业孵化器，积极推动潍坊市大型科学仪器设备协作共用共享、精准对接服务，鼓励中小微企业和创业（创客）团队使用共享科研设施与仪器开展科技创新服务。积极吸引科研、管理、金融、创业导师等各类人才来孵化载体创新创业，进一步提升科技企业孵化器和众创空间在科技研发、科技金融、创业辅导、技术转移等方面的专业化服务水平，加快打造大众创业万众创新的升级版。

（二）完善创新创业服务平台体系，补齐创新创业孵化链

推进企业孵化器增量提质，加强各类创新创业载体梯队建设。加强产业技术创新战略联盟建设，围绕重点领域和重点产业发展，依托科技实力雄厚的骨干龙头企业牵头联合高校、科研院所、金融投资机构和专业服务机构，共同组建创新创业共同体。

通过政策扶持措施，引导牵头围绕产业链的缺失环节、薄弱环节开展协同创新，开展共性技术研发，将应用前景好的科研成果进行系统化、集成化和产

业化研究开发，推动行业领域技术进步和新兴产业发展，不断强化共同体在产业关键共性技术攻关、技术标准制定、成果转化等方面的核心引领作用。

三、深化拓展产学研协同创新

统筹发挥政府引导、市场导向、企业主体作用，聚焦全市重点领域关键共性需求，全方位、宽领域、多层次开展科技创新合作，更大力度推进潍坊市企业、产业、基地与高等院校、科研机构的协同创新和深度融合创新，推动全市经济社会实现更高层次、更高质量发展。

（一）深度开展多层次、多形式的科技成果精准对接活动

聚焦全市智能装备、高端化工、节能环保等重点领域关键共性需求，围绕绿色化工、新能源、节能环保、生物医药等领域，充实完善企业高质量发展技术、人才需求和高校院所专家、科技成果信息库，主动对接市内和国内外知名高校院所，有效解决企业技术难题与合作需求，全面搭建高校院所与企业合作的信息需求桥梁。充分发挥"科技专家智库"的作用，通过电话沟通、微信联系、线上会议等多种方式，推进科技合作沟通不断档、科研院所和人才引进不停滞。组织企业与国内外高校院所专家团队开展高效、精准对接，重点加强与中科院、清华大学、山东大学等知名高校院所的联系，推动科技成果、技术服务等优势资源服务潍坊市企业创新发展。

组织开展科技人员、院校专家到企业"把脉会诊"，有针对性地提供科技成果转移转化政策辅导、技术诊断、联合研发和规划指导等服务，帮助企业不断提升持续发展能力。通过"引进来""走出去"等多种方式，组织举办专业精准的对接活动，推动潍坊市1000家企业对接100家科研院所和高校，开展实质性科技合作，解决企业技术难题与合作需求，加快推动技术成果转化应用，吸引更多先进成熟的应用技术成果来潍坊落地转化。

组织实施产业合作创新发展行动。围绕潍坊市重大产业发展需求,组织重大技术交流、产业需求与对接、产学研合作等形式多样的行业活动。围绕绿色化工、先进制造等优势产业,分领域开展"百院千企"创新合作对接活动,深入推进特色产业精准对接,开展"小分队、多批次、主题化、专业性"的针对性科技招商引智活动,重点举办农副产品加工、生物医药、先进制造、绿色化工、装备制造等领域产需对接会,实现高层次专家团队、优秀技术成果与本土相关领域企业的无缝对接。

(二)深化院所引进与院地合作力度

围绕重点发展领域,以行业龙头为承载,引进大院大所大校,联合建设一批产业研究院或行业性创新中心,为产业发展提供技术支撑。依托潍坊市传统优势产业,不断加大对中科院、工程院、北大、清华等国字号大院大所的引进力度,深入对接京津冀、长三角经济圈,进一步拓宽企业、高校与科研院所的精准合作渠道。

以整建制引进、建立分支机构、联合共建研发平台等方式,推动中科院化学所潍坊化工新材料产业技术研究院、中科院沈阳应用生态所潍坊现代农业与生态环境研究院、清华大学潍坊人工智能研究院等大院大所加快建设。结合盐化工等重点领域共性需求,加快推进中科院沈阳生态所潍坊现代农业与生态环境研究院等分支机构建设,推进中科院青海盐湖所、中科院广州生物医药与健康院、中科大等高校院所在潍坊共建研发平台。每年新引进5家以上研究院或分支机构,提升全市行业共性、关键技术和科技成果研发转化能力。

深化院地科技合作,构建产学研合作潍坊模式。与重点高校院所建立工作会商机制,结合全市产业重大科技需求,加强与院校战略咨询、院地项目合作、创新平台搭建以及人才培养等方面的合作。密切与中科院各分院的联系沟通,进一步加强顶层设计,定期与中科院各分院联合举办院地合作工作推动会,示范推动各县市区、市属各开发区骨干龙头企业吸纳转化中科院优质科技资源，加快科技成果转化和产业化。

四、畅通科技成果转移转化通道

全面落实国家和省促进科技成果转化的政策措施，拓宽科技成果转移转化渠道，打通成果转移转化"最后一公里"。

（一）搭建高水平技术转移平台

以"科技资源集散中心"和"一站式科技创新服务平台"为目标，以市场需求为导向，以推动科技成果向现实生产力转化为核心，优化配置技术、中介、资金、人才等市场要素，为科技成果转移转化提供有效信息服务。搭建高水平科技成果技术转移平台，加速知识产权产业化进程。

引进建设中科院山东综合技术转化中心潍坊中心等技术转移机构，加快各县市区分中心建设，积极培育发展技术转移骨干机构，为企业科技创新提供全面技术支持。完善技术交易平台服务模式，提升科技中介服务质量，构建高校院所、企业技术转移工作网络，加大技术交易力度。

（二）建立健全科技成果转移转化机制

贯彻好《潍坊市支持培育技术转移服务机构补助资金管理办法》《潍坊市科学技术奖励办法》，研究起草全市科技成果转化补助办法，进一步完善技术转移、成果转化支持政策。深入推进科技成果权益管理改革，将财政资金支持形成的科技成果使用、处置和收益权，全部下放给项目承担单位。支持科技人员将高新技术成果或知识产权作为无形资产入股创办科技型企业，强化对科研人员的创新激励。

（三）加大优秀科技成果奖励力度

做好国家和省科技奖励申报组织推荐工作，筛选整体技术水平高、自主创新能力强、产业带动作用明显的科技成果申报国家、省科技成果奖励。健全科技成果转化收益分享机制，对科技人员就地转化科技成果所得收益可按至少80%的比例奖励给主要科研人员；加大科技人员股权激励力度，提高全社会加快成果转化的热情和积极性。加大科技成果培育转化力度，充分发挥专家人才在各自领域的知识、技术、资源优势，推动科技成果转移转化。

五、高质量实施引才引智工程

坚持人才是第一资源的发展理念，把高层次科技人才培养作为创新发展的战略任务，突出高精尖缺导向，创新体制机制，把引才引智工作融入科技发展大局，为创新驱动发展战略和现代化高品质城市建设提供坚强的人才和智力支撑。

（一）加大招才引智力度，实施科技人才聚集工程

用好市重点产业引才专项，完善高层次人才备选数据库，精准把握引才目标，提升招才引智的精准度，集聚各类科技资源。做好各类人才工程计划的推荐申报工作，认真研判重点申报领域和方向，积极组织推荐潍坊市高层次人才申报国家创新人才推进计划、省泰山产业领军人才工程和鸢都产业领军人才工程。突出创新特色，打造引才引智及成果推广集聚平台。通过培育创建引才引智示范基地，对成功的引智经验和优秀的引智成果进行有效推广，不断扩大引智成果的覆盖面和影响力，实现更大范围、更好效果的引智成果共享。

（二）加大国际化人才培养力度

加大本土国际化人才培养，确保出国（境）培训取得实效。围绕科技创新

发展需求，组织外国专家专题系列讲座，选派科技领军人才、青年科技人才及高技能人才出国（境）培训。加强出国（境）培训计划编报和监督管理，严控培训规模，优化培训机构，重点支持专业技术人员和中长期出国（境）培训项目，进一步增强培训的针对性和实效性。

调整引才方向，加强与友好国家的国际科技和人才合作交流，更加关注德、英、俄、日、韩等科技大国和以色列、荷兰、瑞典、瑞士等关键小国的优势领域。改进引才方式，支持用人单位"走出去"开展小规模、专业化、精准化引才活动，鼓励用人单位通过顾问指导、候鸟服务、线上对接洽谈等方式柔性使用高端外国人才，支持企业设立离岸人才创新创业基地，打造"境外孵化，成果回归"的利益共享机制。

（三）聚焦创新发展，大力实施高端外国人才引进计划

充分利用外专工作优势，在实施各级重点引才引智工程中持续引进、培育新的高层次、高质量外国专家和外国专家项目。聚集"卡脖子"关键核心技术攻关，进一步完善"需求库""专家库"和"项目库"，大力推动供需两侧精准有效对接。科学做好引智规划，制定引智目录，重点引进新一代信息技术、高端装备、新能源新材料、现代海洋、医养健康、高端化工、现代高效农业、文化创意、精品旅游等领域能够突破关键技术、带动新兴产业、发展高新技术的高端人才和团队，争取引进外国人才2000人次以上来潍坊创新创业。

深耕高端外国人才资源，着力做好国家和省重点人才工程、高端外国专家项目、中国政府"友谊奖"和省政府"齐鲁友谊奖"等重点引才引智工程推荐申报工作，组织评选市政府"鸢都友谊奖"和市引进海外专家项目。完善引才聚才国际人才交流合作平台，持续深入开展鸢都国际名师大讲堂、外国专家专题系列讲座、赴境外招才引智等系列活动，不断开辟国际引智渠道，着力打造潍坊引才引智特色品牌。

第三章

潍坊市产业升级实践探索

第一节　潍坊市产业转型升级背景与要求

一、潍坊市产业转型升级的背景

当前,世界科技创新呈现新的趋势,国内经济社会发展提出新的要求,伴随全球制造业格局的深度调整,全球创新资源和要素加速流动,商业模式与技术创新深度融合,区域经济一体化进程加快,新一轮科技革命和产业变革为潍坊市产业转型升级创造了机遇。

潍坊市产业创新能力显著提升,支撑引领经济社会发展成效显著。企业创新主体地位进一步突出,企业 R&D 经费支出占全社会 R&D 经费总量的 90% 以上。优势产业创新能力进一步提升,种子产业在种植模式、市场培育等多方面优势突出,建有全国唯一的国家级蔬菜质量监督检测中心,寿光蔬菜高科技示范园、青州农业科技园建成国家农业科技园区,全市拥有国家级农业标准化示范区 33 个。

潍坊市创新服务体系不断完善,区域创新环境优势逐步形成。通过整合政府、企业、市场、科研机构创新资源,"研发—孵化—加速—产业化"创新服务体系不断完善。在全国高新区率先实行"科技创新券"制度,首批惠及企业 235 家,拉动社会研发投入 5000 万元以上。高新区进一步发展,全区高新技术产值占规模以上工业总产值比重超过 67%。

2015 年,潍坊市高新技术产业产值达到 4188 亿元,占规模以上工业比重达到 31.85%;专用设备制造业、电气机械和器材制造业、医药制造业分别实现主营业务收入 859.9 亿元、315.6 亿元和 329.1 亿元。以机械、汽车装备为代表的制造业加速转型升级，潍柴动力林德液压国产化、北汽福田汽车一工厂二期及中高档卡车扩能技改工程、盛瑞传动 8AT 产业化等重大项目顺利实施。现代服务业快速发展，着力打造科技服务、现代金融、服务外包、总部经济"四大品牌"，引领产业迈向价值链高端。

二、潍坊市产业转型升级存在的问题

与其他创新型城市相比，潍坊市产业转型升级还存在一些薄弱环节和深层次问题，主要表现为以下几个方面。

第一，创新资源和基础仍然薄弱。潍坊市科技投入总量仍然不足，与北京、上海等发达地区相比，研发投入强度仍然较低，政府研发投入占比显著较低。人才供求的结构性矛盾日益突出，高端创新资源不足。职业教育虽较为突出，但是缺乏大院大所，制约了潍坊市产业转型升级和区域科技创新能力的提升。

第二，社会创新创业活力不足。一方面中小企业创新活力不足，潍坊市中小企业主要以技术引进和集成创新为主，缺乏拥有自主知识产权的核心技术；另一方面，大企业创新动力不足，产业链条延伸较长的行业不足。

第三，创新环境不够完善。从总体上看，缺乏以潍坊为核心的跨区域发展规划，主动布局不足。科技服务业、金融服务业不够完善，仍然存在附加值低、科技含量不高、竞争力较弱等问题。政策引导和服务不够，创新创业氛围有待进一步培育。

第四，对外部创新资源利用不够。潍坊与国际先进企业的交流合作，还有很大提升空间[1]。企业参与全球竞争合作、构建互利共赢创新生态能力不足，对国内外创新资源的利用还有待进一步加强。

---

[1] 刘杰. 以创新为驱动助推潍坊产业转型升级研究 [J]. 中外企业家, 2016（12）.

三、潍坊市产业转型升级的基本要求

以创新、协调、绿色、开放、共享的发展理念为引领，围绕走在前列的战略定位，以走出区域特色创新驱动发展战略道路为主线，以打造渤黄创新通道为核心，着力提升科技创新能力，着力促进传统产业转型升级和培育战略性新兴产业增长点，着力拓展创新发展空间，着力改善创新创业服务环境，形成创新资源集聚新机制，促进大众创新创业，为推动潍坊在全面建成小康社会进程中走在前列提供有力支撑。

其一，传统产业创新发展与新兴产业培育并重。以多年努力形成的现代农业与制造业竞争优势为基础，推动传统产业转型发展。同时，进一步加大力度培育和发展新兴产业，解决潍坊发展面临的有形资源不足、物质资源日益紧张的矛盾，拓展新的发展空间，使经济社会发展转换到依靠科技创新的轨道上来。

其二，政策引导与环境营造并重。市场是实施创新驱动发展的原动力，区域创新生态环境的营造，是激发创新创业活力、吸引和集聚外部创新资源以及打造区域竞争优势的关键。必须把打造有利于发挥市场原动力的环境作为区域发展的重点，在培育创新创业环境上，充分发挥政府政策引导作用，在较快时期内改善区域的创新创业环境，引导社会创新资源的流向，为潍坊实施创新驱动发展战略形成合力。

其三，提升创新能力与引进外部创新资源并重。实施创新驱动发展，必须以提升企业和产业创新能力为基础，积极培育本土创新资源。同时，潍坊本身创新资源不足，未来的发展取决于能够在多大程度上利用外部的创新资源，必须发挥其地理及环境上的优势，积极引进和利用国内外创新资源，达到促进区域创新能力提升的目的。

其四，创新平台建设与人才激励并重。加强潍坊科技创新的软硬件建设，一方面利用内外部创新资源，大幅度增加能够支撑产业转型升级的创新平台，包括技术创新服务平台、产业技术研究院、孵化器等；另一方面，创新人才发展的体制机制，引进和利用各个方面的创新人才，有效促进基地与人才的有机结合。

其五，加强发展任务部署与深化改革并重。建立与科技发展趋势和特点相适应的体制机制，是能否抓住科技革命和产业变革、实现快速发展的关键。潍坊科技创新与产业升级既要把握未来经济社会发展需求和创新发展方向，更要强化体制机制的改革，破除制约科技创新与产业升级的体制机制障碍，促进科技成果向现实生产力转化，激发全社会创新创业的活力。

四、潍坊市产业转型升级的目标

潍坊市产业转型升级的总体目标为：产业创新能力显著提升，对经济社会发展的支撑引领作用进一步增强，产业转型升级取得显著成效，重点产业国际竞争力显著提高，新兴产业培育取得显著成绩，支撑区域经济增长和创新发展的创新体系基本形成，创新创业服务环境明显改善，以创新资源集聚与流动为主要特征的渤黄创新通道初具规模，走出具有鲜明区域特色的创新驱动发展战略道路。

其一，产业创新支撑能力显著增强。科技服务业快速发展，形成一批检验、检测服务平台；高技术产业增加值占工业增加值比重超过36%，战略性新兴产业产值占全部经济总产值的30%以上，先进制造业产值超过工业总产值的40%。

其二，区域创新体系基本形成。企业创新能力大幅度提升，中小企业"小巨人"企业超过1000家。高新技术企业超过600家，主要产业形成一批产业技术创新战略联盟，省级以上产业技术创新战略联盟超过20家。产学研合作更加紧密，科技中介服务体系进一步完善，形成较强的知识产权运营能力。引进一批外资研发机构，区域创新体系的开放程度进一步提高。

其三，创新资源集聚取得明显成效。围绕海洋、文化创意、先进制造业等引进一批大院大所，建设一批为产业发展提供服务的公共技术平台，引进百名优秀创新创业人才，培养引进并重点支持6000名左右高端创新创业人才和紧缺重点人才，一批重大科技创新成果在潍坊转化落地。

其四，创新创业服务环境明显改善。高新区快速发展，各种类型的科技孵化器、众创空间超过30家，国家级科技企业孵化器超过8家，省级科技企业孵化器超过7家。科技型创业企业显著增加，每年新设立企业超过1000家，创新创业服务的政策体系进一步完善。

第二节　潍坊市产业发展现状

一、助推新旧动能转换的十大产业

按照《潍坊市新旧动能转换重大工程实施规划》对潍坊的定位要求，结合全市产业发展基础，实施"5+5"产业培育计划，培育壮大新一代信息技术、高端装备、新能源新材料、医养健康、现代金融五大新兴产业，优化提升现代农业、高端化工、汽车制造、现代物流、文化旅游五大传统产业，加快经济转型升级，培育打造经济增长新动能。

（一）新一代信息技术产业

依托歌尔股份、共达电声股份有限公司、浪潮华光、山东富锐光学科技有限公司等龙头企业，布局歌尔智能硬件产业园、光电产业园、软件产业园、测绘地理信息产业园、激光雷达产业园等重点园区，重点推进精密电声器件数字化车间、华芯集成电路产业园、高能激光装备及激光显示用核心器件等重点项目。已在微电声、光电、传感器等精密器件和虚拟/增强现实、智能可穿戴等多个领域形成比较优势，微型麦克风市场占有率居全球前列，龙头企业歌尔股份主营业务收入过百亿元、入选"2018中国民营企业500强"。2018年，新一代信息技术产业实现增加值97.6亿元，居全省第四位。

（二）高端装备产业

依托潍柴动力、豪迈机械、雷沃重工、盛瑞传动、山东浩信集团等领军企业，高起点建设了潍柴动力工业园、海洋动力装备产业园、雷沃智能农业装备产业聚集区、豪迈装备产业园、迈赫智能机器人产业园等一批重点产业园区，全力推进潍柴新能源产业园和千亿美元配套产业园、盛瑞传动配套产业园等重点项目，全力推进国际动力城建设。一批关键技术和工艺达到国内外领先水平，盛瑞传动8AT、潍柴动力重型商用车动力总成技术先后获得国家科学技术进步奖一等奖。潍柴集团主营业务收入突破2000亿元，晨宇高铁牵引变压器成功挂网，成为全国首家高铁变压器民营供应企业；帅克机械"轴承式RV减速器"、迈赫机器人"柔性化汽车车身总成焊接夹具"、豪迈微反应器、天瑞磁悬浮离心鼓风机等高精尖产品填补国内空白。2018年，高端装备产业实现增加值245.3亿元。

（三）新能源新材料产业

依托山东比德文动力科技有限公司、山东威能环保电源有限公司等龙头企业技术优势，布局新能源动力产业园、新能源汽车制造产业基地等重点园区，加快推进水氢动力模块、氢燃料电池、新能源汽车动力电池组等重点项目建设，潍柴氢燃料电池获批国家氢燃料电池专项试点。目前，基本形成了涵盖混合动力、动力总成系统、电机、整车整机的新能源动力产业链。建成生物基材料产业创新中心，建设生物基新材料产业园，被评为全国生物基材料三大产业之一。2018年，新能源新材料产业实现增加值77.2亿元，居全省第五位。

（四）医养健康产业

潍坊市作为国家医养结合示范省先行区、全省唯一的"公立医院薪酬制度改革国家试点城市"，已连续举办两岸大健康博览会和两岸大健康产业合作交流会，建设鹤翔安养中心、阳光融和医院等一批重点项目，建成"医联体"78处，运营医养综合体34家，社会化养老机构占比超过50%。寿光富康制药有限公司、山东沃华医药科技股份有限公司、潍坊康华生物技术有限公司等医药龙头企业核心竞争力持续增强，生物医药科技产业园、健康产业园、生物医药产业园、健康产业创新发展试验区等重点园区支撑作用明显，全市生物医药产业规模近200亿元。

（五）现代金融产业

突出发展农村金融、文化艺术金融、科技金融、绿色金融等特色板块，形成多层次、广覆盖、竞争有序、风险可控、与产业发展相适应的金融服务体系。实施新一轮金融创新发展三年行动计划，建成运营潍坊五板资本市场，制订实施规模企业规范化公司制改制"三年行动计划"，累计完成改制2617家。加快资本市场拓展，上市企业、新三板挂牌企业、四板挂牌企业分别达到36家、51家和749家。2018年，全市金融业实现增加值334.7亿元，存、贷款余额分别居全省第四位、第三位。

（六）现代农业

大力实施乡村振兴战略，以获批全国首个国家农业开放发展综合试验区为契机，深化国家农业综合配套改革试点，推进农业供给侧结构性改革。落实习近平总书记关于"潍坊模式""诸城模式""寿光模式"指示精神,推进北大现代农业研究院、全国蔬菜质量标准中心、寒亭国家现代农业产业园、东亚畜牧交易所、齐鲁农村产权交易中心等平台建设,加快安丘农谷、潍水田园综合体、诸城东方田园综合体、青州九龙峪田园综合体等重点项目建设,推动现代农业向更高层次转变。2018年,全市现代高效农业实现增加值83.8亿元,居全省首位。

(七)高端化工产业

依托北部化工基地和山东昌邑石化有限公司、中化弘润石油化工有限公司、山东寿光鲁清石化有限公司、新和成药业等大型龙头企业,推动由"油头"向"化尾"延伸,初步构建起以盐化工、石油化工、精细化工、新材料化工和生物化工五大领域为重点的化工产业体系,全面优化产业布局和产品结构。目前,全市9个化工园区通过省级化工园区认定,正加快推进昌邑石化炼化一体化、中化弘润重芳烃、鲁清石化乙烯一体化等高端化工项目,助力全省打造国家级高端化工产业基地。2018年,全市高端化产业实现增加值133.7亿元,居全省第五位。

(八)汽车制造产业

依托北汽福田、盛瑞传动等龙头企业,构建起了以货车、专用车、电动车及零部件为主的汽车生产制造和科研开发配套体系,建成福田诸城汽车工业园、高新区汽车园、寿光凯马汽车工业园、青州轻型载货汽车工业园四大产业聚集区,自动变速器、汽车车桥、汽油机涡轮增压器、高端轮胎模具等配件产品技术水平同步提高,形成了从整车制造到主要零部件本地配套较为完善的汽车制造产业链。2018年,全市汽车制造产业规模以上企业数量达到134家,实现主营业务收入425亿元。

（九）现代物流产业

创新物流发展模式，获批全国流通领域现代供应链体系建设城市，成功创建国家农商互联标准化示范市。国际多式联运大通道常态化运行，传化公路港、大宗原材料展示交易中心等重点项目加快推进，为打造东北亚物流枢纽城市提供了有力支撑。依托潍坊北站顺利通车，全面启动高铁物流枢纽建设。瞄准智慧物流发展方向，与远成、聚量集团等知名企业合作，启动智慧物流园项目建设。

（十）文化旅游产业

依托世界风筝都、中国画都、金石之都等优势文化品牌，实施园区基地带动战略，推动国家广告创意产业园、1532产业园、1789文化创业园、中晨艺术小镇等重点园区建设，全市国家级文化产业示范基地达到4家。加快全域旅游示范区创建，恐龙大世界、宋香园薰衣草小镇等174个重点项目加快推进，弘润温泉小镇、滨海"渤海眼"摩天轮等一批高品质旅游项目建成运营，有力带动了旅游业提质增效发展。全市创建4A级以上景区26个，其中5A级景区2处、数量居全省首位，A级景区收入居全省第二位。

二、海洋产业发展现状

（一）加快海洋强市建设步伐

潍坊市严格按照省、市两个建设行动方案有关要求，按照责任分工，确定了海洋强市建设任务目标，制订了月度重点工作计划和市委海洋发展委员会工作要点，海洋科技创新能力不断提升。

1. 着力构建起现代海洋产业新体系

海洋强市建设工作重点围绕海洋环境监测与保护、高端海洋装备、智慧港口与海洋工程、海洋生物资源与制品、深远海养殖与极地渔业和海水综合利用六个研究方向，力争通过关键技术突破、创新平台搭建、高端人才引进等方式，构建起现代海洋产业新体系。

2. 推动海洋产业质效升级

支持海洋产业发展，加大现代海洋产业"雁阵形"发展培育力度，鼓励海洋生物医药、海洋装备制造、海洋新材料、海水淡化及综合利用等海洋战略新兴产业发展，谋划推进一批技术先进、创新性强、有发展潜力的大项目、好项目，推动潍坊市海洋产业高质量发展。

3. 鼓励涉海企业开展重大项目研究

支持山东海科院通过技术集成与示范，开展海水淡化和浓海水综合利用高性能离子交换膜的制备及应用研究，实现淡水与高纯度浓盐水的联产新工艺成套化装备落地。支持潍坊力创电子科技有限公司开展高性能LNG/柴油双燃料电控多点喷射系统的研发，改变我国船用燃气发动机的产业格局；支持山东赛马力发电设备有限公司研发20~500kW新型智能环保船用双燃料发电机组，通过技术创新提升发电机组燃油替代率，提高排放标准；鼓励天瑞重工开展海水养殖用磁悬浮鼓风机的研究及产业化应用，以填补潍坊市在这一领域的空白，打造潍坊市在磁悬浮技术和海洋产业的先发优势。

4. 深化海洋产业交流合作

支持涉海企业与国内外知名高校、科研院所加强交流、深入合作，不断加快科技成果转化。中科院化学所与潍坊市共建"中科院化学所潍坊化工新材料产业技术研究院"和"中科院化学所潍坊滨海中试基地"项目在北京参加"双招双引"重点项目集中签约仪式。2019年，潍坊市召开的首届海洋动力装备博览会科研院所参会参展工作圆满完成。

5.加快推进海洋生物医药产业发展

积极推动医药生产企业主导产品向海洋生物医药转型。其中，富康制药TMP的产销量占全球市场销量的70%以上，奥美拉唑、盐酸二甲双胍、SMZ、氯氮平产销量分别居全国首位。支持鑫珂海洋生物技术有限公司开展海洋甲壳素医用敷料的研发及产业化，支持山东贝诺医药生物科技有限公司开展海藻酸复合膜止血敷料的研发。

6.支持LSD大科学装置建设

LSD大科学装置项目建设中应充分发挥中国航天系统科学与工程研究院钱学森系统科学理论研究、系统工程集成方面优势，中铁五局集团有限公司复杂环境地下硐室施工、国防涉密设施施工优势，山东大学水动力学理论和地下洞室群建设等优势，以及地方政府优良的营商环境、健全的配套设施、完善的保障体系等政策优势，建立科学的管理运营机制，打造"硬科技、专业化、定制化"的科研平台。通过中央企业和科研院所主导、金融部门参与、地方政府支持的"政学产研金"共建机制，形成世界水动力科技人才高地，并引领国防装备产业、船舶动力产业、海洋工程产业等百余产业链，通过军工带海工，打造千亿级产业，解决海洋产业滞后的问题，实现大科学装置建设共享的新路径。

（二）海洋产业发展存在的问题

目前潍坊市海洋产业发展仍存在很多问题，突出表现在以下两个方面。

其一，产业结构层次不够高。潍坊市海洋产业主要是盐及盐化工、海洋渔业等传统产业，海洋化工精深加工、海洋产业科技含量和科技贡献率不高。

其二，海洋科技创新能力需进一步增强。海洋产业发展的投入不足，海洋科研机构和科研力量相对薄弱，潍坊市海洋领域科研机构只有潍坊市海洋化工研究院1家，受地域环境等因素影响，缺乏高层次的海洋科技人员与高素质的作业人员。

三、生物医药产业发展现状

通过采取重点园区建设、龙头企业培育、重点项目推进、产学研合作深化等措施，生物医药产业不断壮大，提升了产业创新能力，助推了潍坊市生物医药产业快速发展。

（一）成功举办产业对接活动

全市"百院千企"创新合作对接会生物医药产业专场成功举办，征集中科院、潍坊医学院生物医药领域科技成果166项，征集潍坊市54家生物医药企业技术需求103项。会上，潍坊市7家生物医药企业分别与中国医学科学院医药生物技术研究所等进行了现场签约。

（二）培强做大生物医药产业园

充分发挥全市生物医药创新引领作用，不断完善协同创新体系，全力推进重点项目建设，加大"双招双引"力度，提升孵化服务水平。建立新药创制、中医药、生物农业等协同创新中心，吸引聚集相关领域高端院校及人才项目落户园区。继续加强对中狮生命健康产业园、山东盛宏医药科技有限公司等在建和提升项目的包靠协调力度，全力配合推进沃华中药精品园项目。加快推动药物研发平台、资本运作平台、第三方中介服务平台、医院药企合作平台、销售平台等建立与完善，重点对接四川吉隆添加剂、香港大蒜素等项目，力争在大项目招引上实现新突破。细化做实济南舜腾股权投资管理有限公司设立的1亿元产业基金，加大科技创新券申报力度，强化对中小微企业的科技金融支撑。

生物医药产业园区按照大力培育高端产业定位，加快培育医养健康产业发展。预计全年可实现产值17亿元，总收入100亿元。园区新引进注册企业18家，挂牌股改企业3家。积极主动走出去洽谈创新项目100多个、高层次人才50余名，2019年，签约重点项目5个，总投资10.8亿元。总投资5.1亿元的中狮生命健康产业园项目进展顺利；拟投资1.24亿元的沃华现代中药创新平台及绿色制造示范基地建设项目加快推进；新获批1名国家"万人计划"专家；总投资1.2亿元的四川吉隆达动植物微量元素营养剂项目落户高新区金沙江产业园。"国医大师韦贵康中药新药创制工作站暨韦贵康传承创新工作室"在园区揭牌，"世界中医药学会联合会医养结合专业委员会第四届学术年会暨首届潍坊中医药产业大会"在高新区召开。园区在产业培育、"双招双引"、项目合作、企业推介等方面开创了新高度、取得了新成效。

（三）强力推进重点项目建设

聚焦生物医药产业发展需求，推动重大关键核心技术突破，培育形成潍坊市生物医药产业自主创新和产业竞争新优势。支持山东吉青化工有限公司开展光－酶耦合催化合成环氧类化合物关键技术研究；支持山东泽普医疗科技有限公司加大新产品研发力度，推进"互联网＋智慧医养康复"大数据运营系统研究；鼓励潍坊康华生物技术有限公司开展分子诊断生物技术——癌症伴随诊断多重高分辨Q-PCR试剂盒项目实施。

充分发挥重点项目带动作用，紧抓重点项目推进落实。支持山东天力药业有限公司的4万吨/年VC-Na新旧动能转换项目；21万吨/年糖醇（20万吨/年山梨醇、1万吨/年海藻糖）项目正在进行工程建设；积极推进国邦健康产业园项目建设，目前立项已完成，能评、环评、土地手续正在办理中。寿光富康制药有限公司的博康制药原料药生产基地项目已经建设完成精化产品和多功能原料药生产车间；金玉米生物科技玉米有限公司深加工产业链项目进展顺利。

（四）支持开展重大新药创制与高端医疗装备项目研究

针对潍坊市新药及高端医疗装备领域缺少原创性和国际影响力的创新成果问题，在重大新药创制与高端医疗器械领域，重点支持药物精准发现、药物规范化评价、创新药物研发、高端医学装备、智能装备关键技术及产品七个研究方向，力争通过关键技术突破，研制系列重大新型药物及健康产品，加速创新型高端医疗器械国产化进程，提升潍坊市医药产业自主创新能力和健康产品产业化水平。支持山东佰昕元制药有限公司开展用于低血糖治疗的GLP-1受体拮抗剂的研发与产业化，支持兴瑞生物开展治疗艾滋病的CAR-T细胞产品的临床研究及转化，支持诸城兴贸玉米开发有限公司开展生物酶脱支处理结合重结晶法制备功能性纳米抗性淀粉研究。

四、生态环境相关产业发展

潍坊市按照污染防治行动方案的任务分工，将大气、水、土壤与固废污染防治由末端治理技术向源头控制技术转变，为推动全市生态环境质量持续改善提供了有力的科技支撑。

（一）支持企业推进污染防治先进技术创新

形成一批具有自主知识产权和行业发展推动力的核心技术，积极争取国家、省级科技计划专项支持。鼓励关键技术研发，加快突破重大关键技术。支持企业开展绿色防控技术、有机肥替代化肥技术、减肥增效技术和水肥一体化技术创新，降低化肥农药使用量，增加有机肥使用量。支持研发全生物可降解地膜，组织大专院校、科研院所和企业联合攻关。支持山东恒涛节能环保有限公司开展A级锅炉智能制造及生命全周期项目研究，支持山东皓隆环境科技有限公司开展挥发性有机物（VOCs）分散收集、集中净化处理的VOCs治理方式及活性炭的循环再生利用项目研究，支持山东创新华一环境工程有限公司开展高浓度印花（印刷）废水有机污染物及氮回收利用技术攻关。

（二）推动食品安全关键技术研究

支持企业研究危害物的高效识别、精准检测和确证技术，建立主要标志物的识别、测定及快速应急风险评估方法，构建集化学、物理及生物追溯为一体的新型溯源模型，开展预警研究。研究常见污染物的快速检测与精准识别技术，开展食品中常见污染物高灵敏和高特异性检测的关键共性技术研究，建立经济便携的食品安全现场快速诊断新技术。积极推荐潍坊市企业申报省重点研发计划医用食品专项，支持山东拜尔检测股份有限公司开展食用农产品中高残留农药筛查及其在慢性疾病发生发展中的作用机制研究。

（三）做好污染防治与节能宣传

在做好污染防治与节能宣传方面，主要做好以下两个方面的工作。

一方面，顺利完成能耗、污染相关考核。完成国家节水型城市复查材料审查和反馈，完成省对潍坊市能耗"双控"节能考核，完成省厅对潍坊市大气污染防治科技考核。

另一方面，做好污染防治技术推广与节能宣传。面向全市征集潍坊市水污染防治技术（第三期），山东龙安泰环保科技有限公司的"垃圾渗滤液全量化达标直排处理技术"入选第三期目录。做好节能宣传周和全市低碳日活动，按照活动方案要求，积极做好节能低碳全方位宣传，发布了科技成果和技术应用推广清单，组织各县市区科技局开展形式多样的节能减排、低碳宣传活动。

第三节　潍坊市传统产业转型升级重点

潍坊市大力推动传统增长引擎转型升级，支撑潍坊经济发展提质增效。围绕机械、海洋、农业、纺织、造纸等传统产业，重点实施传统产业提质增效行动计划，加速推进先进技术和创新产品研发，通过高新技术嫁接，提升技术和装备水平，加快淘汰落后产能，推动传统产业向技术链、产品链、产业链、价值链的高端发展。

一、提升制造智能化服务水平，打造渤黄先进制造中心

全球制造方式正在发生变革，机器人、增材制造、智能工厂等新兴制造技术极大地丰富了产品功能，网络化设计和智能制造将引领新一代工业革命的重要方向。牢牢把握全球制造技术发展新趋势，以动力机械、工程机械、汽车及其零部件等为核心，围绕打造渤黄先进制造中心，实施动力机械、汽车制造和工程机械提质增效行动计划，重点聚焦共性核心技术，提升自主设计制造水平，推动潍坊制造业向价值链中高端攀升。

抓住"中国制造2025"的战略机遇，实施动力机械提质增效行动计划，积极推进重点项目建设，支持有关零配件配套企业做大做强，建成具有国际竞争力的动力机械创新型产业集群。依托雷沃重工、卡特彼勒（青州）有限公司、山东恒安纸业有限公司、山东大德重工科技发展股份有限公司、英轩重工有限公司、山东矿机集团等重点企业，实施工程机械提质增效行动计划，不断拓展产品种类，打造环渤海地区的新兴工程机械产业基地和工程机械创新型产业。

实施汽车制造提质增效行动计划，加强涡轮增压、变速器、安全气囊以及内燃机配件等核心技术和关键零部件的技术突破和产品开发，建设全省乃至全国重要的汽车生产研发基地。依托北汽福田、山东云内动力有限责任公司、山东路星汽车有限公司、盛瑞传动、山东艾比特重工装备股份有限公司、山东青特集团有限公司等骨干企业，建设全省乃至全国重要的汽车生产研发基地。加强特种车辆研发和市场拓展，全面提升汽车制造业的竞争力，建成具有全国影响力的汽车制造生产基地。

二、推动海洋技术应用突破，构建现代生态海洋产业基地

针对海洋权益和资源开发需求，各国不断向远洋、深海方向拓展，海洋技术的突破成为发展海洋经济、维护海洋权益和保障国家安全的重要支撑。围绕落实《山东半岛蓝色经济区发展规划》和《黄河三角洲高效生态经济区发展规划》两大战略，以海洋化工、海洋装备、海洋养殖为发展重点，以高端技术、高端产业、高端产品为引领，实施滨海海洋经济发展示范区建设工程，打通潍坊港和日照港之间的通道，积极培育海洋化工和海洋装备创新型产业。建设临港物流园区，全方位开辟海运航线，提升海洋物流业服务功能。

实施化工产业三年提升计划，重点改造升级石化产业。以昌邑为重点，打造成山东半岛重要的石油化工、海洋化工基地之一，积极培育特色显著、优势突出的海洋化工创新型产业。加大资源整合力度，关停或整理治污能力差、能耗水耗高、效益低下的小型化工企业，严格控制中心城市周边、流域中上游和市级以下园区的产业规模，全面实现园区化、基地化生产。

以潍柴动力、山东青能动力股份有限公司、山东瑞其能电气有限公司、豪迈机械、山东墨龙石油机械股份有限公司、山东寿光巨能特钢有限公司、寿光宝隆石油器材有限公司等龙头企业为依托，重点研制和开发海洋动力装备、海洋油气资源勘探开发装备、二次采油关键设备、修井设备和高附加值石油钻采产品以及工程技术服务，形成集研发制造服务于一体的海洋高端装备产业链，建设具有较强竞争力的海洋装备创新型产业。

发挥两水一湾（卤淡水、山区冷水、莱州湾）资源优势，实施"海上粮仓"工程，大力发展远洋捕捞、水产品冷链物流、健康养殖、精深加工、休闲渔业等海洋渔业。积极推进潍坊渔港建设，打造渔港经济园区；加快推进贝类等水产品精深加工，打造水产品精深加工园区；大力发展沿海滩涂贝类增养殖和陆基工厂化养殖。

三、做大做强特色农业，发展更具国际竞争力的现代农业

充分发挥产业优势，瞄准国际市场，重点跟踪食品产业新型加工与绿色制造技术及其装备、智能化现代食品物流、全产业链品质质量与营养控制以及工程化食品加工技术等，努力构建优质、高效、生态、安全食品及节能环保食品加工体系，促进食品加工业向国际化、品牌化、高端化方向转型。

扶持农业龙头企业和新型合作组织建设，重点发展家禽养殖、畜禽及果蔬深加工业等绿色食品行业，积极推进中日韩工业园食品加工区建设，积极打造全国绿色食品加工基地。依托绿博会，充分发挥中国（昌邑）北方花木城、中国绿色交易网和青州花卉博览会、青州（国际）花卉创业园等的平台带动作用，强化花卉种质资源及新品种培育和高品质、耐盐碱、适应性强的乔木及特色苗木树种培育，大力发展高品质、高价值的观赏苗木品种，推广生物组培技术，推动特色苗木种植技术开发和现代化商品花卉生产，提升花卉苗木产业发展水平，探索建设北方花卉交易所。

支持家庭农场、专业大户、农民合作社、农业龙头企业发展绿色农产品，实施种业创新示范工程。以国家现代蔬菜种业创新创业基地、寿光"三条生态农业走廊"、青州蜜桃示范园、昌乐西瓜科技示范园等示范园区建设为中心，实施互联网+绿色农业示范区建设工程，积极利用互联网+，提升农业信息化技术水平，推广温室大棚蔬菜种植技术、蔬菜瓜果绿色农产品，积极培育绿色农业创新型产业，促进农业农村经济结构的合理调整和优化升级。

实施现代农业土壤修复示范工程，重点针对粮食、蔬菜瓜果主产区污染农田重金属、有机污染物综合防控与修复增效关键技术创新，建立和推广农业土壤修复技术标准，构建农田生态安全评价及污染农田防控与修复技术管理体系。合作开发农业生产重大疫病防治新型疫苗、生物农药等绿色农用产品，显著提高农业水资源效率、农药及化肥减施和农业废弃资源利用率，促进农业可持续发展。

四、以节能减排为导向，促进纺织造纸绿色环保发展

加大政府投入力度，重点支持企业系统更新改造现有棉纺织生产能力，推广应用节能降耗技术设备和国内外先进棉纺织设备，加强高档精梳纱线、多种纤维混纺纱线、差别化和功能化化纤混纺纱线、大麻湿纺高支纱及交织织物、新型服装面料、芳纶阻燃面料、竹纤维高档面料、特种面料等产品的技术研发。积极开发拥有自主知识产权的工艺技术，重点提高天然纤维后整理技术、多种纤维混纺和复合纤维染整技术、清洁生产技术、无制版染整印花技术，大力开发高附加值产品、功能产品和生态环保产品。鼓励服装企业从生产型向品牌经营型转变，强化服装设计能力和展示影响力，培育服装设计企业和设计团队发展，提升各类服装展示水平，促进由服装制造业基地向时装展示交易中心升级。打造集研发、生产、流通等为一体的产业用纺织品产业和家纺产业。

推动造纸企业由单纯制造向设计制造服务化方向转型，支持具有自主知识产权的印刷技术、工艺和设备开发。重点发展高端印刷，推广网络传播、电脑制版、数字印刷等技术，加大清洁、环保印刷包装材料的替代和应用，提高节能降耗能力，实现造纸工业由数量主导型向质量、效益主导型转变，全面提升造纸行业参与世界印刷市场竞争能力。

第四节 潍坊市新兴产业转型升级重点

潍坊市大力实施新兴产业培育壮大工程，打造潍坊新经济增长点。瞄准国内外科技发展前沿，按照高端、高质、高效发展要求，围绕新一代信息技术、

智能制造、新能源、节能环保、生物医药、新材料、文化创意、科技服务业和现代物流等新兴产业[①]，大力实施新兴产业培育壮大工程，加快形成若干条技术含量高、特色鲜明的产业链、创新链，实现新兴产业化发展。

一、大力发展新一代信息技术

围绕信息技术服务领域，重点发展新一代通信网络、下一代互联网、智能传感、软件与信息服务、物联网、云计算、大数据、北斗卫星导航等关键技术，增强自主创新能力。

适应宽带化、多媒体化、IP 化技术发展趋势，重点布局研发 4G 通信、低功耗短距离无线通信、感知移动体间无线通信等关键通信核心技术和低功耗高速无线传感器网络、认知无线网络、自组织网络、近距离移动无线互联网络等关键网络核心技术，开展智能终端和家庭网络等设备和系统工程化研究及关键部件的开发，在新一代通信网络领域抢先布局。

结合国家下一代互联网示范工程和推广计划，重点开展 IPv6 路由器等核心技术和关键设备研发，推动关键性、共性化嵌入式操作系统和嵌入式软件产品开发，加快形成从核心网络设备、网络软件到应用系统较为完整的产业化体系，积极支持重点网络改造、重点网站过渡和重点业务迁移，参与下一代互联网产业全球竞争。

积极发展感知识别、智能处理等关键核心技术，加快终端核心芯片、RFID 器具、传感设备等关键产品的产业化，推进歌尔声学可穿戴产品及智能传感器、通达仪表海洋智能型仪器仪表、潍坊新视听智能组合仪表及方向机等重点项目建设，结合劳动密集型加工制造转型升级，推动智能化、自动化工业机器人发展，实施物品全流程识别、定位、跟踪、监控和管理。

---

① 赵峥.科技创新驱动中国城市发展研究[J].学习与探索,2013（3）.

二、打造国内一流智能制造产业基地

以市场应用为先导,围绕打造环渤海高端装备制造产业基地,推动信息通信技术与制造业深度融合,促进互联网、云计算、大数据在制造业的集成应用,积极引导国内外相关企业开展国际合作,重点突破智能机器人、3D打印技术和无人机研制等核心关键技术,将潍坊打造为国内一流的集智能装备制造、智能设备研发中心、技术体验、培训于一体的智能装备产业基地和应用示范区。

以智能机器人总成应用和关键基础零部件研制为核心,通过自主开发和技术引进,集中突破伺服电机、精密减速器、伺服驱动器、末端执行器等关键技术,依托华创、海纳等龙头企业,全面推进华创智能机器人基地、智能装备产业园建设,形成一批在全国具有重要影响力的自主机器人品牌,培育形成具有自主知识产权的焊接、喷涂、码垛、装配、检测等工业机器人产业。

依托3D打印技术创新中心、软件园等平台和载体,推进山东鼎成新材料有限公司小型金属零部件增材制造全产业链、山东矿机集团股份有限公司激光增材制造(3D打印)成套设备等重点项目建设,加强3D核心技术攻关,逐步培育全国重要的3D打印产业。引进和培育一批掌握核心技术并具有自主知识产权、在国外具有较强竞争力的控制系统、传感器、轴承等智能装备关键核心部件生产企业,重点研发重型数控工作机床、五轴联动加工中心、高速数控铣床等高档数控机床产品,推动现有数控机床产业的技术升级,中高档通用数控机床系列产品实现跨越式发展。

依托天翔航空工业有限公司等重点企业,加快发展小型飞机、无人机、直升机制造总装等航空装备,引进一批国内无人机重点企业,加强飞控系统包括传感器、机载计算机和伺服作动设备、导航系统、动力系统和数据链传输系统等核心技术合作攻关,构建无人机设计、制造到试验、试飞完整的开发、生产和服务能力等全产业链,实现无人机产业规模化发展,全力打造无人机产业品牌,建设具有国际影响力的无人机制造基地。

三、积极推进新能源产业发展

充分利用新能源在高技术产业发展中的基础性和先导性作用，继续加大核心技术研发投入力度，重点发展太阳能、新能源汽车、风能等领域，突破若干关键核心技术，提升产业层次、壮大产业规模，推动工业发展向高端跃升。

以满足太阳能应用需求为导向，大力发展光伏并网关键设备设计与制造技术、群控技术、并网接入标准和设计规范，积极开展新型平板式太阳能集热器、空调、光伏建筑一体化，大型光伏电站、太阳能电池、风光互补等技术研发与产业应用，加快平板式太阳能集热器、光伏并网发电规模应用，拓宽太阳能应用领域。

重点发展纯电动汽车、插电式（含增程式）混合动力汽车、新能源汽车系统与关键零部件等。以潍坊瑞驰汽车系统有限公司、山东威能环保电源科技股份有限公司、山东力帆车业有限公司、比德文控股集团有限公司等新能源汽车企业为依托，加快比德文新能源科技园和新能源汽车工业设计中心建设进度，积极推进潍坊齐美新能源汽车科技有限公司、山东雷丁新能源汽车有限公司以及其他新能源汽车企业的高能量密度锂离子动力电池、磷酸铁锂电池、新能源动力锂离子电池、新能源电动汽车充电桩、新能源汽车覆盖件模具等项目建设，尽快突破电机、电池、控制器三大新能源汽车核心技术，扩大新能源旅居车和新能源专用车生产规模，打造全国重要的新能源汽车制造基地和新能源汽车创新型产业。

抓住风能成本不断下降机遇，发挥风能可再生能源优势，以发电技术为核心，与装备制造业相结合，重点发展风电控制装备、风力发电设备关键部件、新型风机设备等，拓展智能电网新领域，并加大对风电传输、并网、利用领域的研发投入，推进华能寿光风力发电有限公司、国电潍坊风力发电有限公司国电二期48MW风电等项目的建设，实现风能大规模的应用推广。

四、推动节能环保技术突破与应用

顺应绿色生产的趋势,依托节能环保产业重大技术装备产业化工程的实施,以节能技术、减排装备、合同能源管理、中央空调、污染处理检测设备制造、废弃物再利用技术等领域为重点,大力发展节能环保设备、资源循环利用技术及装备产业。加快水污染防治技术的研发,提高大型成套设备制造能力,实现工业污水处理通用设备与专用工艺设备及控制系统的国产化、系列化、成套化,进一步提高产品的性能和标准化程度。大力发展脱硫脱硝脱汞除尘一体化设备和电除尘设备,发展大气污染防治设备。

加强以城市生活垃圾、建筑垃圾为主料生产农业肥料、新型建材的核心生产设备研制,重点发展多功能垃圾循环利用成套设备、生活垃圾生态化利用装备、各种废弃物综合利用装备和混凝土大型搅拌装置,建设一批国家级、省级节能环保产业工程技术(研究)中心和企业技术中心,打造一批节能环保产业园区、低碳园区和示范基地,促进资源综合利用。

五、强化生物医药技术研发与推广

以国家生物医药成果孵化平台和转化基地建设为依托,围绕化学原料药及制剂、生物制品、生物农业、现代中药、海洋生物医药、医疗器械及卫生材料等关键领域[1],加强对重点企业的支持,进一步做精做细原料药产业,加快开发消化系统、糖尿病、扑热息痛、抗肿瘤药等产品,推动从低级原料药中间体向高附加值制剂转化,推动生物芯片、干细胞、生物催化和转化等新技术研发,开发一批科技含量高、市场容量大、具有自主知识产权的新医药产品,建设全

---

[1] 青岛市人民政府关于印发青岛市医养健康产业发展规划(2018—2022年)的通知[R]. 青岛市人民政府公报,2018-11-30.

国重要的化学原料药、中药生产基地和生物医药基地。

以山东沃华医药科技股份有限公司、寿光富康制药有限公司、山东华辰生物科技有限公司、新和成药业、安丘市鲁安药业有限责任公司等企业为重点，加快现代基因工程药物、抗体药物、新型疫苗关键技术和新产品研制及产业化。积极开发生产生物技术和医药高分子新材料，促进生物诊断试剂、绿色生物农药、兽药等产品开发及产业化，发展高效、自动化电子医疗诊断设备和药物制剂设备。

发挥中药材资源优势，积极推广中药材标准化种植、加工和研发提取技术，推进中药种植和饮片加工的现代化和产业化，推进化学新药和中药新药研制，注重传统中药的二次开发和市场推广。

六、促进新材料推广与应用

依托"中国（临朐）国际门窗幕墙博览会""中国铝型材产业基地"等，以山东华建铝业集团有限公司、山东伟盛铝业有限公司、山东华铝股份有限公司等企业为主导，重点发展钢结构、隔热型材、门窗、幕墙、铝型材等新型环保材料，积极引进和培育环保材料龙头企业，打造环保建筑产业。围绕打造中国纳米城，以结构功能复合化、材料器件集成化、制备技术绿色化为目标，积极国内外知名企业，加快重点项目建设，积极研发生物三维打印等前沿新材料技术，打造具有较强竞争力的新型材料产业基地。

七、打造潍水文化创意区

顺应文化与科技融合大趋势，深入发掘"潍水文化"深厚内涵，加快建设"潍水文化生态保护试验区"。加速高新技术成果向文化领域的转化应用，大力发展文化旅游、数字出版、影视动漫、现代艺术、珠宝首饰、文化装备等文化创意产业，推动文化与科技融合发展。发挥移动互联网、大数据、云计算、物联网等新一代信息技术对文化的推动作用，积极发展文化电商、服务外包、版权服务等文化创意产业。

八、构建渤黄高技术服务产业带

抓住中国产业升级为高技术服务业带来的发展机遇，构建种类齐全、分布广泛、运作规范、与国际接轨的专业服务体系，支撑企业总部集聚，促进产业转型升级和外溢发展。重点促进电子信息、专用设备制造领域研发设计服务发展。大力发展网络信息和三网融合业务，着力推进网络技术和业务创新，培育基于移动互联网、云计算、物联网等新技术、新模式、新业态的信息服务。加快发展离岸服务外包和在岸服务外包业务，重点发展信息技术外包、业务流程外包和技术性知识流程外包等离岸外包业务，以及产品设计、工艺流程、生产规划、人力资源、供应链服务和售后服务等在岸外包业务。

九、积极发展现代物流业

依托区位交通优势，以航空、海运、高铁、冷链等物流业态为支撑打造国际化的现代物流服务体系。加快节能环保的各种新型冷链物流装备与技术的自主研发、引进消化和吸收，不断提高冷链物流产业的自主创新能力和技术水平。面向重点和优势产业，利用区位优势，积极发展综合性物流、专业性物流、行业性物流和特色物流，重点发展冷链物流和保税物流，打造渤黄物流大通道。

以寿光、青州、昌乐等地的特色农产品为服务重点，全面推动冷链物流发展，将潍坊建设成区域性重要的农产品、水产品、冷藏冷冻食品冷链物流基地。利用青岛保税港区诸城功能区重点打造以保税加工与自主创新并重的出口加工功能，以保税物流与物流核心环节兼顾的现代物流功能。开展仓储、配送、运输、流通加工、装卸搬运、物流信息、方案设计等相关业务。

第五节　潍坊市产业布局优化

潍坊市围绕实施创新驱动发展战略、中国制造2025等，加快推进以科技创新为核心的全面创新，推动传统增长引擎转型升级，大力培育发展新兴产业，优化区域经济布局，完善创新体系，统筹好龙头企业、重大项目、产业园区、产业链条的一体化推进，推动全市产业协同发展。

一、促进区域空间布局优化，明确产业发展定位

潍坊市进一步优化区域经济布局，推动全市创新协同发展。在区域空间分布上，进一步优化内部空间布局，实施"以城区为核心，实现两翼齐飞"的区域发展战略（见表3-1），即以市属开发区（潍坊高新技术产业开发区〈以下简称高新开发区〉、滨海经济技术开发区〈以下简称滨海开发区〉、综合保税区、峡山生态经济开发区）和中心四区（奎文区、潍城区、坊子区、寒亭区）为主体，带动六市两县发展，北接寒亭、滨海区，南连峡山、安丘，以此为核心，不断提升中心城区的经济发展水平和创新能力，打造潍坊新的经济增长点，开创潍坊创新驱动发展新格局；以昌邑市、诸城市、高密市、安丘市为东翼，以寿光市、青州市、昌乐县、临朐县为西翼，进一步发挥东西两翼主要县区主导产业创新优势，做大做强，实现"两翼齐飞"。立足各地区现实基础、资源禀赋和比较优势，明确产业发展功能定位[①]。

[①] 潍坊市产业发展规划（2020—2025年）[R].潍坊市人民政府公告，2020-05-11.

表 3-1　潍坊市区域空间布局

区域布局		实施载体	重点布局产业
渤黄创新大通道	市属	高新开发区	动力装备、新一代信息技术，以及科技服务、金融服务、医养健康
		滨海开发区	高端化工、海洋动力装备、临港物流
		综合保税区	保税加工、保税物流、货物贸易、服务贸易
		峡山生态经济开发区	高效农业、医养健康、休闲旅游
渤黄创新大通道	中心四区	奎文区	现代金融、总部经济、商贸服务、文化旅游、医养健康
		潍城区	装备制造、商贸物流、文化创意
		坊子区	智能装备、地理信息、新材料
		寒亭区	高效农业、生物基新材料、高铁物流
六市两县	东翼地区	昌邑市	高端化工、先进制造、纺织服装
		诸城市	汽车制造、食品加工、纺织服装
		高密市	精密制造、纺织服装、节能环保
		安丘市	装备制造、出口农产品、节能环保
	西翼地区	寿光市	高效农业、高端化工、新材料
		青州市	高端装备、高端化工、文化旅游、现代物流
		昌乐县	机械装备、造纸包装、新能源
		临朐县	高端铝型材、文化旅游、医养健康

（一）市属开发区空间布局

高新开发区围绕国际动力城、国家虚拟现实产业基地建设，重点布局动力装备、新一代信息技术，以及科技服务、金融服务、医养健康产业，打造全市高、精、尖产业发展承载地和示范区。

滨海国家经济开发区发挥临海区位优势，积极探索发挥青岛、烟台和威海资源、区位优势，强化与青岛、烟台和威海的产业对接，重点布局高端化工、海洋动力装备、临港物流等主导产业，发展现代渔业、滨海旅游、医养健康等特色产业。

综合保税区强化功能优先，坚持"一区两片、错位发展"，突出保税加工、保税物流、货物贸易、服务贸易等服务功能，不断拓展完善口岸服务功能，建设外向型要素聚集、保税功能完善、带动作用突出的自由贸易试验区。

峡山生态经济开发区坚持生态立区、绿色发展，提升水资源保护和开发利用水平，加快建设胶东地区调蓄战略水源地，重点布局高效农业、医养健康、休闲旅游等主导产业。

（二）中心四区空间布局

奎文区发挥现代服务业基础优势，重点布局现代金融、总部经济、商贸服务、文化旅游、医养健康等主导产业，发展新一代信息技术、高端装备等特色产业。潍城区加快产业更新步伐，重点布局装备制造、商贸物流、文化创意等主导产业，发展都市农业、智慧物流、休闲旅游、医养健康等特色产业。坊子区推动传统产业转型，重点布局智能装备、地理信息、新材料等主导产业，发展医养健康、精密铸造、文化旅游等特色产业。寒亭区发挥国家农业开放发展综合试验区核心区、高铁新城片区建设优势，重点布局高效农业、生物基新材料、高铁物流等主导产业，发展机器人、兽药产业、医养健康、民俗旅游等特色产业。

（三）两翼六市两县空间布局

1.东翼地区空间布局

昌邑市重点布局高端化工、先进制造、纺织服装等主导产业，发展苗木、节能环保、食品加工、医养健康等特色产业，大力培育循环经济产业基地。诸城市重点布局汽车制造、食品加工、纺织服装等主导产业，发展智能装备、节能环保、精品旅游、医药制造、医养健康等特色产业。高密市重点布局精密制造、纺织服装、节能环保等主导产业，发展生物医药、空港物流、新材料、文化旅游、医养健康等特色产业，形成以高端制造为支柱、高端服务为支撑、现代物流为先导、信息技术产业和海洋产业为增长点的新高密经济区。安丘市重点布局装备制造、出口农产品、节能环保等主导产业，发展医养健康、乡村旅游、电子商务等特色产业，建设潍坊市低碳经济示范园区。

2.西翼地区空间布局

主要以寿光市、青州市、昌乐县、临朐县为主要载体。寿光市重点布局高效农业、高端化工、新材料等产业，发展现代物流、造纸包装、生物医药、医养健康、新能源等特色产业，引导企业技术创新和特色发展，促进寿光经济升级。青州市重点布局高端装备、高端化工、文化旅游、现代物流等主导产业，发展汽车制造、医养健康、花卉等特色产业，打造海洋专用设备及临港机械装备产业特色基地。昌乐县重点布局机械装备、造纸包装、新能源等主导产业，发展黄金珠宝、精细化工、医养健康等特色产业。临朐县重点布局高端铝型材、文化旅游、医养健康等主导产业，发展精细化工、食品加工、有机农业等特色产业，打造山东循环经济示范区。

二、促进产业布局优化，提升产业核心竞争力

按照各产业发展基础、特点和趋势，进一步促进产业布局优化，提升产业核心竞争力。

（一）加快布局先导产业

把握新一轮技术创新和产业变革趋势，着眼高端、高效、高附加值产品和技术，超前布局动力电池、生物基新材料、物联网及大数据、机器人、现代种业等先导产业，打造带动全市产业倍增、发展动力转换、引领发展潮流的新兴产业梯队。

动力电池。依托高新区、昌乐县和寿光市，聚焦燃料电池、锂电池两大领域，形成"一主一副、两线发展"的动力电池产业发展格局。

生物基新材料。以寒亭区、寿光市、青州市为核心，鼓励有条件的县市区差异化发展生物基产品，形成"三核引领、多点布局"发展格局，加快建设国家级生物基新材料产业基地，打造具有全国影响力的"潍坊生物基"品牌。

物联网及大数据。重点布局高新区、潍城区、青州市，支持有条件县市区积极落户相关技术应用项目，形成"一主两副、全域应用"的产业发展格局。

机器人。依托寒亭区、坊子区、潍城区、诸城市、滨海开发区、昌乐县机器人龙头企业，提升精密减速器、伺服电机、控制器、传感器与驱动器等核心技术，开发工业机器人、特种机器人和医疗健康、家庭服务、教育娱乐、智能泊车等服务机器人及控制系统，打造特色机器人产业基地。

现代种业。依托寿光市、诸城市、青州市、寒亭区、昌乐县、临朐县、安丘市、峡山生态经济开发区等农业基础较好地区，重点突破蔬菜育种、畜禽育种、小麦玉米育种等技术，加快产学研相结合、育繁推一体化的现代种业体系建设。到2025年，培育专业化骨干种业企业5~10家，重点打造2~3家现代种业集团。

（二）做大做强先进制造业

坚持制造业立市，加快动力装备、高端化工、新一代信息技术、汽车制造、新材料等行业发展，推动制造业高端化、智能化、绿色化、集群化发展，加快向价值链中高端延伸，打造制造业强市。

动力装备。重点布局高新区、滨海区、高密市、青州市、昌邑市、诸城市，加快发展大功率高端发动机、轮船发动机、燃气轮机等动力装备；以潍坊高新区为核心，统筹布局建设磁悬浮动力装备产业园，加快打造千亿级磁悬浮产业，促进产业链上下游企业集聚，完善产业链条、推动功能耦合，打造国际动力城。

高端化工。以化工园区、专业园区、重点监控点三大载体，构建"3+4+N"产业发展格局。依托滨海区、寿光北部、昌邑北部3大优势产业，建设环渤海南岸千亿级石化产业基地；依托昌乐、临朐、诸城、高密4个轻化工园区，构建特色鲜明、优势突出的配套产品体系；依托21个省级化工重点监控点，建设市场竞争力强的"专、精、特、新"产品。到2025年，全市规模以上化工企业营业收入突破5000亿元，其中高端化工占比超过40%。

新一代信息技术。以高新区为龙头，串联潍城区、安丘市、坊子区、滨海开发区、寿光市等县市区，辐射带动全市新一代信息技术产业发展。

汽车制造。以商用车、新能源汽车、特种车为主导产品，布局打造"323"汽车产业基地。高新区、诸城市、青州市打造商用车生产基地，高新区、昌乐县打造新能源汽车制造基地，昌邑市、高密市、寿光市打造特种车制造基地。到2025年，全市汽车产业（不含低速车）实现营业收入比2019年翻一番。

新材料。推动工程陶瓷、碳化硅等前沿新材料融入高端制造供应链，加快钢铁、玻璃、建材、轻工等基础优势材料向高端材料转型。

医药产业。聚焦化学原料药及制剂、生物制药、中医药、兽用药、医疗康复器械五大领域，形成布局集中、特色突出、产业链完整的现代医药产业体系。到2025年，医药产业营业收入达到600亿元，成为区域性医药产业基地。

纺织服装。重点布局诸城市、寿光市、高密市、昌邑市、潍城区，突出高端服装制造和时尚引领发展方向，提高终端产品比重，打造特色纺织服装产业。到2025年，纺织服装产业主营业务收入突破2000亿元。

造纸包装。寿光市、昌乐县，重点布局发展新闻纸、铜版纸、胶版纸、特种衬纸等高档特种用纸；寒亭区、坊子区重点布局生活用纸、玻璃纸等高附加值产品，到2025年，造纸包装产业营业收入达到1000亿元。

特色制造。聚焦智能农机、专用机械、节能环保、数控机床、精密铸造等细分领域，推进专业化、特色化产业园区建设，打造一批主导细分市场的现代产业。

（三）做精做优现代高效农业

以国家农业开放发展综合试验区核心区为引领，辐射全域，强化主辅联动，创新提升"三个模式"，打造全国农业开放发展引领区、农业科技创新先行区、农村一、二、三产业融合发展示范区。

蔬菜产业。打造寿光市、青州市、昌乐县、寒亭区设施蔬菜高标准产区，安丘市、昌邑市、高密市、诸城市、峡山露地蔬菜高标准产区，加快创建现代种业示范基地、高新技术示范基地、蔬菜新六产示范基地，推进全国蔬菜质量技术标准中心、蔬菜精加工中心、蔬菜集散交易及物流配送中心、蔬菜产业信息服务中心建设，构建"两区三基地四中心"发展格局，打响"中国蔬菜硅谷"品牌。到2025年，争创省级蔬菜标准化生产基地150处以上，农产品标准化生产达到100%，"三品一标"产品认定数量超过800个，设施蔬菜面积扩大到350万亩，蔬菜电商交易额超过200亿元。

畜牧水产养殖业。布局诸城市、昌邑市、安丘市、高密市，打造高效畜牧养殖走廊，布局寿光市、滨海区、昌邑市，打造水产连绵带。到2025年，畜牧产业加工量400万吨，水产增养殖面积15万公顷（1亩≈0.0667公顷），实现营业收入1600亿元。

花卉苗木产业。以青州花卉、昌邑苗木为龙头，带动周边县市区，建设国内花卉苗木流通集散地建设，打造全国重要的花卉苗木产业基地。到2025年，花卉种植面积稳定在9000公顷（1亩≈0.0667公顷）左右，苗木生产机械化作业率达到60%，花卉苗木产业销售收入突破120亿元。

中药材种植业。实施"中药材生产倍增计划",到2025年全市中药材种植面积扩大到200万亩。推进中药材规模化、规范化种植,发展中药材主产区种植业,重点培育临朐丹参、青州山楂、昌乐杜仲、安丘文冠果、诸城金银花、潍城鼠尾草和马鞭草等道地中药材品牌。加强珍稀中药材保护利用,建立稀缺濒危中药材种植养殖基地。加快中国中药谷产业平台建设。制定中药材种植养殖、采集、储藏技术标准,保障中药材质量。

农副产品深加工。以中国食品谷、诸城潍坊市新型工业化示范基地(食品)、安丘食品(农产品)加工出口基地为核心,相关县市区错位发展畜牧、渔业、食用菌、蔬菜、果品,逐步完善肉羊、肉牛、肉鸡、肉鸭、生猪、海鲜深加工等板块。

(四)加快发展现代服务业

着力做大做强现代物流、金融服务、医养健康、文化旅游等现代服务业,构建创新发展、集聚发展、融合发展、高端发展的现代服务业产业体系[1]。

金融服务。以奎文区、高新区为核心,统领全域金融产业发展,打造服务潍坊、辐射半岛的区域资本中心。

现代物流。搭建以高铁、海运、航空、保税等物流业态为支撑的现代物流大平台,发展多式联运,打造全国高铁物流枢纽城市、山东半岛公路运转中心、空港物流发展示范区、特色农产品物流基地。

文化旅游。整合全市自然和人文资源,加快文化旅游项目招商,丰富文化旅游产业内涵,推出一批高水平的"潍坊创意"和"潍坊设计"。实施文化旅游融合发展"双十工程",加快文化和旅游各领域、多方位、全链条深度融合,提升文化旅游市场主体经营水平和景区品质,促进文化旅游产业高质量发展,打响"渤海之滨风筝都,农圣故里动力城"城市品牌。

---

[1] 马林峰,相丹.转型升级推动产业向中高端迈进[N].潍坊日报,2016-03-31.

医养健康。实施"潍坊全域医养健康城"工程，重点建设以高新、奎文为主载体的核心区，沿潍河、弥河两岸的东部医养健康产业隆起带和西部医养健康产业隆起带，及高端康养中心、老年用品生产集散中心、养护人才培养中心、智慧养老研发中心、中医药传承发展中心，形成"一区两带五中心"产业布局，促进医疗、养老、养生、体育等多业态融合发展，建设国家医养结合示范省先行区。

特色消费。适应居民生活水平提高和消费升级的需求，培育和挖掘新消费增长点，满足人民群众多样化、个性化、精细化、高品质的生活需求。

第四章

潍坊市产业低碳化转型发展

第一节 潍坊市产业低碳化转型背景

一、低碳经济研究发展脉络

（一）低碳经济模式的相关研究

国外学者康威等（1986）建立了衡量产业生态系统性能的标准，并用于产业发展规划设计的研究。我国学者王昀（2008）、刘志明等（2010）从生产主体到用户的活动出发，提出了低碳生产方式和低碳生活方式的实现路径，是否应用低碳技术也为评价用户生产方式的低碳化程度提供了技术上的依据。我国学者对于产业生态评价的研究也渐趋深入，较有代表性的是周栋良（2010）、吴青芳等（2010）所提出的低碳生产评价指标。

西尔拉芭（2008）、弗赖鲍尔等（2008）、哈钦森等（2009）提出，低碳经济是现代经济的发展的必然选择，李晓燕、王彬彬（2010）认为，发展低碳经济是中国快速步入生态文明发展之路的必然选择。黄国勤等（2011）研究认为，有机农业有利于促进低碳经济的兴起与发展。陈柳钦（2010）、李文洁（2012）、公维凤（2013）、雷明（2015）、程东祥（2016）、顾建华（2017）等学者从不同维度探寻了不同地区低碳经济的增长路径。

（二）碳排放与低碳经济的相关研究

施耐德（2000）、甘勒特（2005，2006）、里奇蒙德（2006）等研究了碳排放的 Kuznets 曲线，萨尔瓦多（2006）、乌格尔（2009）等探讨了碳排放影响因素,安涅格雷特(2004)、安德里亚(2009)等学者研究了减排措施。国内学者漆雁斌等(2010)、陈卫洪等(2010)研究了农业生产中的碳排放问题,徐国泉(2006)、邹秀萍(2010)、朱永彬(2010)等从区域和产业层面研究了碳排放问题,提出了节能减排的相关政府和产业措施。

学者们试图对工业发展中"碳锁定"的形成路径进行阐述,桑斯特德与豪沃斯(1994)认为企业、消费者的非理性、信息不对称及道德等因素造成了新技术的应用壁垒。西班牙学者格里高利(2002)、印度学者帕金斯(2001)和伯克豪特(2010)等提出并验证了"碳锁定"全球化的概念和形势。

国内学者(庄贵阳,2007;王毅,2009)认为,中国产业发展进程中替代技术难以实施的根本原因在于投资回报技术和资金的"锁定效应"。周五七等(2015)、汪中华等(2015)、庄贵阳(2015)等学者分析了碳锁定的原理与演进特征。国内学者还对解锁策略进行了深入探讨,李明贤等(2010)、杨玲萍等(2011)研究了解除生态友好型技术的锁定策略,李宏伟(2012)描述了技术制度内生变化的路径演化模型。

（三）研究述评

综观国内外研究成果,现有研究在研究视角、研究方法等方面在取得一定成果的同时仍存在一定不足。学者们对低碳经济的研究多集中于宏观层面,对中观和微观层次的研究较少,特别是针对具体区域如何因地制宜地选择低碳经济增长路径的研究较为缺乏。

二、潍坊市低碳化转型发展的必要性

自 2003 年英国政府首次提出"低碳经济"概念以来,日、美、加、法、意等国均做出了积极努力,发展中国家也主动减排、限排,发展低碳经济已成为国际社会主流的战略选择。据世界银行、全球碳计划(Global Carbon Project)等机构发布的数据，中国二氧化碳排放量已居世界第一，中国碳排放问题已成为全球关注的焦点问题。低碳经济是以低能耗、低排放、低污染为基础的经济发展模式，发展低碳经济符合我国保护生态环境的生态建设要求，以及提升国家国际竞争力的发展趋势。

中国一直在努力探索低碳经济发展道路，山东省政府全面贯彻落实党的十九大精神，于2016年发布《关于加快推进生态文明建设的实施方案》，明确提出要加快实现各环节绿色循环低碳化发展。2018年1月，《山东新旧动能转换综合试验区建设总体方案》获国务院正式批复，大胆探索从改革完善市场主体健康发展机制、要素市场配置机制、财税激励约束机制、绿色低碳发展机制和城乡融合发展机制多方面，构建促进新旧动能转换的政策体系和制度环境。

2017年以来，潍坊市政府深入学习贯彻党的十九大精神和中央、全省经济工作会议精神，坚持新发展理念，全市经济社会发展呈现出良好的发展态势。但潍坊市经济人均水平还不高，结构性矛盾依然突出，创新能力不够强，中心城市辐射带动力偏弱，资源环境约束趋紧，经济发展仍处于"高能耗、高排放、高污染"的不健康发展窘境，亟须寻找科学有效的经济增长路径。

基于上述研究背景，本章加强对潍坊市低碳经济发展现状、低碳经济要素分析、低碳经济模式应用、产业低碳化转型路径等内容的定性与定量研究，将有助于当地政府对低碳经济增长路径进行科学规划与合理设计。

第二节 潍坊市低碳经济发展现状分析

一、潍坊市能源消耗总体状况

（一）能源缺口越来越大

潍坊市目前正处于经济快速发展时期，作为人口基数大、人口众多的能源大市，对能源的需求量非常大。2016年，潍坊市能源消耗总量达3290.4万吨标准煤，一次性能源生产量仅有82.7万吨标准煤；2017年全市能源消耗总量达3387.4万吨标准煤，一次性能源生产量仅有214.8万吨标准煤。能源紧缺状况极为严重。

从图4-1中可以看出，一次能源生产量的变动幅度不大，但是对一次能源的消耗量越来越大，远远超过了生产量，两者之间的差额也越来越大。该图还表明潍坊市能源生产明显后劲不足，已经开始出现能源紧缺状况，远远不能满足经济和社会发展的需求。目前，潍坊市能源缺口越来越大，能源消耗对外依赖过大，已经影响到了该市的能源安全和经济发展。

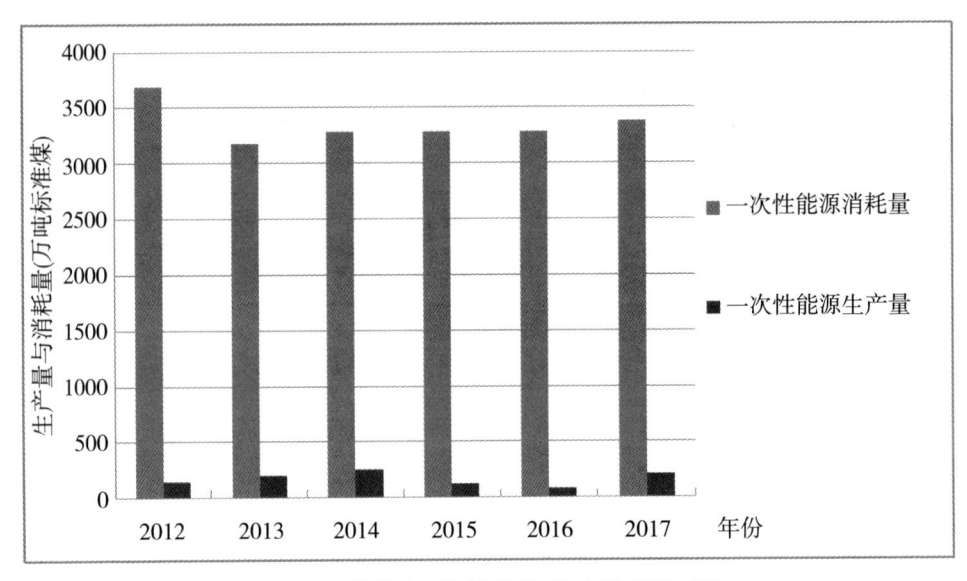

图4-1 潍坊市一次能源消耗量与生产量对比

（二）能源结构单一

从潍坊市的能源耗结构可以看出，煤炭消耗量在能源消耗总量中占有很大的比重，一直在70%~80%之间徘徊，在能源消耗结构中居主导地位；石油的消耗比重是20%左右，天然气10%都不到。这表明了潍坊市的能源消耗结构还是较为单一的，主要依赖煤炭，而且煤炭的利用效率也比较低，能源消耗结构的"高碳"和"非均衡性"刚性特征显著[①]。

（三）工业能耗量大

潍坊市目前正处在工业快速发展阶段，2017年，潍坊市地区生产总值为5854.93亿元，第一、二、三产业占地区生产总值的比重分别为8.4%、45.6%和46.0%，其中工业生产总值为2307.54亿元，占比39.41%；2018年，潍坊市地区生产总值为6156.78亿元，第一、二、三产业占地区生产总值的比重分别为8.3%、44.5%和47.2%，其中工业生产总值为2341.93亿元，占比38.04%。可见潍坊市经济增长拉动力已由第二产业向第三产业转变，但经济增长对工业的依赖程度仍然很大。图4-2所示为潍坊市2017年各部门能源消耗量，图4-3所示为潍坊市2016年规模以上工业行业能源消耗情况。

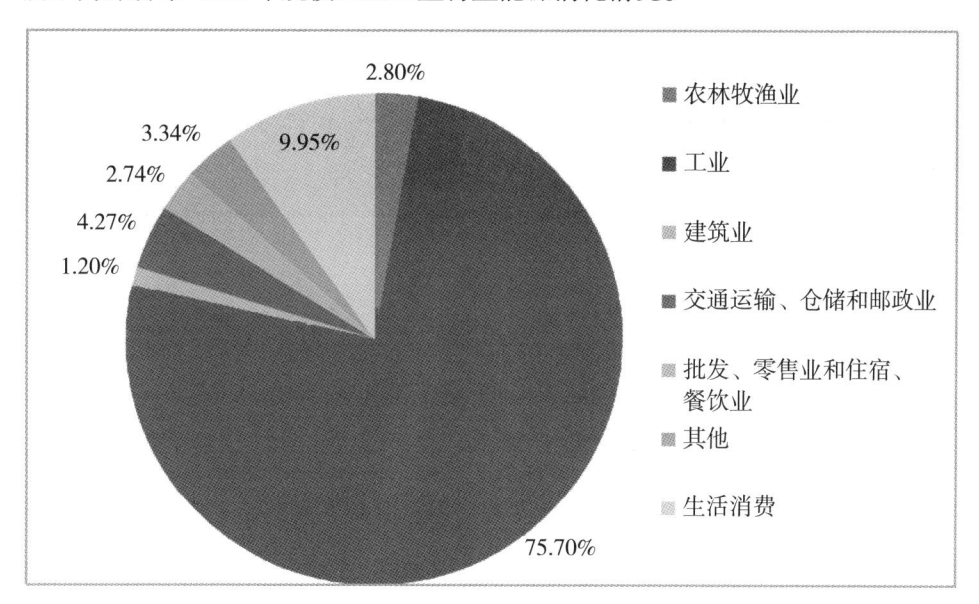

图4-2 潍坊市2017年各部门能源消耗量

---

① 姚亚敏. 潍坊市低碳经济发展研究[D]. 济南：山东财经大学, 2015.

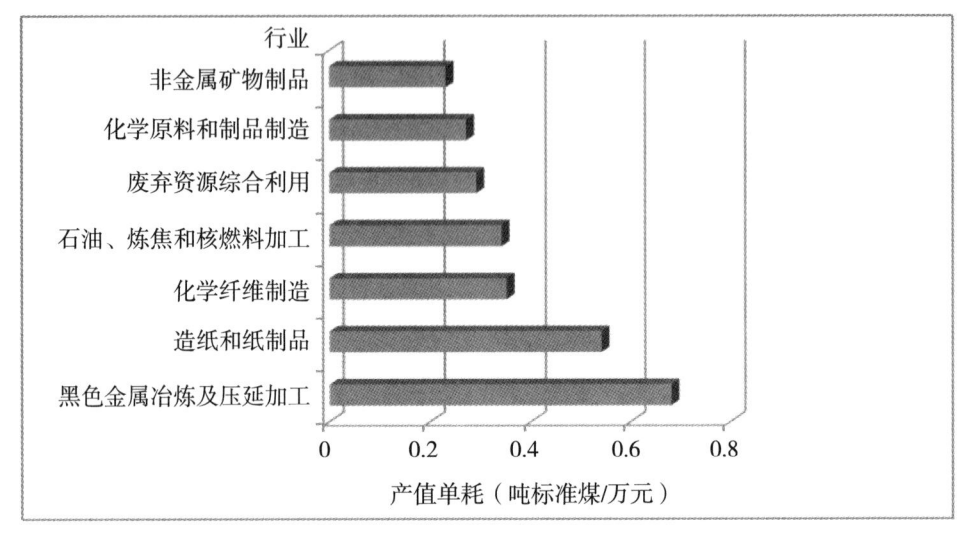

图 4-3 潍坊市 2016 年规模以上工业行业能源消耗情况

在潍坊市各部门综合能源消耗总量中（见图4-2），工业消耗的能源最多，达2564.7万吨标准煤，占到总能源的75.71%；其次是生活消耗（336.9万吨标准煤），占到能源消耗总量的9.95%；之后依次为交通运输仓储和邮政业（占比4.27%）、其他（占比3.34%）、农林牧渔业（占比2.80%）、批发零售业和住宿餐饮业（占比2.74%）以及建筑业（占比1.20%），其所占比例大致相同。因此，降低工业部门的能源消耗、提高工业部门能源效率是潍坊市实现节能减排的一个重要突破点[①]。

从图4-3可以看出，潍坊市能源消耗主要集中在黑色金属冶炼及压延加工业（产值单耗0.68吨标准煤/万元），造纸和纸制品业（0.54吨标准煤/万元），化学纤维制造业（0.35吨标准煤/万元），石油加工、炼焦和核燃料加工业（0.34吨标准煤/万元），废弃资源综合利用业（0.29吨标准煤/万元），化学原料和制品制造业（0.27吨标准煤/万元），非金属矿物制品业（0.23吨标准煤/万元）等行业。这些高能耗行业大都属于劳动密集型和原材料加工型产业，本身就具有高能耗、高污染的特征。

---

① 姚亚敏.潍坊市低碳经济发展研究[D].济南：山东财经大学,2015.

二、潍坊市碳排放现状

（一）碳排放量基本保持小幅增长

目前，我国常用的碳排放估算方法是排放系数法，具体估算公式为

$$C=\sum C_i=\sum E_i \times (C_i/E_i)$$

各指标含义如表4-1所示。

表4-1 碳排放系数法指标含义

指标	含义	备注（国家发改委公布标准）
C	一个地区的碳排放总量	万吨标准煤
C_i	第i类能源的碳排放量	万吨标准煤
E_i	第i类能源的消耗量	折算成万吨标准煤
C_i/E_i	C_i/E_i：第i类能源碳排放系数	单位能耗产生二氧化碳系数
	C_1/E_1：煤炭消耗的碳排放系数	0.7476
	C_2/E_2：石油消耗的碳排放系数	0.5854
	C_3/E_3：天然气消耗碳排放系数	0.4435

鉴于潍坊市现有能源数据的获得，本书以2011—2017年潍坊市能源消耗量结构构成比例为依据，作为潍坊市能源消耗量构成比例，计算潍坊市碳排放总量。其中，因个别年份能源消耗量构成中天然气消耗量未单独标明，为保持数据统计的一致性，将天然气消耗量、电力消耗量和其他消耗量统一计作天然气和其他。

如图4-4及表4-2所示，整体而言，潍坊市碳排放总量在2011—2017年

基本保持增长的态势，2012 年增长幅度最高，比上年度增长 4.68%，之后增速减缓。2013 年是潍坊市碳排放发展的一个转折点，碳排放总量大幅下降，降幅达 14.06%；2015 年碳排放总量也有小幅下降（降幅 2.21%）。潍坊市人均碳排放量增幅逐年减小，2012 年增幅为 4.53%，2017 年增幅为 0.14%；2013 年人均碳排放量大幅下降（降幅 14.45%），2014、2015 年也有一定的下降，降幅分别为 2.80% 和 0.55%。

总体而言，自 2011 尤其是 2012 年以来，潍坊市政府大力实施节能减排措施，减排效果显著，目前经济发展与能源消耗保持着一定的均衡增长态势。

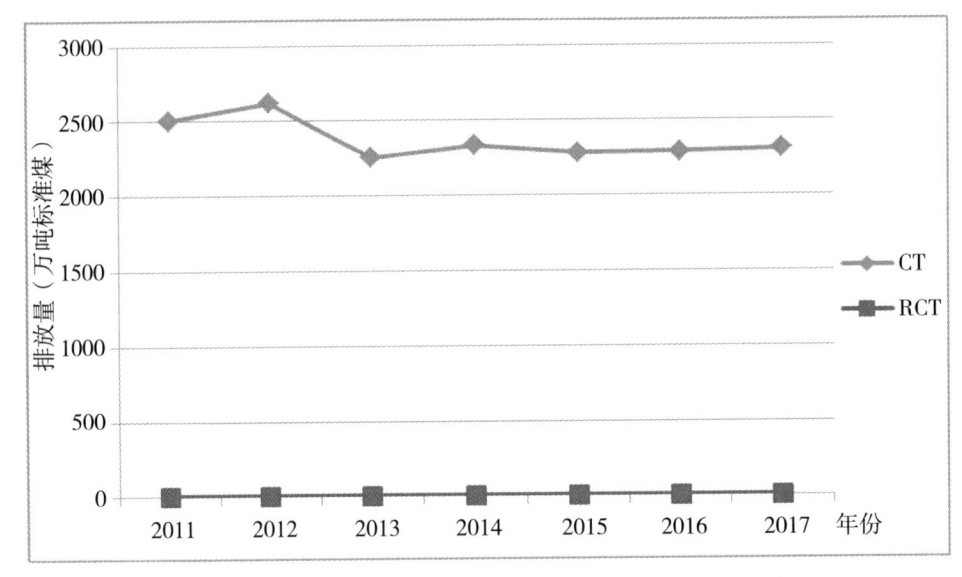

图 4-4　潍坊市 2011—2017 年二氧化碳排放总量及人均排放量

表 4-2　潍坊市 2011—2017 年碳排放量　　　　　单位：万吨标准煤

年份	CT	CT 增幅 /%	RCT	RCT 增幅 /%
2011	2503.59423	—	2.852741229	—
2012	2620.86055	4.68	2.982079887	4.53
2013	2252.40065	−14.06	2.551196822	−14.45

续表

年份	CT	CT 增幅 /%	RCT	RCT 增幅 /%
2014	2334.81953	3.66	2.628383706	3.03
2015	2283.28152	−2.21	2.554834924	−2.80
2016	2290.01890	0.30	2.540739027	−0.55
2017	2310.13577	0.88	2.54417437	0.14

（二）碳排放强度稳步下降

如表 4-3 和图 4-5 所示，潍坊市 2011—2017 年的碳排放强度伴随着该地区的技术进步和经济增长而呈现不断下降的态势。其中 2012 年碳强度指标降幅较大，比上年度降低 22.00%，之后几年碳排放强度稳步下降，降幅基本保持在 6% 左右。总体而言，潍坊市这 7 年的碳排放强度指标表明，潍坊市节能减排工作成效显著。

表 4-3　潍坊市 2011—2017 年碳排放强度

年份	碳排放强度	比上年降低	比上年降幅 /%
2011	0.7069	0.0537	7.60
2012	0.6532	0.1437	22.00
2013	0.5095	0.0217	4.26
2014	0.4878	0.0462	9.47
2015	0.4416	0.0269	6.09
2016	0.4147	0.0201	4.85
2017	0.3946	0.0537	7.60

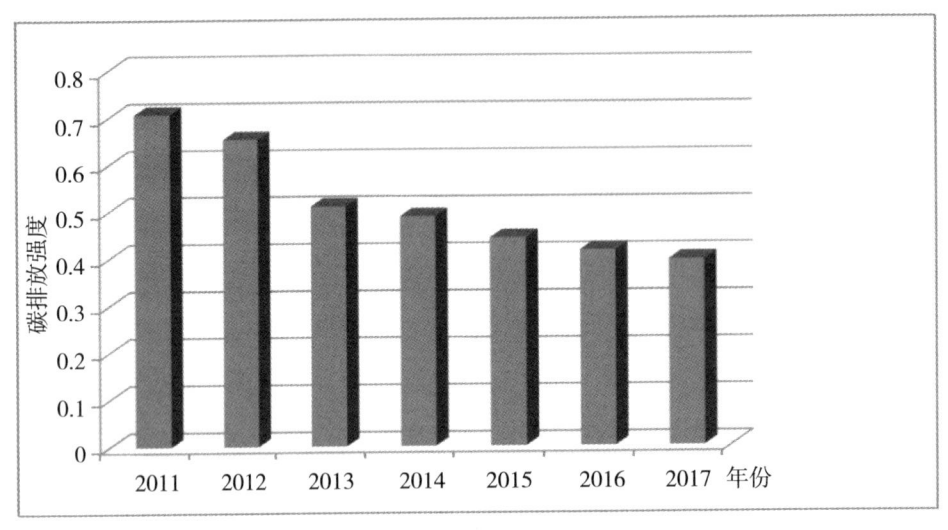

图 4-5　潍坊市 2011—2017 年碳排放强度

三、潍坊市低碳经济发展区域差异

（一）潍坊市能源消耗区域差异

潍坊市各地区的能源消耗差别很大，从图 4-6 可以看出，2017 年潍坊市能源消耗主要集中在寿光市（综合能源消耗量 6 839 094 吨标准煤）和高新开发区（3 341 838 吨标准煤），这两个地区的综合能源消耗量占到全市能源消耗总量的 47.65%；昌邑市（2 062 529 吨标准煤）、滨海开发区（1 907 427 吨标准煤）、诸城市（1 827 730 吨标准煤）、青州市（1 518 410 吨标准煤）、昌乐县（1 439 201 吨标准煤）的综合能源消耗量也较大，上述地区占全市能源消耗总量的比例为 40.98%；其余地区消耗量较少，仅占能源消耗总量的 11.37%。

第四章 潍坊市产业低碳化转型发展

从各地区单位产值能耗数据（见图4-7）也可以明显地看出，单位产值能耗较高的地区主要集中在高新开发区（能耗为0.43吨标准煤/万元）、寿光市（0.36吨标准煤/万元）、滨海开发区（0.22吨标准煤/万元）和昌邑市（0.21吨标准煤/万元）四个地区，上述地区需进一步降低能源消耗、提高能源效率。

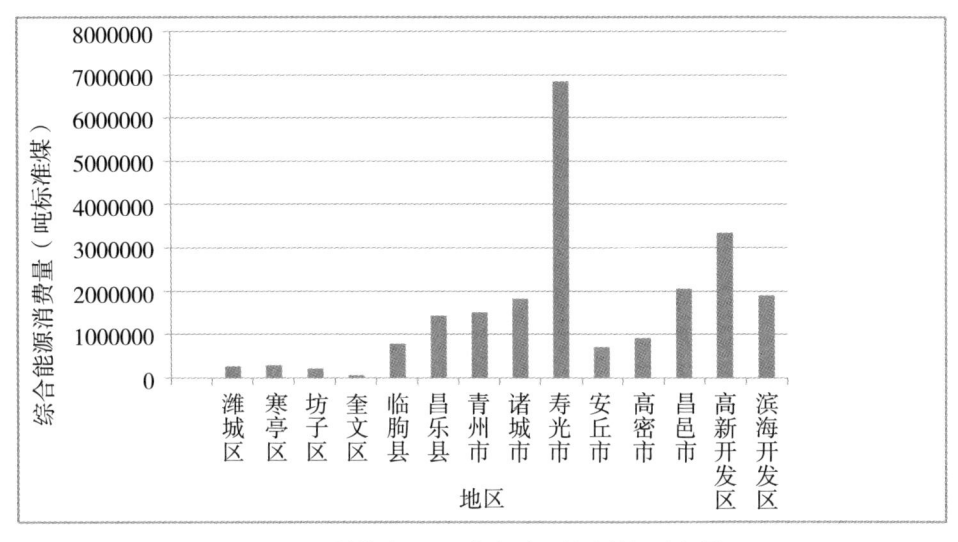

图4-6 潍坊市2017年各地区综合能源消耗量

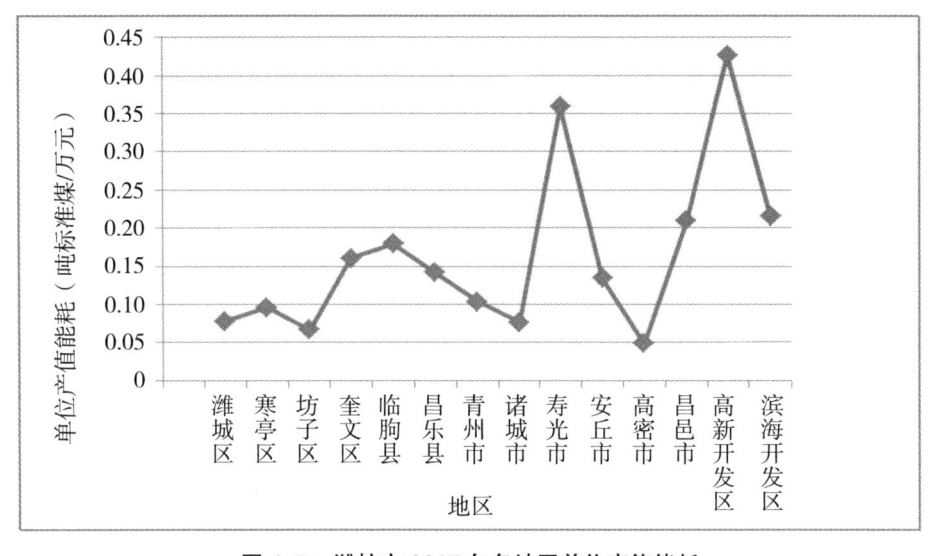

图4-7 潍坊市2017年各地区单位产值能耗

（二）潍坊市能源消耗与经济贡献区域差异

表4-4　潍坊市2017年各地区能源消耗和GDP比重

地区	综合能源消耗量/吨标准煤	综合能源消耗量占全市GDP比重/%	地区生产总值/亿元	地区生产总值占全市GDP比例/%
潍城区	252886	1.14	284	4.67
寒亭区	291950	1.32	233.4	3.84
坊子区	200194	0.90	165.7	2.72
奎文区	45670	0.21	266.3	4.38
临朐县	785884	3.55	280.2	4.61
昌乐县	1439201	6.50	308.0	5.06
青州市	1518410	6.86	658.4	10.82
诸城市	1827730	8.26	824.7	13.56
寿光市	6839094	30.91	866.7	14.25
安丘市	703447	3.18	336.2	5.53
高密市	913083	4.13	643.2	10.57
昌邑市	2062529	9.32	442.9	7.28
高新开发区	3341838	15.10	451.2	7.42
滨海开发区	1907427	8.62	321.8	5.29

资料来源：根据《2018年潍坊市统计年鉴》数据计算整理，因数据资料的缺失，本次统计未计入峡山生态区。

潍坊市各地区的能源消耗差别很大，对潍坊市经济贡献程度的差别也很大。如表4-4和图4-8所示，将能源消耗强度和经济贡献程度进行对比分析发现：诸城市、高密市、青州市的能源消耗强度较低，但其经济贡献份额很高；潍城区、寒亭区、奎文区、临朐县、昌乐县、安丘市的能耗强度和经济贡献率处于中等水平；寿光市、昌邑市、高新开发区、滨海开发区的能源消耗强度较高，其经济贡献份额也较高；坊子区的能源消耗强度较低，但其经济贡献率也较低，存在较大反差。可见，潍坊市的经济发展仍不够均衡。

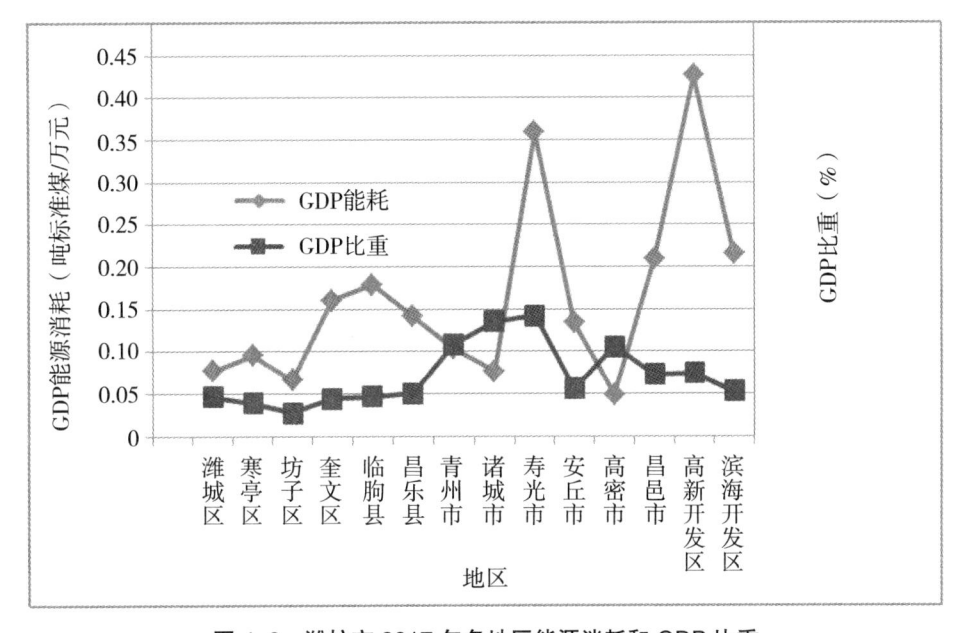

图 4-8 潍坊市 2017 年各地区能源消耗和 GDP 比重

（三）潍坊市低碳经济水平区域差异

依据标准偏差分级原则，对 2017 年潍坊市各地区的低碳经济发展水平进行分类，分类结果是（见表 4-5）：相对低碳经济地区包括诸城市、高密市、青州市；相对中碳经济地区包括潍城区、寒亭区、奎文区、临朐县、昌乐县、安丘市、坊子区；相对高碳经济地区包括寿光市、昌邑市、高新开发区、滨海开发区。可见，加快经济增长模式向低碳型、集约型模式转变，已成为潍坊市各地区经济发展的重要任务。

表 4-5 潍坊市 2017 年各地区低碳经济发展水平分类

发展水平分类	包含地区
相对低碳经济地区	诸城市、高密市、青州市
相对中碳经济地区	潍城区、寒亭区、奎文区、临朐县、昌乐县、安丘市、坊子区
相对高碳经济地区	寿光市、昌邑市、高新开发区、滨海开发区

第三节 潍坊市产业低碳化转型模式与路径

一、潍坊市低碳经济影响因素分析

在低碳经济分析中，可以用 Kaya 公式来具体分解低碳经济的内涵，即

排放 = 人口 × 人均 GDP × 单位 GDP 能源消耗量 × 单位能耗排放量

其中，二氧化碳的排放量取决于人口、人均国民生产总值、单位生产值能耗及单位能耗排放因子四个决定因素。

本研究采用 Kaya 恒等式提出的人口、经济增长、能源强度和能源效率四个因素，在此基础上加入产业结构和城镇化率两个因素[1]，用以全面分析潍坊市低碳经济发展的影响因素。

---

[1] 姚亚敏. 潍坊市低碳经济发展研究 [D]. 济南：山东财经大学, 2015.

1. 经济发展

潍坊市能源消耗与生产总值的关系，如图4-9所示。

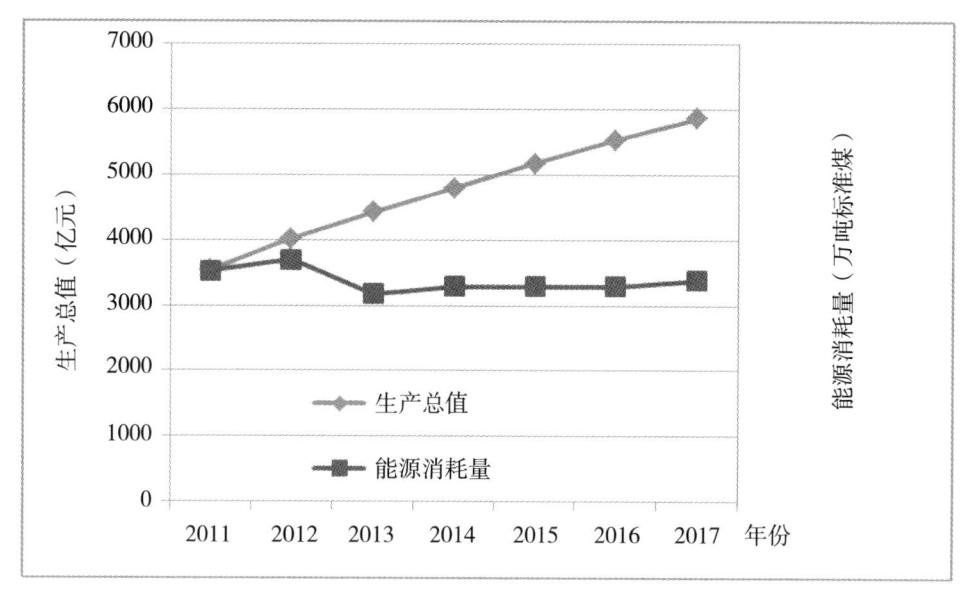

图 4-9 潍坊市能源消耗与生产总值的关系

从图4-9可以看出潍坊市经济一直在持续快速增长，经济发展势头非常好，2017年的地区生产总值达到了5300.35亿元，是1990年的34.8倍；2019年地区生产总值更是达到了5688.5亿元。在潍坊市经济高速发展的同时，能源消耗总量也迅速上升，2017年的能源消耗总量达到了3387.4万吨。2012年以前，能源消耗和经济增长几乎是同步进行的，2012—2013年一次性能源消耗量大幅下降，之后呈缓慢增长态势、增幅不大，经济增长速度明显超过了能源消耗速度。从整体来看，潍坊市的能源消耗一直是随着经济的增长而增加。

2. 能源消耗量

潍坊市经济发展主要依靠以消耗煤炭和石油等化石燃料为主的重工业，在一次性能源消耗中，煤炭的消耗比重一直在75%~80%之间波动。据IPPC报告，一个地区95%以上的碳排放量是化石能源的燃烧造成的[①]，所以潍坊市的碳排放量一直居高不下。如图4-10所示，潍坊市碳排放量与一次能源消耗量一直呈现同步发展态势，碳排放和能源消耗之间具有很强的相关性。

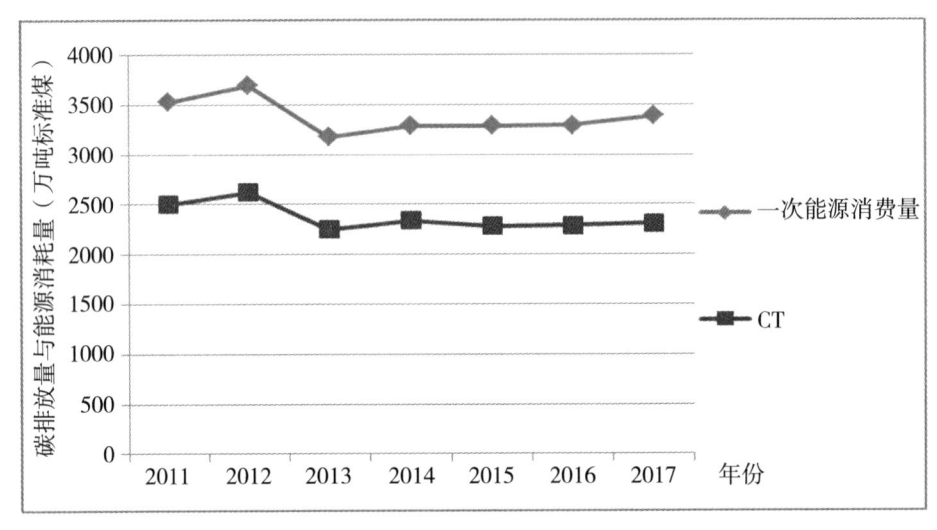

图4-10　潍坊市2011—2017年碳排放量与能源消耗量的关系

3. 能源强度

能源强度（能耗/万元GDP）是反映能源效率的一个重要指标，同时也在一定程度上反映了一个地区的技术进步程度。

由图4-11可以看出，潍坊市碳排放强度和能源强度的相关性也较强。2012年以后，能源消耗强度呈现线性下降趋势，碳排放强度也大体呈现下降态势。究其原因在于，2012年以后，潍坊市大力实施节能减排相关措施，生产总值能耗逐步降低，碳排放的增长速度也得到遏制。2013年碳排放强度出现较大幅度下降（降速为14.45%）；2014年碳排放强度有一定的上升（增速为3.03%），之后碳排放强度也基本保持小幅的下降态势。之后，2015—2017年碳排放强度也基本保持小幅的下降态势。

---

① 姚亚敏.潍坊市低碳经济发展研究[D].济南山东财经大学,2015.

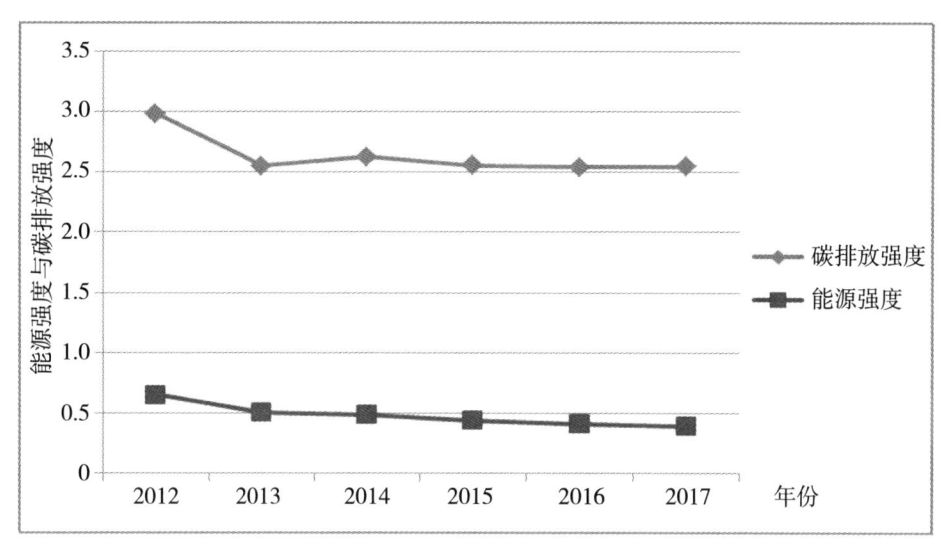

图 4-11　潍坊市 2012—2017 年碳排放强度和能源强度

4. 产业结构

根据国内外关于产业部门碳排放的研究分析可知，在各产业中，第二产业产生的碳排放是最多的。从图 4-12 可以发现，2012—2017 年期间，潍坊市第二产业比重呈现逐年下降的趋势，碳排放强度也大体呈现下降态势。第二产业所占比例虽逐年下降，但是其在各产业中所占的比例还是较大的。2017 年第二产业比重为 45.60%，2018 年为 44.5%，高于全省 44.0% 的比重，也远高于全国 39.7% 的比值。这说明潍坊市虽然在产业结构优化方面取得了一定成效，但是对目前的"高碳"生产模式进行根本性的变革仍旧非常必要。

5. 人口状况

潍坊市的人口一直在增长，2018 年人口总数为 914.15 万人，其中出生率为 11.97‰，死亡率为 6.80‰，自然增长率为 5.13‰，总体上保持着"低出生、低死亡、低自然增长"的状态。

如图 4-13 所示，潍坊市碳排放量随着人口的增加也在增长，但是碳排放的增长速度基本大于人口的增长速度，这可能与人民生活水平的提高有关[①]。2018年城镇居民每百户拥有耐用消费品诸如：家用汽车为71.4辆、电冰箱（柜）为111.6台，洗衣机为107.2台，太阳能热水器为69.5台，空调器为147.5台，彩色电视机为108.1台，接入互联网的计算机为80.2台，接入互联网的移动电话为221.4部。上述数据表明，人民生活水平已经大大提高了，与之相对应的是对能源的需求也加大了，因而在一定程度上也间接地影响了碳排量的增加。

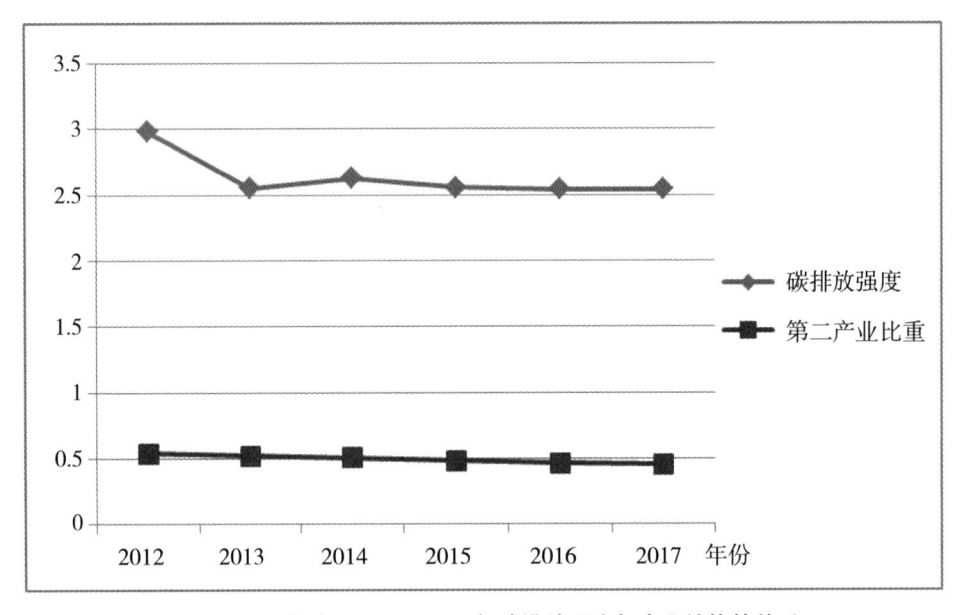

图 4-12　潍坊市 2012—2017 年碳排放强度与产业结构的关系

---

① 姚亚敏.潍坊市低碳经济发展研究[D].济南：山东财经大学,2015.

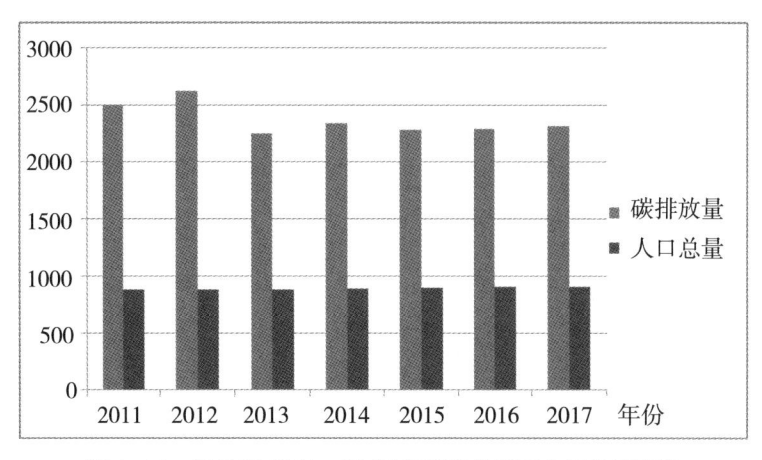

图 4-13 潍坊市 2011—2017 年碳排放量和人口总量变化

6. 城镇化率

城镇化率是衡量一个城市发展程度的重要指标，从图 4-14 可以看出，随着潍坊市城镇化率的提升，碳排放也基本维持逐渐增加的态势。这表明城镇化率的提升明显地影响到碳排放的增加，究其原因，一方面在于城镇居民的能源消耗通常要高于农村居民（魏一鸣等），碳排放量相应增加；另一方面，城镇化的加快还意味着城市基础设施的增加以及城镇务工人员的聚集，从而极大地增加了城镇的能源消耗和环境压力。

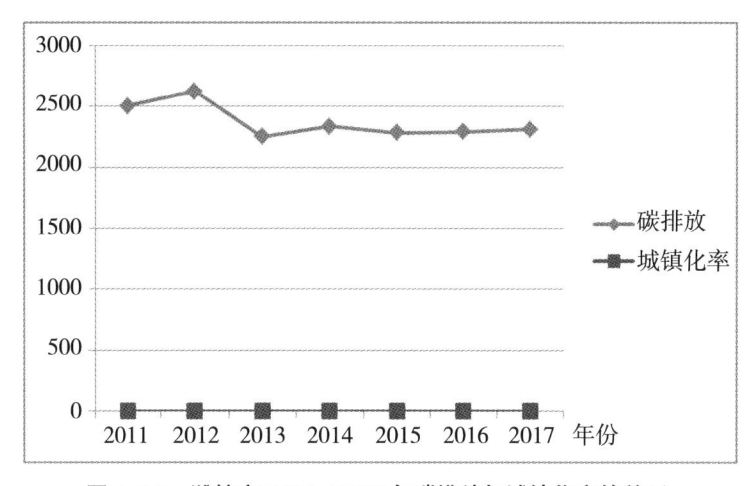

图 4-14 潍坊市 2011-2017 年碳排放与城镇化率的关系

二、潍坊市产业低碳化转型发展模式

（一）碳治理发展模式

发展低碳经济，最主要的是使经济发展模式和消费模式向低碳方向转变，创新关键领域的低碳技术。低碳技术的特征是污染排放量少、资源和能源的合理化利用、废弃物与产品的有效回收以及残余废弃物的环保处置，低碳技术主要包括节能技术、无碳和低碳能源技术、二氧化碳捕捉与埋存技术三大类。

因此，发展低碳经济的关键是要针对温室气体产生的主要途径，重点做好节能、减排和固碳工作，实现资源节约、达到碳治理目标。对于潍坊市碳治理发展模式而言，具体应遵循经济投入的减量化生产、副产品的资源化利用、田地土壤的生态固碳、生产制度的创新等路径，如图 4-15 所示。

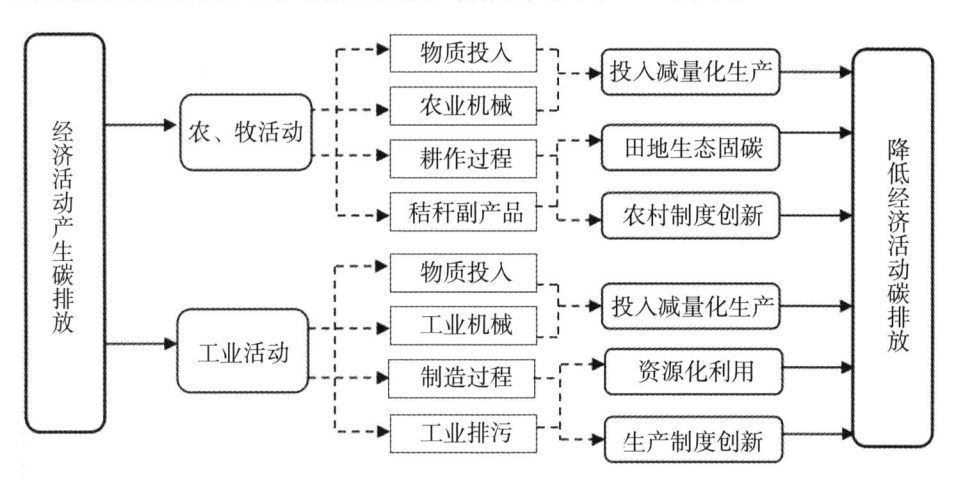

图 4-15 潍坊市碳治理发展模式

第一，投入减量化生产。投入减量化生产主要包括节地、节水、节肥、节药、节电、节油、节柴（节煤）、节粮等节省型生产技术，旨在通过提高资源的利用率实现削减温室气体排放的目的。实行投入减量化生产将是潍坊市低碳模式技术创新的重要路径之一,而其核心路径就是降低污染排放量,重点做好节能、减排和固碳工作。目前潍坊市工、农业生产投入环节还有很大的减排空间,应进一步构建健全资源节约型生产体系。

第二,田地生态固碳。田地土壤对大气温室气体的累积量非常大,占到人类活动释放到大气中二氧化碳气体的四分之一。在减少温室气体排放与环境污染的同时,如能充分发挥田地土壤的"生态固碳"能力,将会提高农田有机质的含量,进而提高潍坊市农业减排的实施效果。

第三,资源化利用。资源化利用主要包括工、农业副产品和废弃物的肥料化、饲料化和能源化应用三大方面。潍坊市每年高达60%的废弃物被闲置浪费或直接焚烧,如能将其肥料化、饲料化或能源化利用,将大大降低养殖业产生的温室气体排放。故而工、农业副产品以及废弃物的资源化利用,将是潍坊市突破资源限制的重要途径之一。

第四,生产制度创新。土地利用变化引起的碳排放是当前碳含量增加的重要来源,约占人类活动总排放量的五分之一。农作、生产制度创新的发展路径以土壤耕作为中心,包括免耕、少耕、水稻直播、灌溉、轮作等多类别技术,能够有效减少土地利用变化,进而建立低碳高效的生态系统。

(二)综合互补发展模式

综合互补型模式同时考虑能源结构、经济结构的优化,能够使经济得到良好的发展、化石能源消耗比例逐渐降低,是一种经济、能源与环境和谐、可持续的发展模式。

如图4-16所示,潍坊市低碳经济综合互补发展模式主要由低碳经济模式创新路径、推广路径、保障路径及服务路径四个子系统构成。通过各子系统之间的协同作用,增强了生态环境发展体系、社会功能发展体系、经济功能发展体系的协同发展,进一步推动了低碳经济模式的创新与发展。

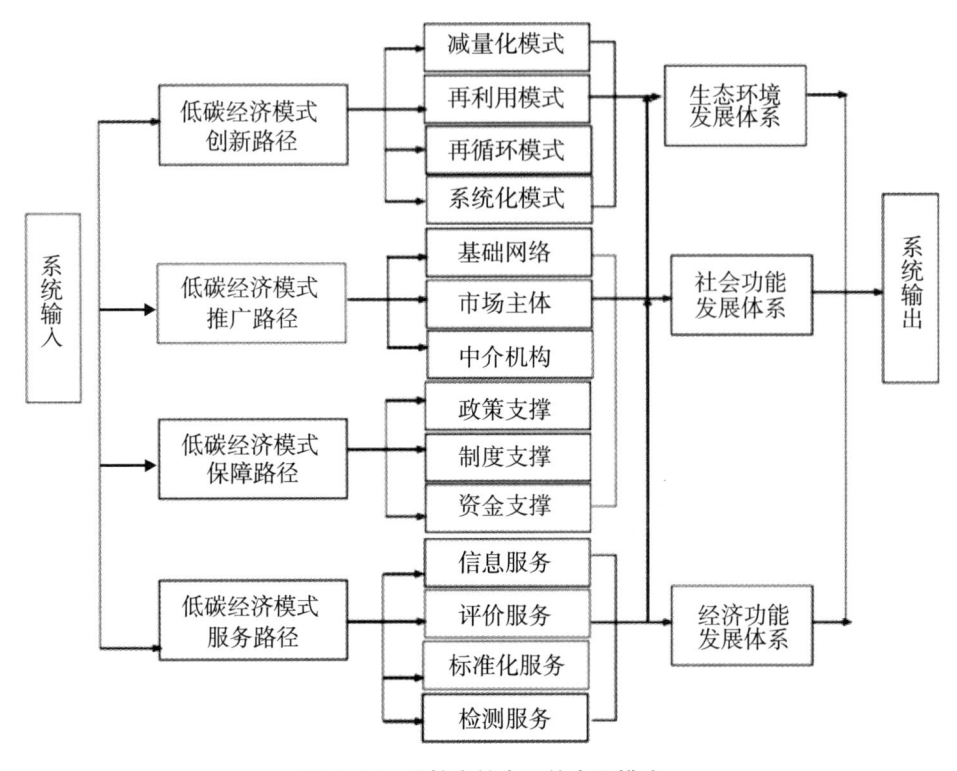

图 4-16　潍坊市综合互补发展模式

第一，低碳经济模式创新。在低碳经济模式创新过程中，潍坊市应遵循减量化发展模式、再利用发展模式、再循环发展模式及系统化发展模式，加强低碳模式创新技术的研发、推动核心关键技术的创新与发展，重点应做好节能、减排和固碳工作，以促进低碳模式创新路径的有效实施，形成低碳经济的生态环境发展体系。

第二，低碳经济模式推广。在低碳经济模式推广过程中，潍坊市要逐步建立和完善全社会、多渠道、多层次的低碳推广体系，逐步推动低碳模式的扩散与推广，以达到较强的辐射效应。应进一步整合、巩固、提升现有政府主导的低碳推广资源，使之向公益性的主导取向转变；同时，进一步完善基础网络设施，调动市场主体的积极性，发展低碳模式中介机构，构建多元化的低碳模式推广体系，形成低碳经济的社会功能发展体系。

第三，低碳经济模式保障。在低碳经济模式保障过程中，潍坊市应侧重建立低碳经济发展的政策支撑、制度支撑及资金支撑。各级政府分别从低碳模式的优惠政策及奖励措施、相关配套机制及基础设施、研发经费及推广资金的投入等方面，建立健全低碳模式的保障支撑机制，从而形成低碳经济的社会功能发展体系。

第四，低碳经济模式服务。在低碳经济模式服务过程中，潍坊市要积极开展低碳模式信息服务、评价服务、标准化服务及低碳产品质量安全监督与检测服务。通过低碳模式信息化服务，提高信息传播范围、增强低碳模式应用与扩散的力度；通过低碳模式评价服务、标准化服务及质量监测服务的健全，提高低碳模式应用与推广的服务水平，形成低碳经济的经济功能发展体系。

三、潍坊市产业低碳化转型发展路径

产业低碳化转型发展路径主要受到以经济利益为基础的市场化机制所决定的内在驱动力，以及由市场、社会、技术、政策等外在环境因素所决定的外在驱动力的影响，是内外动力共同作用的结果。

如图4-17所示，在技术与制度锁定约束下，潍坊市产业低碳化转型主要由资源企业及关联性产业、工人、农户、中介机构、政府、高校及科研院所等诸多主体，在资源禀赋、社会环境等条件下相互耦合而演化为具有强烈根植性的自组织过程。潍坊市是农业大市，在产业转型发展过程中，农业产业的低碳化调整尤为重要，低碳技术创新与推广、低碳制度创新与完善等要素贯穿其产业演进全过程。

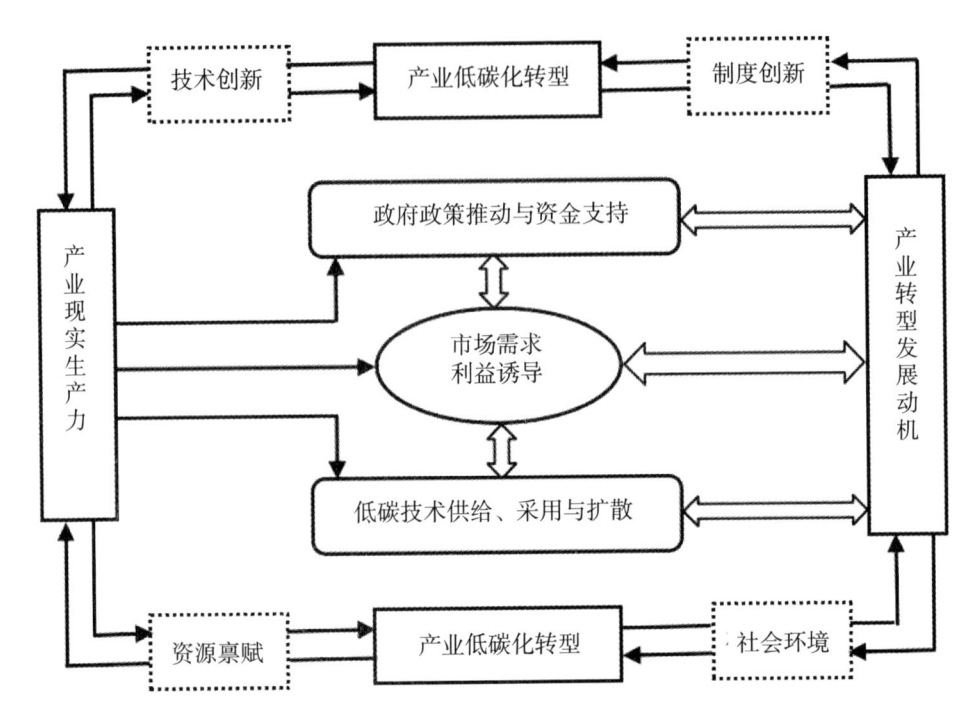

图 4-17　潍坊市产业低碳化转型发展路径

第一，低碳技术创新发展路径。低碳技术的供给、采用与扩散是潍坊市产业低碳化转型的关键路径，其中技术供给主体主要包括企业与组织、科研机构与院所及技术推广组织，扩散中介主体包括经营企业、合作组织及技术培训会与现场会等，技术采用主体主要包括广大用户及部分企业。在产业市场需求利益诱导的内在驱动效用下，低碳技术从技术供给主体向扩散中介主体并最终向技术采用主体传播与扩散。

第二，低碳制度创新发展路径。产业转型发展的内在驱动产生后，在技术创新及制度创新等外在动力驱动下，通过产业主体的转换作用，转化为现实生产力，其产生的经济效益分别在政府、市场及技术参与方之间进行利益分配，进而诱发了产业发展与创新活动，同时产业转型发展也反作用于市场竞争与消费行为，从而激发了新的发展动力。在产业调整过程中，技术环境、产业环境、制度环境、资源禀赋及社会环境等外在环境相互影响，促进了产业的低碳化转型进程。

第三，低碳系统耦合驱动发展路径。在资源市场与外部环境的拉引及影响下，产业转型发展的内在动力因素与外在驱动因素交互作用，辅以政府政策与资金的支持，形成产业低碳化转型的耦合系统。在低碳系统耦合驱动发展过程中，耦合驱动力推动信息、技术、资金在产业生产与消费领域循环流动，使产业低碳化转型呈现多动力源共同作用的、螺旋式上升的动态演进过程。

第四节　潍坊市产业低碳化转型发展建议

潍坊市产业低碳化转型应从该区域的实际情况出发，根据已经提出的低碳发展思路和目标，制定具有潍坊特色的低碳转型发展道路。

一、潍坊市产业低碳发展总体建议

1. 制定政策体系，完善政策支持与保障

为确保低碳经济的有序发展，潍坊市应制定全面的政策体系，从而完善低碳经济增长的政策环境。首先，潍坊市应继续强化低碳经济发展的法律体系，并规范低碳经济发展的制度保障；其次，潍坊市应进一步完善经济政策体系，建立完善的碳税政策以及碳补偿政策；此外，还应进一步调整产业政策体系及能源政策体系，继续建立健全减碳政策体系以及科技政策体系，从而建立健康的低碳市场环境，为低碳经济发展提供全面的政策支持与保障。

2. 调整产业结构，助力新旧动能转换

潍坊市应进一步调整产业结构，积极引导第二产业低碳化转型，鼓励低碳减排，大力推动企业转型、淘汰落后产能，深入分解生产环节、保证产销低碳化；同时，还应加大限制传统能源开采、提高能源利用效率，继续调整能源结构、鼓励新能源开发及应用。通过调整产业结构和经济结构，助力潍坊市新旧动能转换，为低碳经济增长提供根本保证。

3. 创新低碳技术，应用推广低碳模式

潍坊市应进一步加大科技投入、搭建技术创新组织机制与交易平台，大力提倡自主研发新技术，包括大力发展煤炭清洁高效利用技术、研发碳捕捉与封存技术、开发新能源和可再生能源以及加强二氧化碳治理技术创新等，推动建立以企业为主体的技术创新体系、加大企业与高校及科研机构的深度合作与协同创新，同时继续鼓励低碳技术引入、强化低碳技术合作与应用。通过开发与创新低碳技术，在全社会中进一步加大低碳模式的应用与推广。

4. 完善碳排放市场，提高碳汇存量

潍坊市应建立完善区域性碳排放交易市场，健全碳排放交易审批机构、碳交易中心、碳汇检测中心、碳排放认证中心等机构；应进一步加大森林保护力度、发展植树造林，继续改造低产低效林，提高森林碳汇面积，还应继续加大对宜林荒山与荒地造林绿化的资金投入，加大城市园林绿地建设的支持力度。通过完善碳排放市场，提高全市碳汇存量，从而为生态文明城市建设提供基本保障。

5. 倡导低碳生活，建设绿色潍坊

潍坊市应进一步加大对低碳生活方式和消费理念的宣传，引导居民低碳化生活；建立完善低碳产品政府采购制度，引导政府机构及相关部门低碳采购；倡导低碳出行，引导用户积极使用低碳能源；还应在全社会开展节约能源，保护环境的宣传活动，使低碳理念深入人心。通过积极营造低碳文化氛围，引导

城乡居民低碳生活，为建设绿色潍坊提供有力支持。

二、潍坊市低碳模式应用推广建议

对潍坊市低碳模式应用推广有以下几个方面的建议。

第一，确保低碳模式支撑体系协同发展、有效运作。潍坊市应进一步加强人才队伍建设，提高人才队伍素质，培养低碳经济模式创新型人才；应逐步加强低碳模式技术研发力度，不断完善低碳模式技术推广体系；应制定和健全低碳技术政策法规，进一步提高低碳技术服务水平，从而为低碳模式支撑体系的应用提供可靠及完善的支持与保障。

第二，广泛开展低碳模式应用与推广。潍坊市各地区应针对本地实际情况制定适宜的低碳技术模式与推广措施，全面开展减少化学品投入的技术模式利用。应制定长期稳定的战略性、方向性低碳产业政策，积极促进低碳产业高效、有序发展，进而促进经济向集约型、低碳化、可持续性方向发展。

第三，健全能源可持续性发展战略。应认清潍坊市能源发展现状、特点及面临的形势，明确能源发展取向及目标，瞄准主攻方向构建现代能源体系。继续贯彻节约优先理念，倡导节能生产消费模式，其内容包括优化调整产业结构、推动重点领域节能、大力发展节能产业、完善节能工作机制等；应实施多种保障措施，包括建立规划实施机制，健全政策法规体系，统筹政府市场作用，鼓励能源创新发展，加大能源监管力度，强化能源保障安全，积极推进开放合作，等等，以确保能源建设目标的顺利实现。

第四，进一步完善新能源产业政策。政府应强化对新能源产业政策的引导与实施，激发企业对新能源产业的投资意向与运营信心；应继续加速新能源产业技术创新与进步，促进新能源创新成果尽快实现产业化；政府应进一步加强对新能源产业的监督与管理，强化市场监督与管理，完善信息咨询及培训等技术服务，为新能源产业的可持续发展提供服务保障。

第五，建立完善的低碳科技体系。潍坊市应积极完善低碳科技投入、评估与激励体系，重点培育低碳核心科技项目的研发，形成创新氛围浓厚的科研环境；应进一步健全节能减排项目的科技支撑，进一步调整优化能源消费结构，有效实现节能减排的低碳经济发展目标；应进一步完善低碳技术创新组织与交易平台，促进低碳技术研发与创新的速度，提高创新产出的能源与经济效率，进一步推动科技成果的经济化进程。

第五章

价值链下科技创新与产业升级案例

第一节 豪迈集团创新发展实践

一、豪迈集团简介

豪迈集团始创于1995年,地处山东半岛蓝色经济区的高密市。自成立以来,始终坚持"乘风破浪创新路,豪迈向前立潮头"的企业精神,大力开展全员创业创新,从一个只有34名员工、113万元资产、负债率96%的小作坊,成长为拥有1万多名员工,4家国家高新技术企业(包含3家国家级高新技术中心)、1家上市公司(豪迈科技)、60多家分(子)公司、6家海外公司(美国、匈牙利、泰国、印度、印度尼西亚、巴西),总资产102亿元的国际化集团企业。2019年,豪迈集团实现产值80亿元,营业收入66.7亿元(同比增长14.56%),利税20亿元(利税率30%),出口创汇5亿美元。

豪迈集团产品涉及轮胎模具、高端机械零部件、油气装备、化工装备、精密锻造等,与美国GE、德国西门子、法国米其林、日本普利司通、德国大陆等20多家世界500强企业展开深度合作。豪迈集团拥有轮胎模具、气门芯等制造领域的多项世界冠军,轮胎模具的全球市场占有率超过30%。豪迈集团也是世界上有影响力的高端机械零部件制造商,产品涵盖风电、燃气轮机、工程机械、轨道交通等领域,可为客户提供设计分析、铸造、焊接、加工、装配"一站式"服务。豪迈集团自主研发连续流化工装备,陆续开发连续流微通道反应器、连续流管式反应器等产品,打破国外垄断,开启中国化工行业梦寐以求的"更高效、更安全、更环保"的微型化工新时代;成功研制高效节能螺旋管式热交换器、耐腐蚀碳化硅热交换器,其中碳化硅陶瓷管换热器被誉为一次耐腐蚀换热器的技术革命,高效节能换热器进入核电领域。

二、豪迈集团业务领域

(一)轮胎制造领域

豪迈集团掌握着成熟的轮胎模具电火花加工工艺,能够加工钢质和铝质的轮胎模具花纹。同时,还掌握着雕刻工艺和精密铸造工艺,是世界上同行业少有的熟练掌握三大加工工艺的公司[①]。集团的轮胎制造领域业务范围主要包括以下几方面。

其一,制造轮胎模具。轮胎模具年产能达到2万套,品种涵盖乘用车、轻卡车、载重车、工程车、巨型工程车、飞机、摩托车等轮胎模具,以及工业实心胎模具和胶囊模具等。

其二,橡胶机械(清洗)机。2007年,豪迈集团研制出具有自主知识产权的巨型轮胎液压硫化机,使巨型轮胎的硫化装备由硫化罐时代进入硫化机时代,降低了操作人员的劳动强度,提高了安全系数,轮胎质量也大幅提高,目前整机已出口到日本、白俄罗斯和印度等国家。

其三,气门嘴(气门芯)。山东豪迈气门嘴有限公司是豪迈集团旗下专业生产高端气门嘴的公司,成立于2007年,具备年产各种气门嘴1.2亿套、气门芯10亿只的能力;连续每年保持40%的增长速度,出口占生产总值的50%。

(二)高端机械制造领域

2007年,豪迈集团进入高端机械零部件制造行业,构建了优良的制造体系。拥有自己的铸造工厂、焊接工厂、机械加工工厂,能够提供从毛坯到成品的整

---

① 钱焕涛,张辉.创新让传统产业焕发新活力[J].今日中国,2017(12).

体解决方案和一站式服务，产品涉及压缩机、燃气轮机、风电、工程机械、深海钻探和轨道交通等领域，并得到了多家世界知名公司的青睐。

豪迈集团在高端机械制造领域的业务模块包括燃气轮机部件、风电项目（变速箱）、压缩机零件加工、航空模具、工程机械和轨道交通。集团拥有 MAZAK、PAMA、TOSHIBA、TOS、Okuma、DMG 等高精度进口设备，可以提供从几千克到几十吨的不同产品的加工服务，加工能力突出；拥有精密量具精度校验中心，能进行独立的测量设备校验，保证测量精度，同时能够为客户提供 CMM 检测方案、测量程序及检测分析报告优化设计等服务，检测能力优秀；拥有专业的工程技术团队，在职高级工程师 20 多名，设计工程师、工艺工程师共 200 余人，具有独立设计制作的能力，拥有丰富的风电产品、燃气轮机产品、压缩机产品、轨道交通产品、航空模具产品的工艺技术开发经验，工艺技术能力卓越。

（三）油气装备领域

豪迈集团遵循 ASME、AWS、ISO、AS/ANS、GB 等标准，拥有多种材料的 PQR，如碳钢、不锈钢、双相不锈钢、超级双相不锈钢、钛材、锆材、铜镍合金、钽材、镍基合金（包括哈氏合金）等及其复合板，工艺评定能力突出。集团取得了 ASME U/U2 钢印和 NB R 钢印、ABS、BV、PED、ISO3834、DNV GL、CCS、EN15085、IRIS、API、TSG 等 20 多项行业资质认证，可提供高品质的产品和服务，主要为钻采、油气处理、石油化工、医药化工、冶金等领域提供压力容器、换热器、反应器、成橇、模块及深海钻采等产品。公司还建立了光伏电站，将可再生的清洁能源用于生产，起到了节能减排、保护环境的作用，具有良好的节能效益、环保效益和社会效益。

经过 10 多年的发展，豪迈集团在油气装备领域已成为中国领先的 ASME 产品出口商，化工行业领先的设备提供商，世界油气行业知名的成橇装备供应商，中国首家深海钻井隔水套管制造商；同时，依托世界先进的机加工能力，豪迈集团具备了"焊接加工一体化"的独特优势，产品出口60多个国家和地区，常年为国内外一流公司提供优质可靠的产品及保障。

三、豪迈集团创新优势

（一）文化优势

豪迈集团奉行"努力把豪迈建设成员工实现自我价值、奉献社会的理想平台"的宗旨，秉持"改善即是创新，人人皆可创新"的创新理念，营造"鼓励创新、宽容失败"的氛围，不断创新改善，强化内部管理，积极寻求全球范围内的合作，向着"成为一流公司"的宏伟愿景阔步前行。

豪迈集团认同与员工合伙、合作的关系，秉承工作着、学习着、进步着、创造着、收获着、快乐着的工作理念，奉行人人有目标、事事有人干、行为有规范、结果有激励的管理理念，坚持勇于创新、持续超越的豪迈精神，人才理念上认同有用就是人才、人人皆可成才、人人尽显其才，学习理念上奉行干什么学什么、缺什么补什么、做什么悟什么，工作作风上追求快速反应、马上行动，质量理念上关注客户需求、持续改进提高，努力营造享自尊、得关爱、崇公平、敬创新、爱团队、重效率的工作氛围。

（二）技术优势

富有特色的企业文化，强大的技术研发能力，雄厚的机械加工实力，以及在东南亚、北美、欧洲等地区较完备的售后服务体系，使豪迈集团赢得了国内外众多著名企业的信赖。豪迈集团与10多家世界500强公司有着深度合作，有为其提供品质产品和服务的经验。

豪迈集团拥有行业领域领先的技术优势，获得多项行业领域技术奖项与荣誉称号。豪迈集团是国家火炬计划重点高新技术企业，国家科技型中小企业技术创新优秀企业，中国专利山东明星企业，建有国家、地方联合工程实验室。豪迈集团获得了米其林、德国大陆、倍耐力、GE、西门子、三菱等众多国际高端客户的嘉奖，曾获评普利司通系列模具合格供应商、米其林供应商杰出贡献奖、GE2008 年最佳新供应商、大陆最佳 PLT/CVT 模具供应商、阿奇夏米尔"2015 年度十佳供应商奖"，固特异 2009—2011 年供应商评估位列第一名，是连续 4 年的固铂最佳供应商。在国内荣获全国五一劳动奖状、制造业单项冠军示范企业、中国机械工业科学技术奖一等奖、国家企业技术中心、中国模具工业协会"精模奖"、山东省科学技术进步奖一等奖、2013 年新产品研制优秀奖、2015 年快速成长优秀奖等奖项，获得质量管理体系、环境管理体系、职业健康安全管理体系、知识产权管理体系等认证。

（三）教育优势

豪迈集团设有培训科，开展新员工培训、员工在职培训等通用类培训，其中员工在职培训包括管理人员培训、骨干员工轮训、优秀员工封训、拓展训练等不同类别的培训。同时，借助职业学校的平台，开展高级技师班等专业技能的培训。

为帮助员工充分实现自我价值，豪迈集团建立了健全的培训体系，开设系列培训课程，提供专业教材等学习资料，采用逐级学习提升的方式，每一级别与各项荣誉激励和员工的职业生涯发展相结合，提高了员工的专业技能和素养，为员工搭建了成长成才的通道，也为公司的发展储备了优秀人才。

四、豪迈集团创新价值与机制

（一）改善就是创新，人人皆可创新

豪迈集团以构建共同价值观为引领，挖掘员工创新潜能，实施全员创新、人人创新，企业发展的内在活力和根本动力持续增强。

其一，创新内容涉及面广。在豪迈集团，事事皆可创新，无论是在成本、效率、质量等方面，还是在处事公平、厂区或产品美观等方面，只要有改善就是创新。例如，将工作质量或者工作效率提高的做法就是创新行动，提出创新想法并能够完成的就是创新者。2019 年，共收到创新提案 31.3 万条，为公司创造效益约 1.15 亿元。

其二，创新门槛起点低。坚持"改善就是创新"的理念，克服员工对创新的仰望和畏惧心理，增强员工特别是低学历员工创新的勇气和积极性，使创新成为"人人可做、时时可做、事事可做、处处可做"的事情，使每一位员工都能在创新中找到存在感。豪迈集团有一名员工原是一家集体企业钳工，2003 年入职豪迈集团后，低门槛的创新观激发了其创新热情，一年内提出合理化创新建议 50 多项，成为有名的"创新专业户"。在豪迈集团，既有高端人才在创新中如鱼得水、大展才华，又有一大批技校生的创新潜质得到充分释放。

其三，创新源泉设在"一线"。把创新主战场摆到生产现场，把创新主动权交给"一线看得见炮火的人"。豪迈集团在每个车间和办公场所设置创新提案看板，平时研发人员和生产一线员工提出的创新提案贴在看板上，创新专员每周收集并汇总，相关专业人员负责组织论证、设计和实施，做到"快速反应，马上行动"。在车间设立的劳模创新工作室，已孵化出或按项目或按工种的大大小小的创新工作室（创新团队）127 个，有 3000 多人次先后获得 704 项国家专利，其中发明专利 113 项。

（二）鼓励创新，宽容失败

豪迈集团把创新作为企业生存与竞争的锐利武器，在鼓励员工树立创新自信的同时，更加突出"宽容失败"。豪迈集团董事长张恭运说，"创新失败的代价可分段控制，创新成功的收益却难以估算"。

其一，营造宽容失败的创新环境。强调"创新成功者光荣，创新失败者虽败犹荣"，规定"任何人在任何时候都不得对创新者冷嘲热讽"。创新工作中，豪迈集团免费提供试验平台，不管是否成功，所需一切费用都据实报销。对创新失败的宽容，鼓足了员工大胆创新的勇气。一名工程师发明的爆胎稳向系统，获得国内外多项发明专利，集团共投入300多万元，虽然因陷入"逻辑真空"而被束之高阁，但是公司仍然奖励他一部68万元的汽车。

其二，建立激励创新机制。设立一系列物质奖励和精神激励措施。一是设立创新奖励基金，奖金从100元到上万元不等，受奖率达90%，2019年共发放奖励资金538万元。二是通过内部刊物每月刊登创新项目，定期评选创新标兵。三是创新成果记入职工成长档案，作为工资提升、岗位晋升、入股企业等的重要依据，每年的新股东推选坚持向创新者倾斜。豪迈集团的创新实践，不仅成为高密市周边企业学习的榜样，连世界著名企业GE等公司也组团前来取经。

（三）资合人合，恒产恒心

豪迈集团致力于把企业办成"职工实现自我价值、奉献社会的平台"，在这个平台上，企业与职工是"合伙合作"关系，形成利益、事业、精神共同体，为全员创新提供"永动力"。

其一，股权激励是实施创新的"点火器"。豪迈集团从创办之初，就致力于促进资本与劳动的有效融合，坚持"没有绝对控股权的股权机制"，逐年降低大股东的认股权，持续吸纳优秀员工入股，通过"资合"实现"人合"，最终达到"心合"。职工们常说，入股"能给彼此带来价值"，能够在自己的公司施展抱负、实现自我价值，感到很光荣和自豪。

其二，让更多员工成为"合作伙伴"是实施创新的"助推器"。豪迈集团发起之初，由董事长张恭运与三名合伙人共同出资。2000年，敞开大门吸收员工入股，在个人自愿并经员工评议的基础上，股东人数达到46人。历经多年股权变更，截至2019年年底，集团在册员工股东3500人，股票价值过亿元的10人，过千万元的上百人，过百万元的300多人。员工入股已经成为一种身份和价值的"标签"，拥有入股资格、认股权的多少已经成为工作能力的标志。

其三，股东退出机制是实施创新的"动力器"。为保证员工持股的正向激励，避免出现"只坐船不划桨"坐等分红的"食利阶层"，豪迈集团每两年组织一次全员参与的股东资格及认股评议活动，将"不合格股东"移出股东队伍；继承、退休、病退股东持有的股份，只按财务年度现金分红，股本不再增长；较大股权的股东不再拥有认股权，把更多的机会让给小股东和新股东。以上这些机制，确保了每一位职工成为股东后依然能保持创业的状态、创新的主动和自觉。

第二节　潍坊千亿级磁悬浮产业链发展实践

一、布局千亿级磁悬浮产业链

为发挥潍坊市在磁悬浮技术及产业化发展方面的先发优势，助推形成千亿级的磁悬浮动力装备产业，打造国家重要的磁悬浮产业基地，潍坊市出台《关于加快打造千亿级磁悬浮产业的实施意见》，规划建设磁悬浮动力装备产业园。潍坊市以高新开发区为核心，统筹布局建设500亩的磁悬浮动力装备产业园。重点发展磁悬浮鼓风机、磁悬浮冷媒压缩机、磁悬浮低温余热发电机（ORC）、磁悬浮空气压缩机等相关产业，建设磁悬浮动力装备公共展示展览示范平台，以此带动形成完整的产业链,力争5年内磁悬浮产业营业收入达到500亿元左右，10年内突破1000亿元。

潍坊市积极提升磁悬浮动力装备创新能力，支持创建潍坊市磁悬浮动力装备创新创业共同体。依托潍坊磁悬浮产业技术研究院，支持引进国外磁悬浮团队，推进与清华大学、浙江大学、山东大学、中科院等高校院所合作，集聚全球磁悬浮产业高层次人才团队，突破磁悬浮冷媒压缩机、磁悬浮低温余热发电机（ORC）以及磁悬浮空气、蒸汽压缩机等关键核心技术，提升创新能力和产业化水平，建设政产学研金服用新型创新体系。同时，制定国家磁悬浮产业技术标准。支持磁悬浮相关企业主导或参与磁悬浮技术标准的制定，支持申请筹建全国磁悬浮动力技术标准化委员会。

二、引才引智构建人才链"强力磁场"

近年来，潍坊市聚力招才引智，不断推出人才新政，吸引磁悬浮产业领军人才和专业人才落户。对标世界最先进水平，系统梳理磁悬浮产业发展的突出短板与弱项，实施短板突破计划，以揭榜制等方式持续支持关键核心技术产业化协作攻关。潍坊市人社局和潍坊市科技局牵头制定《潍坊市柔性引进人才实施办法》，从集中资源延揽人才、鼓励企业引育人才、优化人才发展环境三方面，对人才创新创业提供优惠扶持。

潍坊市科技局帮助磁悬浮产业"链主"企业天瑞重工柔性引进英国两院院士、潍坊市泰山产业领军人才及博士硕士研究生等高层次人才，对接专业院校联合培养磁悬浮专业技术人才，加快造就数量多、结构优、素质高的磁悬浮科技创新人才队伍，不断增强创新高地建设的智力资本储备，助力企业开展前瞻性研究和技术联合攻关，助推企业快速突破技术瓶颈。今后，潍坊市还将继续加大招才引智工作力度，出台更多有利于人才创新创业的优惠政策，构建企业高质量发展的人才链"强力磁场"。

三、科技创新构筑产业链"四梁八柱"

科技创新引领，全产业突破。为迅速做大做强磁悬浮产业，潍坊市科技局帮助天瑞重工成立潍坊磁悬浮产业技术研究院，帮助企业积极引进世界顶尖的磁悬浮团队，以及中科院、清华大学、浙江大学、山东大学、中国海洋一所等国内高校院所高端人才，提高磁悬浮科技创新支撑能力。支持企业申报省级以上重点实验室，引导企业增加研发投入，加快建设高速电机及驱动、云平台及大数据、磁悬浮动力研究、热能与动力工程、智能与精密制造5个实验室，支持引导企业在"卡脖子"技术、原创性技术、颠覆性技术、前沿性技术、应用性技术方面研究攀登，积极抢占科技创新制高点。

稳定支持基础研究和应用基础研究，助力企业重点突破五大产业共性关键技术和九大个性关键技术，研发磁悬浮冷媒压缩机、磁悬浮真空泵等九大科技创新节能产品，构建磁悬浮产业链发展的"四梁八柱"。当前，天瑞重工正努力拓展磁悬浮产业链条，积极培育磁悬浮技术新动能、新产业，打造千亿级磁悬浮动力装备产业，使之成为山东经济高质量发展的新引擎。

四、协同发展构造价值链的"千家万户"

面对潜在的千亿级新兴产业，为支持磁悬浮关键技术研究和科技成果转移转化，满足产业发展需求，潍坊市政府主导建设磁悬浮动力装备产业园。目前以天瑞重工为龙头的磁悬浮生产基地，正在加快布局建设。磁悬浮生产基地项目一期计划用地67.8亩，计划总投资3亿元，建设生产车间3座，研发大楼1座，总建筑面积5万多平方米。该基地建成后，不仅要持续加大对磁悬浮动力装备科技创新、产品研发等方面的成果转化，形成年产磁悬浮鼓风机15亿元的生产能力，还将凸显磁悬浮产业的平台作用，加快推进潍坊磁悬浮产业与世界接轨。公司将引进和培育各类高端技术人才，孵化多家潍坊高新技术企业，通过产业集聚，形成上下流产业链，完成近百项核心技术转化成果。

天瑞重工经过多年的技术创新攻关积累，已经在磁悬浮动力装备关键技术上取得重大突破，成为我国少数掌握磁悬浮关键技术的领军企业，研发的磁悬浮鼓风机达到国际先进水平，实现产业化，填补潍坊市磁悬浮产业空白。依托磁悬浮技术研发的磁悬浮离心鼓风机，天瑞重工走上一条高质量发展道路，连续三年保持30%以上的增长速度。目前，磁悬浮高速电机、磁悬浮冷媒压缩机等系列产品已经进入产业化阶段。

潍坊市进一步发挥"链主"企业天瑞重工的孵化器作用，围绕产业发展布局，开展招商引资，加快产业链关键资源整合，实现技术、资本、管理有效聚合，企业、园区、孵化器有效承载，把优秀科技成果就地转化为新产品，培育新业态，打造产业发展竞争新优势。积极引导"链主"企业带动上下游企业"结伴出海"协同发展，形成"百花齐放"的态势。

目前山东省已经初步形成了以天瑞重工为核心的磁悬浮动力装备产业链、创新链、资源链、资金链及用户链的生态系统资源，磁悬浮产业"链主"企业与上下游企业进行紧密的业务协作，形成了创新协同、产能共享、产业链供应链互通的新型产业生态。在今后的发展中，将进一步推动集群企业与信息服务、数字创意、智慧物流、现代供应链、会展经济等生产性服务业融合发展，构造磁悬浮价值链的"千家万户"，打造成千亿级磁悬浮动力装备产业。

第三节　潍坊市产业集聚发展实践

潍坊市积极推动产业集聚发展，培育壮大产业规模。超前布局一批新兴未来产业，促进产业集聚发展，培育优势科技企业，围绕特色产业化，培育壮大高新技术产业规模，扶持发展新兴高新产业，促进传统产业转型升级，提高产业核心竞争力。

一、培育壮大高新技术产业规模

潍坊市坚持把提升高新技术企业自主创新能力作为推动创新发展的战略重点，培育壮大创新企业群体，培育提升全市一批掌握核心技术的高科技企业成长为拥有自主知识产权、具有核心竞争力的高新技术企业，不断提升创新发展的层次和水平，促进潍坊市产业结构调整和经济发展方式的转变。

（一）培育发展瞪羚企业

修订完善潍坊市支持瞪羚企业发展的政策，通过资金、项目、空间、人才等政策的倾斜支持，加快实现瞪羚企业群体的发展壮大，以点带面助推新技术、新产业、新业态、新模式的应用和发展。依托潍柴动力、歌尔股份等龙头企业，进一步做亮大企业平台孵化特色，全力加快潍柴动力、新和成药业等龙头企业扩能提升，支持龙头骨干企业倍增发展。深度对接互联网、云计算、大数据等业态，打造"互联网+"产业模式，促进产品升级、产业升级、价值链升级。

（二）加快培植引领发展型科技企业

完善覆盖不同发展阶段的企业创新扶持政策体系，加快培育发展高新技术企业。支持自动泊车、装配式建筑、集成芯片技术等研发和应用，加大"双招双引"力度，大力引进战略性新兴产业、高新技术产业领域企业，促进高端装备、节能环保、新能源新材料等优势产业向高端高质高效方向发展。研究出台《关于厚植高新技术企业发展的实施意见》，持续优化高新技术企业发展政策环境。

（三）培植壮大高新技术企业集群

认真做好高新技术企业培育工作，加快培育壮大高新技术企业集群，重点以产业园区为依托，整合集成各类创新创业资源，进行倾斜扶持、重点培育，使其尽快成长为高新技术企业。依托潍坊高新区，超前布局一批新兴未来产业，进一步提升半导体发光创新型产业、高端动力装备产业等国家级创新型产业（试点）发展水平，提高产业核心竞争力。在科技型中小企业中，遴选一批科技含量高、发展速度快、成长潜力大的企业，作为培育高新技术企业的后备力量。

（四）壮大高新技术企业规模

将培植壮大高新技术企业规模、发展高新技术产业作为推进新旧动能转换的重要抓手，按照省高新技术企业倍增计划要求，围绕潍坊市传统优势产业，深入实施高新技术企业"育苗造林"行动和"小升高"计划。依托省科技厅建立的高新技术企业培育库，持续推进组织科技型中小企业"入库"工作。广泛发动符合条件的企业参加科技部科技型中小企业评价，作为高新技术企业的后备力量进行重点培育，助力潍坊市企业充分享受国家税收优惠政策。

二、扶持发展新兴高新产业

（一）智能装备产业

依托潍坊市先进装备制造的产业优势，着力推进工业生产过程控制系统及高性能智能化现代技术工艺设备导入应用工作，广泛采用电子信息、先进制造、清洁生产及节能降耗等高新技术对传统产业进行嫁接改造，着力发展"互联网+"在装备制造领域的推广应用。加强自动控制、光电控制技术、嵌入式软件、新型自动化仪器仪表、光电传感器的研发与应用，发展先进技术装备业。

配套支持精密模具的开发、应用。做好山东晨宇电气股份有限公司"高铁牵引变压器的调容降耗、智能化研究及产业化"项目、山东华龙农业装备股份有限公司"大葱生产全程机械化关键装备智能优化提升与产业化"等项目建设。到2025年，工业优势行业中的骨干企业技术装备达到国内领先水平，部分达到国际领先水平。

（二）生物和新医药产业

立足区域行业基础优势，重点开展药物新品种、新剂型及制剂技术，缓、控、速释药物制备技术，生物反应及分离技术等方面的攻关，研究开发人体用药、新型兽药、中药、微生物饲料添加剂、重大疫病疫情防控用药及生物农药、生物肥料、生物饲料等。

以潍坊诺达药业有限公司为重点企业，大力开展中药、中兽药的研发、生产和推广使用，带动发展绿色、无公害畜产品生产。以山东中科嘉亿生物工程有限公司、山东京青农业科技有限公司为重点企业，开展益生菌、微生物菌剂研发生产，鼓励企业同中科院等科研院所建设产业研究院。全面深化与中科院上海药物所为代表的国内外相关研发机构在人才培养、药物临床试验、药品中试加工等方面的交流合作，加快推进新药中试报产平台落地建设。对接储备一批可以落户平台的医药研发生产项目、创新企业及高端人才。

按照政府主导、企业主体、市场化运作的模式，以高端制剂和医疗器械为重点，整合生物医药产业链上的有关优势资源，建设销售外包服务平台（CSO）、研发外包服务平台（CRO）、生产外包服务平台（CMO）三大平台，打造集医药研发、生产和销售于一体的创新发展的医药产业集聚平台。

（三）电子信息产业

电子信息产业的发展主要以物联网数字化城市和智慧水务为技术主攻方向，以物联网智能抄表为主要产品方向，实施好山东潍微科技股份有限公司"供水管网漏损监控大数据分析系统"等项目。

（四）节能环保产业

加强生态和环境保护技术的推广应用，开展技能关键技术和可再生能源应用技术研发，推广应用各种节能新技术、新设备、新产品、新材料、新工艺；加强建筑节能应用和开发技术的研究，重点研究推广新型隔热墙体、层面工程应用、太阳能和建筑一体化应用等技术。开展城市垃圾处理和综合利用技术研究，为建设资源节约型和环境友好型社会提供技术支撑。依托安丘市华通自动供水设备有限公司，开展污水处理、循环利用技术研发。

（五）新材料产业

面向生物基大宗化学品与现有化工材料产业链的衔接，解决产业链关键环节和上下游制约环节，突破重大化工产品生物制造基础前沿研究和重大共性关键技术开发及应用示范，重点推进山东吉青化工有限公司"医用级生物基材料关键制造技术"项目建设，带活一批相关供应商企业，促进当地工业结构优化调整，带动物流业良性发展。

三、推进特色产业集聚发展

推进特色产业集聚发展，主要做了以下几个方面的工作。

其一，培育发展战略性新兴产业。借助物联网、大数据、区块链等技术，联合高等院校、科研院所及企业，围绕工业企业应用、金融、供应链、文创、食品溯源、检验检测、医疗健康等领域，布局一批"区块链+"产业，逐步打造国内国际有一定影响力的集区块链科研、人才培养、应用落地孵化于一体的服务管理平台，抢占科技新高地。

其二，打造特色产业园区。加大对新技术、新产业、新业态、新模式的培育发展力度，按照"主导产业、特色产业成链成群"的要求，做大做优支柱产业、特色产业、新兴产业，打造全市经济增长的重要引擎、产业发展的主要平台、创业创新的重要高地。支持重点龙头企业延伸链条建设产业园区，协同引进上下游配套企业和产业链缺链项目。对符合园区产业定位的项目，提高"双招双引"考核系数，提升园区产业集聚度。对围绕主导产业或龙头企业落户同一园区的项目，可多个项目捆绑计算投资额或地方贡献，享受招商发展激励政策。

其三，强化产业空间整合。优化园区布局，加大存量园区整合提升力度，鼓励以国家、省级园区为依托，建立统一的管理机构，对区位相邻、产业相近的小散园区进行整合、托管。加强专业分工与产业协作，打造全市各集聚区特色鲜明、主业突出、互相配合的产业发展格局。

其四，优化园区运营机制。全面完成16个省级以上开发区体制机制改革，推进园区机构重组和职能优化，推行园区"管委会＋公司化"运营模式，实施"市场化运作、企业化经营"，强化园区经济功能，增强发展活力。加强园区公共服务平台建设，打造社会化、市场化、专业化的公共服务支撑体系。

四、打造特色产业集群

潍坊市加快培育壮大高新技术产业集群（见表5-1），重点以产业园区为依托，整合集成各类创新创业资源，对科技型企业进行倾斜扶持、重点培育，使其尽快成长为高新技术企业。超前布局一批新兴未来产业，进一步提升半导体发光创新型产业集群、高端动力装备产业集群等国家级创新型产业集群（试点）发展水平，加快推进磁悬浮、新材料、人工智能、高端铸造等产业集群发展，引领带动潍坊市工业高质量发展。

1. 高端装备产业集群

围绕建设国际动力城，以潍柴动力、北汽福田、盛瑞传动为龙头，辐射带动华丰动力股份有限公司、山东银轮热交换系统有限公司、天瑞重工等50余家行业骨干企业，加快建设潍柴新能源动力产业园及配套产业园、福田汽车工业园、盛瑞8AT配套产业园、金沙江智能制造产业园，在绿色动力、整车制造、传动系统、核心零部件、智能装备等领域形成产业集聚、要素完善、创新高效的千亿级产业集群。

2. 信息技术产业集群

充分发挥歌尔股份龙头带动作用，做优做强浪潮华光、山东新港电子科技有限公司、山东元旭光电股份有限公司、山东贞明光电科技有限公司等高成长性企业，加快建设歌尔智慧城，重点推进歌尔智能硬件产业园、浪潮高能激光装备产业园、山东测绘地理信息产业园三期等项目，在电声器件、智能硬件、半导体发光、软件信息四大领域形成比较优势，形成产业集群。

3. 新材料产业集群

以潍坊特钢集团有限公司、汇胜集团股份有限公司为龙头，以潍坊胜达科技股份有限公司、山东俊富非织造材料有限公司、潍坊美珂新材料有限公司、山东天维膜技术有限公司等20多家骨干企业为支撑，重点建设特钢新材料产业园、昌大建筑产业园、俊富产业园二期等项目，加快构建研发创新、产业延伸、市场拓展相结合的产业发展体系。

4. 人工智能产业集群

加快人工智能关键技术转化应用，推动技术集成、商业模式及重点领域智能产品创新，积极培育人工智能新业态，打造国内具有较强竞争力的人工智能产业集群。推动潍坊中南高科·鸢都汇智园建设，重点引进智能制造、精密仪器、人工智能硬件及应用等无污染优质企业；引进新松机器人自动化公司及一批平台服务企业，建设新松（潍坊）智慧园项目，打造全省机器人及人工智能产业创新发展样板区和新旧动能转换示范区。

5. 高端铸造产业集群

高端铸造产业的发展主要是与机械科学研究总院、宁夏共享集团、中央企业新兴铸管公司合作，打造一批高端绿色共享铸造服务平台和专业园区，建设一批先进产业集群。

6.医养健康产业集群

围绕建设潍坊医疗健康城和山东医养结合示范先行区，发展壮大山东海王银河医药有限公司、山东沃华医药科技股份有限公司、山东华辰制药有限公司等医养健康特色企业，建成潍坊市首个公益性生物医药中试公共平台（潍坊生物医药科技产业园），并获批国家火炬计划生物医药特色产业基地、国家创新药物孵化基地。建成阳光融和医院、市精神卫生中心、盛德呼吸内科医院，成立高新区人民医院医疗集团，加快推进潍坊市中医院东院区、妇女儿童健康中心、潍坊生物医药科技产业园、中狮生命健康产业园、新加坡华德集团智慧健康园等高端项目，打造生物医药公共服务平台。

7.高端化工产业集群

依托中化弘润石油化工有限公司、新和成药业、山东海化集团有限公司、山东国邦药业有限公司等企业，围绕石化、盐化、精细化工和新材料等领域，组织进行专业化产业链设计，支持引进建链、补链、强链等重大项目，全面提升集群协作配套能力和综合竞争优势，打造省内一流的高端化工产业集群和新材料基地。石油化工领域，打造滨海开发区、寿光市、昌邑市三大高端石化基地，寿光市依托山东寿光鲁清石化有限公司、山东联盟化工集团有限公司、山东东方宏业化工有限公司等企业建设中德绿色化工产业园，昌邑市依托昌邑石化等企业打造山东最大的化工原料基地；精细盐化工领域，打造滨海、寿光、昌邑三个精细盐化工产业聚集区,适度发展食品级盐化工,打造高端盐化工产业基地。

8.现代海洋产业集群

重点围绕海洋环境监测与保护、高端海洋装备、智慧港口与海洋工程、海洋生物资源与制品、深远海养殖与极地渔业和海水综合利用等方向，支持海洋产业集群发展。围绕海洋装备、航空航天、军民融合、国防科技等产业领域加大项目引进对接力度，加快打造千亿级产业集群。加大现代海洋产业"雁阵形"发展培育力度，鼓励海洋生物医药、海洋装备制造、海洋新材料、海水淡化及综合利用等海洋战略新兴产业发展，推动潍坊市海洋产业高质量发展。

表 5-1 潍坊市重点产业集群

集群类别	集群名称
国家级创新型产业集群（试点）	潍坊半导体发光创新型产业集群
	潍坊动力装备产业集群
高端装备产业集群	潍柴新能源动力产业园及配套产业园
	福田汽车工业园
	盛瑞 8AT 配套产业园
	金沙江智能制造产业园
磁悬浮产业集群	磁悬浮动力装备产业园
信息技术产业集群	歌尔智能硬件产业园
	浪潮高能激光装备产业园
	山东测绘地理信息产业园三期
新材料产业集群	特钢新材料产业园
	昌大建筑产业园
	俊富产业园二期
人工智能产业集群	新松（潍坊）智慧园
高端铸造产业集群	潍坊中南高科·鸢都汇智园
医养健康产业集群	潍坊生物医药科技产业园
	中狮生命健康产业园
	新加坡华德集团智慧健康园
高端化工产业集群	中德绿色化工产业园

第四节　全国典型地市创新发展实践

一、北京市创新发展实践

（一）产业结构优化升级

"十三五"期间，北京市已经形成了以服务经济为主的产业结构，其产业结构的优化升级主要体现在以下几个方面。

1. 实现经济总值大幅增长

如图5-1所示，2017年北京市实现地区生产总值28 000.4亿元，比"十二五"时期增长21.91%（2015年GDP总值为22 968.6亿元），人均GDP达到12.9万元。2017年，北京市工业增加值达到4274亿元（见图5-2），与"十二五"期间相比，增幅达16.68%（2015年工业增加值为3830.7亿元）；规模以上工业销售产值达18 269.5亿元，比"十二五"期间增长4.95%（2015年工业销售产值为17 408.2亿元）；规模以上工业企业利润收入达到1992.5亿元，与"十二五"期间相比增幅达26.08%（2015年工业企业利润为1580.3亿元）；外商及港澳台企业（规模以上）工业增加值比上年度增加了1.9%。2017年北京市高技术制造业和战略性新兴产业增长迅速，与上年度相比产业增加值增幅分别达13.6%和12.1%，现代制造业也有所增长，同比增幅为5.0%。

第五章
价值链下科技创新与产业升级案例

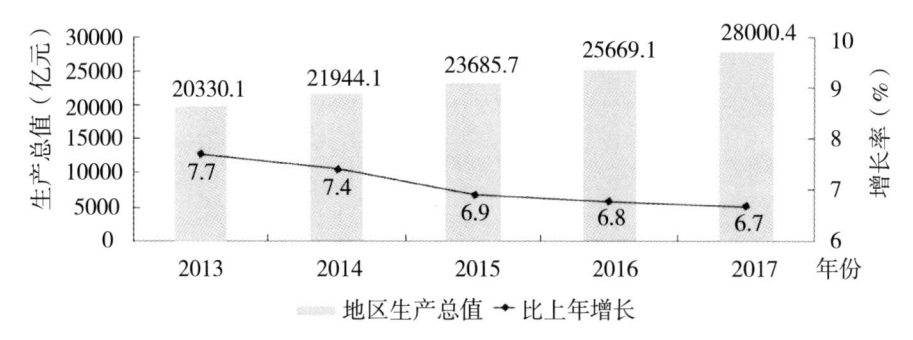

图 5-1　2013-2017 年北京市地区生产总值及增长速度

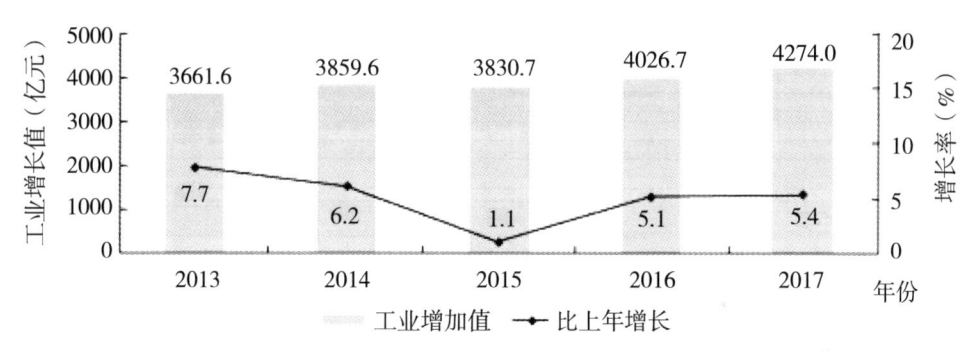

图 5-2　2013—2017 年北京市工业增加值及增长速度

2017 年北京市工业生产者出厂价格比上年度上涨 0.7%（见图 5-3），购进价格比上年度上涨 4.4%。2017 年北京市农业观光园区达到 1216 家，园区数量有所减少（比 2015 年减少 114 家），但园区总收入达到 29.9 亿元，收入增幅达 13.69%（比 2015 年增长 3.6 亿元）；设施农业总收入达 54.5 亿元，比上年度增加 0.2%。

173

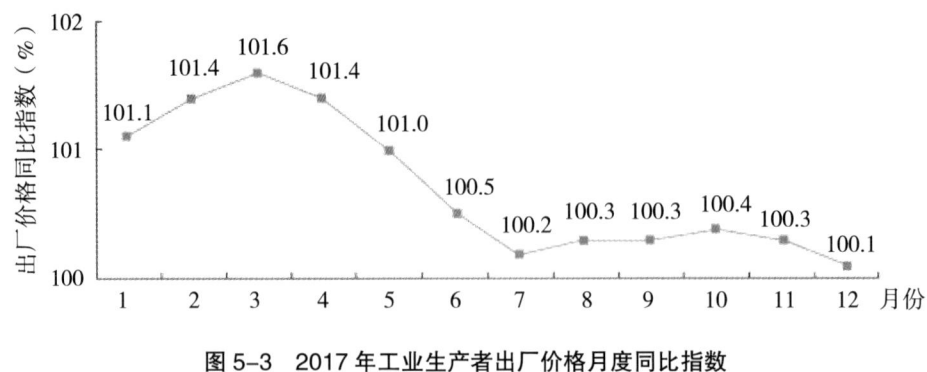

图 5-3　2017 年工业生产者出厂价格月度同比指数

2017年北京市场消费总额达23 789亿元,比"十二五"期间增长27.58%(2015年市场消费额为18 646亿元),其中服务性消费额达12 213.6亿元,同比增长幅度达47.01%(2015年实现服务性消费8308亿元);社会消费品零售总额达11 575.4亿元(如图5-4),与"十二五"期间相比增长11.97%(2015年消费品零售额为10 338亿元)。

图 5-4　2013—2017 年北京市社会消费品零售总额及增长速度

2. 推动产业结构持续优化

2017年,北京市第一、二、三产业的增加值分别为120.5亿元、5310.6亿元、22 569.3亿元,第一产业产值有所下降(同比下降6.2%),第二、三产业分别增长4.6%和7.3%；三次产业的结构占比已经由"十一五"期间的1.3∶29.1∶69.6（2005年）调整到了0.4∶19.0∶80.6（2017年），提前实现了纲要规划目标。

北京市已经形成以高新技术产业和现代制造业为主体的产业体系，现代都市农业发展迅速，以富农为目标，逐步实现了产品特色、生产集约化、生产专业化、销售组织化、功能多元化发展。2017年北京市高技术产业共实现增加值6387.3亿元（占GDP的22.8%），与2016年相比增幅达9.5%；高新技术产业对北京财政收入增收的贡献率持续保持在30%，对全市经济社会发展的辐射驱动效应极为突出。

3. 推动第三产业迅速发展

2017年北京市金融机构（含外资）本外币存款余额及贷款余额分别为144 086亿元和69 556.2亿元，相对年初而言，增长比例分别为4.08%和109.1%；社会固定资产总投资达8948.1亿元（见图5-5），与"十二五"期间相比增长11.8%（2015年固定资产投资额为7990.9亿元）；一、二、三产业投资额分别为95.9亿元、893.8亿元和7958.4亿元，与"十二五"期间相比（2015年三大产业投资额分别为111亿元、677.1亿元、7202.8亿元），第一产业投资下降13.6%，第二、三产业投资分别增长32.0%和10.49%。

图5-5　2013—2017年北京市社会固定资产投资及增长速度

2017年，北京市地区GDP为28 014.9亿元，其中金融业增加值为4655.4

亿元，占地区 GDP 的 16.62%，金融业的规模和比重在全国各大城市中居第一位。北京市第三产业发展迅速，2017 年第三产业产值 22 567.8 亿元，占区域总产值的比重已达 80.59%。

2018 年，世界 500 强企业中中国公司达到了 120 家，已经非常接近美国（126 家），远超第三位的日本（52 家）；其中 54 家设在北京，国家电网公司（STATE GRID）营业收入达 348 903.1 亿美元，世界排名第二。

（二）推动科技创新能力提高

多年来，随着研发投入的不断增加，北京市发明专利的申请和许可数量居中国之首。2017 年北京市专利申请量达到 18.6 万件（发明专利 9.9 万件），比 2016 年增长 4.7%；专利授权量达 10.7 万件（发明专利 4.6 万件），同比增长 4.5%；技术合同成交总额达 4485.3 亿元，同比增幅为 13.8%；2017 年全年研究与试验发展经费（以下简称研发经费）支出总额为 1595.3 亿元（见图 5-6），占 GDP 的 5.7%，同比增幅为 7.5%。2017 年，北京市研发经费支出相当于地区生产总值的 5.7%，研发经费占 GDP 比例成为全国最高的地区，该比例远远高于美国、德国、英国、日本等发达国家的平均水平。

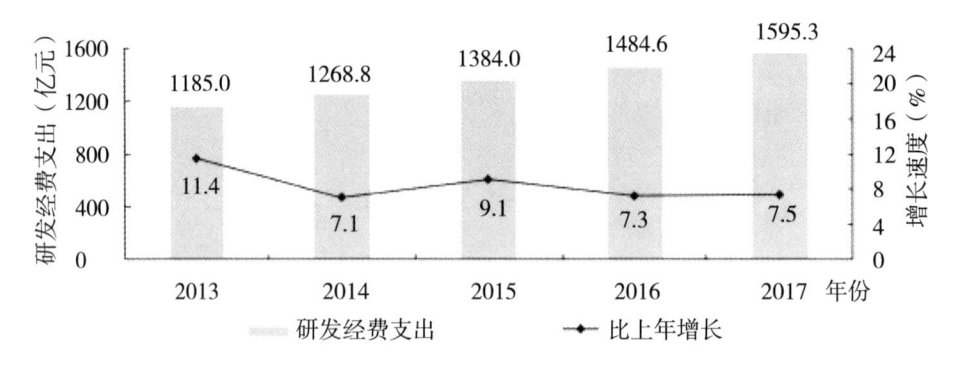

图 5-6　2013—2017 年北京市研发经费支出及增长速度

（三）推动民生保障改善

1. 人民生活得到实质性改善

"十三五"期间，北京市全民健身体系日趋完善，公共安全保障能力得到了极大提高，城乡居民得到了更多的福利，年轻人教育水平明显提高，城乡居民生活水平有了显著改善，平均预期寿命超过了80岁。

如图 5-7 所示，2017 年全市常住人口达 2170.7 万人，其中，城镇人口比重达到 86.5%（1877.6 万人），常住外来人口占总人口比重为 36.6%（794.3 万人）。2017 年全市财政收入为 5430.8 亿元（同比增长 6.8%），居民消费价格总水平比上年上涨 1.9%（见图 5-8），消费品价格与上年持平，服务项目价格上涨 4.7%。

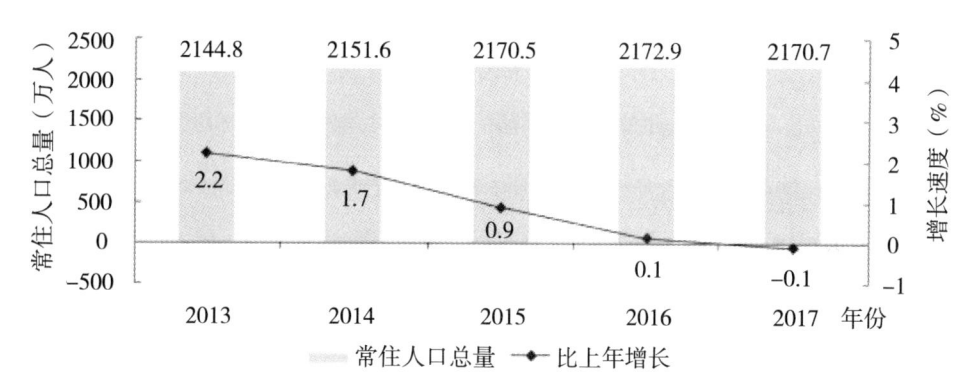

图 5-7 2013—2017 年北京市常住人口总量及增长速度

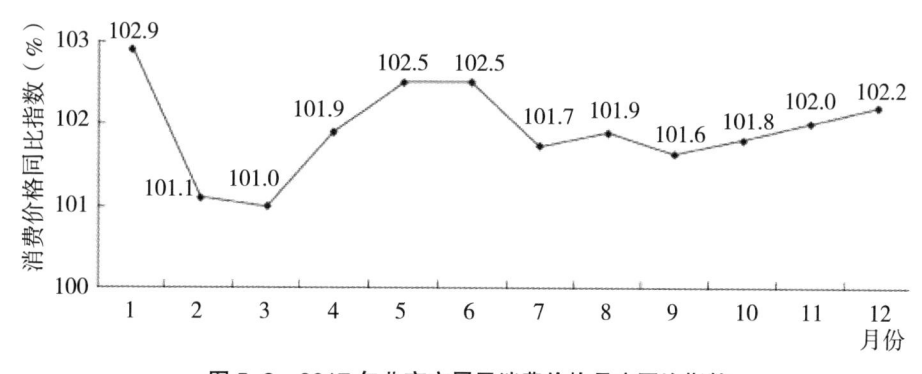

图 5-8 2017 年北京市居民消费价格月度同比指数

价值链视角下科技创新与产业升级研究

2017年北京市房地产开发总共投资3745.9亿元,与"十二五"期间相比有所下降,比上年下降7.4%。其中,住宅投资额为1725.5亿元,下降11.6%;商品房施工与竣工面积分别为12 608.6万平方米和1466.7万平方米,比上年末分别下降3.7%和38.5%;全市新建商品住宅和二手住宅的价格基本保持稳中有降的态势(见图5-9),同比下降幅度分别为0.2%和1.6%。

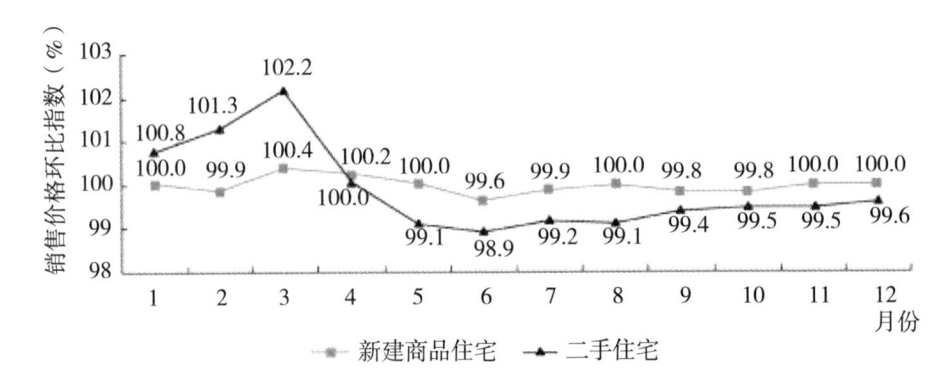

图5-9　2017年北京市新建商品住宅与二手住宅销售价格环比指数

2017年北京市居民人均可支配收入及人均消费支出分别为57 230元和37 425元(见图5-10),分别比"十二五"期间增加18.10%和10.72%(2015年居民人均可支配收入及消费支出分别为48 458元、33 803元)。

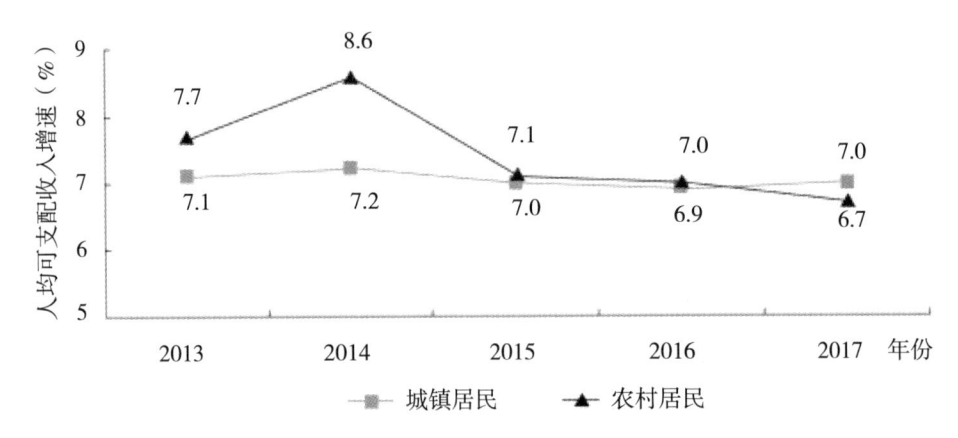

图5-10　2013—2017年北京市城乡居民人均可支配收入增速

2. 社会保障水平得到大幅提升

2017年北京市城乡居民参加企业职工基本养老、职工基本医疗、失业、工伤和生育保险的人数分别为1514.3万人、1569.2万人、1170.2万人、1117.9万人和1035.2万人[①]，与"十二五"期间相比，分别增加90万人、93.5万人、87.9万人、96.8万人和93.5万人；参加城乡居民养老保障、城镇居民基本医疗保险、新型农村合作医疗的人数分别为213.1万人、202.2万人和186.9万人，享受城市居民及农村居民最低生活保障的人数分别为7.8万人和4.4万人。

（四）推进基础设施建设改善

"十三五"期间，北京市基础设施建设累计投资超过6400亿元，大量的交通、水资源、能源和环境项目已经完成并投入使用。截至2017年年末，基础设施投资达2984.2亿元，与2015年相比增幅达37.24%。

1. 加快改善运输基础设施建设

如图5-11、表5-2所示，北京市的运输基础设施建设得到了很大改善。2017年，北京市公路总里程达22 242千米，比"十二五"期间增加366千米（2015年为21 876千米），比上年末增加216千米。2017年，全市交通运输体系共完成货运量23 879万吨、客运量67 489.8万人，货物总周转量和旅客总周转量分别为700.2亿吨千米和2055.1亿人千米；拥有公共电汽车运营线路881条、轨道交通运营线路22条，分别比2015年增加5条和4条；全市共有机动车量590.9万辆，与"十二五"期间相比增长了5.16%（2015年机动车保有量为561.9万辆）。2018年，北京首都国际机场年旅客吞吐量突破1亿人次，成为全球第二个年客流量过亿人次的机场；北京临空经济对区域经济带动作用显著，2013—2017年，首都机场对区域经济的年均贡献总量超过1400亿元人民币。

2017年，公路运营里程达22 226千米，旅客周转量99.4亿人千米，货物周转量159.2亿吨千米；北京是全国最大的铁路枢纽之一，在全国大部分大中

---

① 砥砺前行奏华章　奋楫扬帆谋新篇[N].北京日报,2018-12-18.

城市都开通了直通车,铁路交通运营里程1103千米,旅客周转量153.8亿人千米,货物周转量246.4亿吨千米;北京还是国家航空枢纽,2017年,民航旅客周转量1802.7亿人千米,货物周转量74.4亿吨千米。

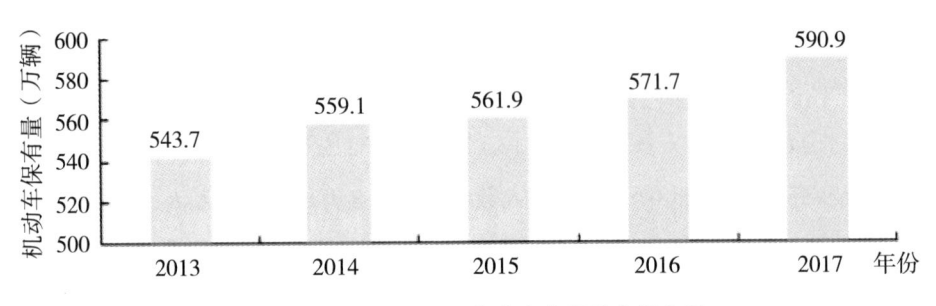

图 5-11 2013—2017 年北京市机动车保有量

表 5-2 2017 年北京市完成货运、客运量及货物、旅客周转量

指标	单位	绝对数	比上年增长/%	指标	单位	绝对数	比上年增长/%
货运量	万吨	23879.0	-0.9	客运量	万人	67489.8	-2.6
铁路	万吨	704.0	-2.9	铁路	万人	13872.9	3.7
公路	万吨	19373.7	-3.0	公路	万人	45011.7	-6.3
民航	万吨	174.7	7.3	民航	万人	8605.2	9.3
管道	万吨	3626.6	12.0	旅客周转量	亿人千米	2055.1	8.8
货物周转量	亿吨千米	700.2	4.3	铁路	亿人千米	153.8	2.0
铁路	亿吨千米	246.4	7.6	公路	亿人千米	99.7	-15.3
公路	亿吨千米	159.2	-13	民航	亿人千米	1801.6	11.2
民航	亿吨千米	74.4	10.8				
管道	亿吨千米	220.2	3.0				

2. 加快改善通信基础设施建设

2017年北京市邮电业务总收入达1291.1亿元，与"十二五"期间相比增幅达30.3%（2015年总业务量为990.9亿元），邮政业务、电信业务、特快专递业务总量分别为419.3亿元、871.7亿元、22.7亿件，比上年分别增长8.6%、55.0%和16.0%，邮政与快递业务的迅猛增长明显得益于北京交通、服务业务的发展。2017年，北京市固定电话和移动电话用户分别为649.4万户和3752.1万户，固定电话与移动电话主线普及率分别为29.9线/百人和172.9户/百人；固定互联网宽带接入用户数达541.6万户，与2015年（用户为469.1万户）相比增长15.46%。

3. 加快改善空气质量

如图5-12所示，2017年北京市细颗粒物（PM2.5）、二氧化氮、二氧化硫年均浓度值分别为58微克/立方米、46微克/立方米和8微克/立方米，与2016年相比，分别降低了20.5%、4.2%和20%。城市污水处理率为92.0%，与"十二五"时期相比增长5.75%（2015年污水治理率为87%）。空气质量得到明显改善，城市生活垃圾处理量大大提高，城市环境得到优化。

（微克/立方米）

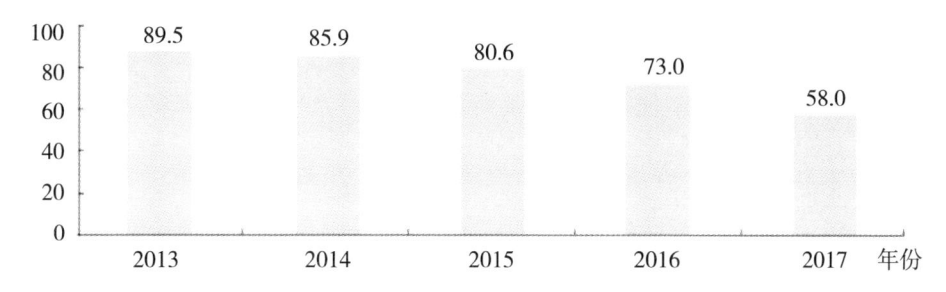

年份	2013	2014	2015	2016	2017
浓度	89.5	85.9	80.6	73.0	58.0

图5-12　2013—2017年北京市细颗粒物年均浓度值

（五）提高国际交流能力

2017年北京市接待国内、国外旅游者数量分别为2.9亿人次和392.6万人次，与"十二五"期间相比，国内游客增长7.41%、国外游客下降6.52%（2015年国内、国外游客数量分别为2.7亿人次和420万人次），国内、境外旅游总收入达5468.8亿元，比"十二五"期间增长18.7%（2015年旅游总收入为4607.1亿元）。

如表5-3所示，2017年北京市实际利用外资为2 432 909美元，与"十二五"期间相比增幅高达87.15%（2015年利用外资130亿美元），其中高新技术产业（信息传输、计算机服务及软件业等）对外资的利用额最高，占比达54.2%（1 317 877万美元）。

表5-3　2017年北京市实际利用外资情况表

行业	实际利用外资/万美元	比上年增长/%
农，林、牧、渔业	838	−63.6
制造业	39318	−38.4
建筑业	2651	2246.0
交通运输、仓储和邮政业	138001	55.0
信息传输、计算机服务和软件业	1317877	1061.2
批发和零售业	182005	−68.9
住宿和餐饮业	3161	5.0
金融业	33992	−62.4
房地产业	206915	212.8
租赁和商务服务业	229595	90.7
科学研究、技术服务和地质勘查业	202393	28.5

续表

行业	实际利用外资/万美元	比上年增长/%
水利、环境和公共设施管理业	490	−72.1
居民服务和其他服务业	215	1243.8
文化、体育和娱乐业	5144	−17.0
总计	2432909	86.7

国际交流与全球影响力不断加深。2017年11月，商务部和外交部联合发布了"2017—2018年度国家文化出口重点企业和重点项目名单"，全国共有295家文化企业进入目录，其中33家在北京，占重点文化出口企业总数的26.2%，其中图书期刊版权8018家；认定108个项目为国家文化出口重点项目，其中北京市文化企业承担的项目有18项（见表5-4），占重点项目总数的17.6%。

表5-4 国家文化出口重点项目名单及承担企业

国家文化出口重点项目	重点项目承担企业
汉雅星空IPTV中华文化海外传播项目	汉雅星空文化科技有限公司
以海外中餐厅为突破点的智能传播平台	北京东方嘉禾文化发展股份有限公司
蓝海融媒体全球传播云平台	蓝海（北京）集团有限公司
面向"一带一路"的中国主流文化图书外文出版与推广项目	北京求是园文化传播有限公司
金树国际纪录片节	北京华韵尚德国际文化传播有限公司
非洲四国广播电视数字化整转和非洲十国信息系统服务项目	北京四达时代软件技术股份有限公司
非洲国家数字电视软件系统集成技术服务和信息系统服务项目	北京华非瑞克科技有限公司

续表

国家文化出口重点项目	重点项目承担企业
中国影视剧译制配音及频道制作服务项目	北京四达时代传媒有限公司
英国普罗派乐卫视运营项目	西京文化传媒（北京）股份有限公司
ICN 新媒体国际文化传播中心	俏佳人传媒股份有限公司
电视剧《那年花开月正圆》全球发行项目	华视娱乐投资集团股份有限公司
中国故事国际推广平台项目	北京时代华语国际传媒股份有限公司
人民天舟与 Thames and Hudson 合资公司项目	人民天舟（北京）出版有限公司
中国和南苏丹教育技术合作项目	中南安拓国际文化传媒（北京）有限公司
掌阅 iReader 海外项目	掌阅科技股份有限公司
四达时代非洲多国数字电视运营项目	四达时代通讯网络技术有限公司
蓝色光标全球营销渠道建设项目	北京蓝色光标品牌管理顾问股份有限公司
《一带一路大使访谈》暨一带一路影视文化贸易云平台	京祖文化传媒（北京）有限公司

二、沪深宁津创新发展实践

（一）上海市创新发展实践

上海作为中国四个直辖市之一，是中国重要的经济中心、贸易中心、金融中心与航运中心。上海拥有中国最大的外贸港口和最大的工业基地，2017 年，上海完成货物吞吐量 75 050.79 万吨、集装箱吞吐量 4023.31 万标准货柜单位，与"十二五"期间（2015 年）相比分别增长了 4.62% 和 10.12%，货物吞吐量和集装箱吞吐量连续七年居世界第一；上海也是世界第二大股票市场中心与期货市场中心，仅次于芝加哥。2017年年末，上海居民人口达到2418.33万人，GDP达到30 133.86亿元，人均GDP（12.46万元）和人均可支配收入（58 988元）在各省市中居第一位。

2017年12月，上海市发布了《关于加快本市文化创意产业创新发展的若干意见》，为创意产业的未来发展确立了发展目标、聚焦领域、空间布局、发展体系与保障机制。2004年，上海创意产业实现增加值493.1亿元，2009年增长到1148亿元，年均增长率超过20%，占全市GDP比重由5.8%上升到7.7%左右；2017年，上海文化创意产业增加值累积实现3718亿元（占全市GDP比重达12.3%），其中创意设计业（包括工业设计、建筑设计、时尚创意等产业）营业收入达到412.84亿元（占GDP比重达到38.9%）。目前，文化创意产业已经成为上海重要的支柱产业，成为上海转变增长方式、优化经济与产业结构的重要载体。

然而，上海在创新方面仍然高度依赖外国投资，以2018年为例，上海外商投资工业企业的研发支出占全市工业企业研发总支出的65.5%。

（二）深圳市创新发展实践

作为中国最大的港口城市（唯一同时拥有海、陆、空港口），深圳已经成为中国与世界交流的主要门户；同时，作为中国最大的外贸基地，深圳市出口总额达16 533.57亿元（2017年），已连续25年超过上海，位居全国第一。拥有现代化的城市基础配套设施、强大的经济力支持和优势的竞争实力，深圳已经发展成为中国重要的高新技术产业基地、国家金融中心、国家信息中心、华南贸易中心、交通运输中心、旅游目的地和现代化国际城市，与上海、北京一起被公认为内地三大金融中心。

2017年，全市地区生产总值达22 438.39亿元，与"十二五"期间相比增幅为28.20%（2015年GDP为17 502.99亿元），在全国大中城市中排名第三。

如图 5-13 所示，深圳独角兽科技公司的发展极为迅猛。

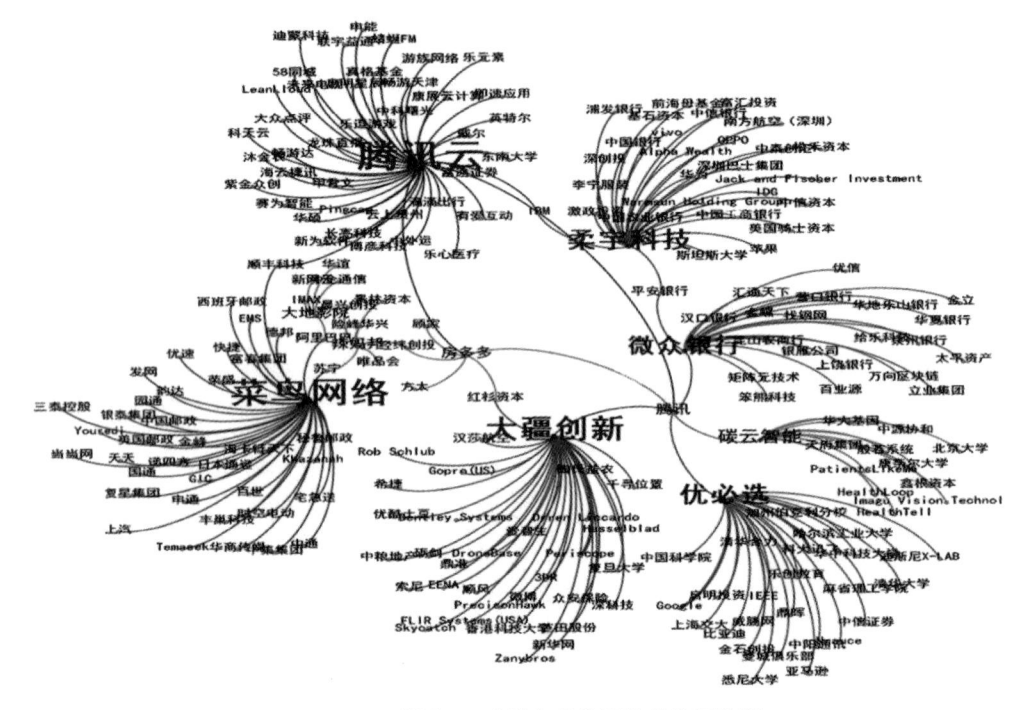

图 5-13　深圳市 12 家独角兽公司的价值网络图

截至 2018 年年底，深圳上市中小企业数量居全国首位，风险投资机构达到 4.6 万家，注册资本超过了 2.7 万亿元，机构数量和管理资本约占全国的 1/3。2017 年深圳国际发明专利申请量达 20 457 件，占全国的 43.07%，连续 14 年位列全国第一，专利合作条约（PCT）专利申请（3800 件）约占全国的一半。

（三）南京市创新发展实践

南京是江苏省的省会，是长江三角洲地区第二大城市，截至 2017 年年末，全市常住人口为 833.5 万人。作为中国重要的综合性工业生产基地，南京的电子化工生产能力位居全国第二，汽车制造规模位列全国第三，机械制造规模也位居全国前列。南京港作为一个天然港口，已经成为远东最大的港口，也是重要的综合性工业基地（其主导产业为电子产业、化工产业以及汽车产业）。2017年，全市地区生产总值达11715.1亿元，与"十二五"期间相比增长18.80%（2015年GDP为9861.56亿元）。

2016年，南京新城科技园完成产值620亿元，税收达到19亿元，集聚企业超1800家，带动就业人员超6万人；预计到2030年，全面建成后的园区将实现税收100亿元以上，带动就业20万人以上。

（四）天津市创新发展实践

天津是中国四个直辖市之一，截至2017年年末，拥有常住人口1556.87万人。作为中国北方最大的沿海开放城市和近代最早对外开放的城市之一，天津地处环渤海经济圈中心位置，是重要的国际港口与生态城市、中国第四大工业基地，也是中国第三大外贸港口城市。

2017年，天津港口货物吞吐量达5.01亿吨（集装箱吞吐量达1506.90万标准箱），居我国北方港口第一位、世界第五位。天津交通十分便利，交通网络由铁路、公路、水路、航空、管道等组成，拥有先进的电信网络和便捷的邮政网络。2018年，天津国内生产总值达18 809.64亿元，比上年度增长214.26亿元，经济逐季向好，高质量发展的态势正在形成。

2017年，天津共有19项科技成果获得国家科学技术奖，其中技术发明奖与科技进步奖分别为2项和17项，完成国际领先水平科技成果78项，技术合同成交额与技术交易额分别为658亿元、497亿元，比上年度分别增长9.3%和14.1%。

三、浙江新昌县创新发展实践

新昌是浙江省东部的一个山区县，面积1213平方千米，人口43万人，素有"八山半水分半田"的称号[①]，境内只有一条高速和一条国道通过，没有铁路、

---

① 张亚红.绍兴新昌科技创新现状及路径分析[J].统计科学与实践,2016（03）.

水路，区位优势不足，资源禀赋有限。但新昌铁了心抓创新，2016年研发经费占GDP比重达4.3%，科技进步贡献率在75%以上。在10年时间完成从欠发达山区县到全国百强县、从浙江省重点污染县到国家级生态县的华丽转身。

其一，强化科技领导机制。新昌县每年召开科技创新大会，成立县委书记、县长任组长的创新驱动领导小组。明确财政科技投入占比10%以上，每年安排3亿元资金用于科技创新。

其二，健全人才集聚机制。新昌县重点实施"天姥英才"计划，2015年柔性引进国千、省千人才5名，海外工程师、资深专家75名，研究生1540名。

其三，强化企业主体。一是做强创新企业，推动企业全球化发展，已有13家企业实现海外并购；二是做精研发机构，8家省级重点企业研究院全部建成投用，在上海、杭州等地区建立研发中心26个，还在杭州滨江区设立了新昌企业研发大楼；三是做强产学研合作，每年举办5次以上大型科技人才对接活动，促进规模以上企业产学研合作全覆盖，全县企业已与100多所高校院所建立长期合作关系，实现了"全国技术新昌用"。

第五节　生态产业价值提升与产业升级案例

一、五常大米价值提升与产业升级案例

（一）五常绿色有机大米简介

五常市位于黑龙江境内，因其丰富的水资源与优越的土壤、水质条件，极

为适合绿色有机食品的种植[①]。截至 2018 年年底，五常市拥有国家级绿色食品（水稻）原料标准化基地 150 万亩，占水稻总面积的 69%；拥有有机食品认证面积约 40 万亩，占水稻总面积的 18%。

近年来，五常市全面实施大米产业提升工程，努力打造世界最具竞争力的稻米产业，品牌价值不断攀升。2017 年中国品牌价值评价榜单中，五常大米品牌价值 670.7 亿元，位列全国大米类第一位。据测算，绿色食品附加值在 0.5~2 元，有机食品附加值在 5~20 元。五常大米在广西桂林中国国际商标品牌节上获得"中华商标金奖"，不仅增强了农产品的市场竞争力，也极大地提高了农民收入水平。

（二）五常大米实现价值提升的做法

其一，优化种源建设。五常市先后与中科院、中国农业大学、东北农业大学、省农科院等科研院所开展深度技术合作，建立水稻原种基地 1000 亩、良种繁育基地 2.3 万亩，运用先进育种技术加快对新产品提纯复壮及新品种的研发应用。实行严格的种子管理制度，从源头上确保产品的优良品质。

其二，优化栽培技术和种植模式。五常市积极研发推广适宜五常水稻种植的先进技术，推行生态有机种植模式，加强对土壤、水资源、大气环境等的监测保护，使水稻生育期内空气优良天数达到 100%[②]，确保了全市水田土壤有机质的含量和灌溉用水达到国家标准以上。

其三，建立五常大米产业标准体系。在执行国家推荐性大米标准的基础上，参照国际大米标准，逐一细化五常大米从良种繁育到加工销售 27 个流程的 99 道工序，制定了五常大米的地方标准，确保了产品的高端品质基础。

其四，提升五常大米品牌价值。以五常农业物联网服务中心为依托，建立了"三确一检一码"水稻溯源防伪系统；实行线上线下相融合的立体化营销，

---

① 马建堂.生态产品价值实现路径、机制与模式[M].北京：中国发展出版社，2019.
② 黑龙江省社会科学院.黑龙江的生态产品价值实现探索实践：生态产品价值实现路径、机制与模式[M].北京：中国发展出版社，2019.

在一线城市建立直营体验店,推行可视化消费、定制式销售;根据水稻生产周期制订对应的宣传方案,通过各种媒介进行全方位宣传。

其五,拓展延长产业链。根据不同消费群体的需求,发展相关大米产业,推动五常大米多样化、差异化发展;进一步做强精深加工,延伸产业链条,利用国外先进装备和技术,加强大米产业副产品再利用,促进大米产业生态循环发展;发展稻米主题农家乐、旅游景点等相关乡村旅游项目,建设稻米文化博物馆、体验馆等,积极推动新兴业态发展[①]。

(三)五常大米实现产业提升的启示

其一,坚持创新生态产业发展模式。近年来,五常市坚持绿色低碳发展理念,加快转变生态产业发展方式,走生态可持续种植之路,积极推进新的生态种养模式,不断提升稻米产业发展质量和效益。实施"互联网+稻米产业"的流通与营销模式,不断降低中间环节生产成本,确保稻米产品质量,保障农户与经销商收益。

其二,坚持实施生态产业品牌化战略。五常市积极推进五常大米品牌化战略实施,成功申请成为国家地理标志产品,制定严格的产品质量控制标准,并按照国际高标准打造顶级大米品质。建立水稻生产可追溯认证体系,对水稻生产全流程进行严格监控,确保优质品牌的优质口碑。

其三,坚持科技创新与规划引领。五常市积极推进核心技术研发与创新,在种植环节加快研发新品种,在生产环节积极采用新技术,在流通环节加快信息技术与流通环节的融合、积极延长产业链条、助推稻米产业提质增效。同时,政府积极推进稻米产业发展的规划引领,引导社会资源向生态产业倾斜与聚集。

其四,坚持强化政策保障。五常市不断加大对稻米产业的政策支持力度,强化政府服务职能与监督职能,加大产业升级所需的基础设施领域投资,不断推进稻米产业规模化、集约化、高效化发展,较好地兼顾了生态产业发展的经济效益与社会效益。

---

① 黑龙江省社会科学院. 黑龙江的生态产品价值实现探索实践:生态产品价值实现路径、机制与模式[M]. 北京:中国发展出版社,2019.

其五，坚持加强宣传推介与特色营销。五常市借助现代媒体手段，对五常大米种植、生产、标志、质量等进行全方位推广，营造了良好的品牌形象，很大程度上提升了产品的附加价值。

二、新疆旅游产业价值提升与升级案例

（一）木垒县全域旅游产业发展

木垒县位于新疆境内天山北麓，因其得天独厚的自然条件与舒适宜人的生态环境，入选国家全域旅游示范区创建单位。木垒县以文化旅游产业引领带动第一、二、三产业融合发展，成功打造了"生态城、文化城、旅游城"[1]，县域经济实现快速发展。

其一，以项目为依托搭建旅游平台。木垒县突出当地地域文化特色，构建独具特色的阿吾勒特色风情小镇；实施传统村落保护与开发项目，打造休闲乡村旅游示范点；积极打造以水磨文化为内涵的避暑休闲度假区，以及具备深厚历史文化资源的坎儿井特色景区。

其二，挖掘传统文化打造旅游品牌。木垒县深入挖掘当地传统文化，打造"一村一品，一村一景，一村一韵"的乡村文化旅游品牌。大力开展民俗文化旅游活动，积极推广传统手工艺深加工，大力传承乡村传统文化特色，在营造文化旅游品牌的同时，拉动了当地相关产业的发展。

其三，树立全域旅游富民新形象。木垒县加快推动乡村旅游发展，盘活闲置农房等乡村资源，不断丰富乡村旅游文化内涵，实行乡村旅游的科学管理模式，积极打造"微田园""民俗、民宿"等田园旅游综合体，乡村特色旅游知名度不断提升。

其四，拓宽全域旅游新领域。木垒县进一步强化"旅游+"产业融合，实施"旅

---

[1] 马建堂.生态产品价值实现路径、机制与模式[M].北京：中国发展出版社，2019.

游+扶贫""旅游+文化""旅游+农业""旅游+畜牧业""旅游+林业""旅游+工业""旅游+电商"等发展模式，大力传承传统文化特色，积极开发乡村旅游品牌，建立工业旅游新格局，打造生态景观廊道，打造绿色有机农牧产品生产加工输出基地，拓宽了全域旅游的新领域。

其五，优化旅游生态环境。木垒县加快推进生态文明建设示范县创建进程，全面实施水资源保护与绿化美化，严格控制空气污染与土壤污染，生态环境得到极大的改善，目前，"木垒蓝"已经成为当地的特质生态名片[①]。

（二）昭苏县全域旅游产业发展

昭苏县位于新疆境内伊犁河谷，因其历史久远的养马产业与底蕴深厚的人文文化，入选国家全域旅游示范区创建单位。昭苏县已逐步形成了以"天马文化"为主导，以草原文化、和亲文化、夏塔古道文化、戍边文化等为主要形态的昭苏多元特色文化[②]，形成了旅游产业"全域联动"的发展格局。

其一，加强规划引领与顶层设计。昭苏县编制完成多部旅游规范，将"可持续发展"作为旅游产业发展的核心战略和根本出发点，形成了较为完整的旅游产业规划体系，对旅游产业的规范化、特色化发展起到了极大的引领作用。

其二，开发马业系列产业带动生态旅游发展。昭苏县依托"天马之乡"，深入推进马业与历史、旅游、民俗、体育文化的深度融合，积极开展以马文化为主线的对外交流，拓展了马产业全产业链条的发展，营造了良好的特色旅游口碑，带动了当地生态旅游产业的发展。

其三，加强全景建设提升旅游品位。昭苏县大力推进旅游基础设施及配套设施建设，优化旅游生态环境，全面控制农业面源污染，极大地提升了当地旅游品位，塑造了良好的生态特色旅游品牌形象。

[①] 中共新疆维吾尔自治区委员会党校.新疆的生态产品价值实现探索实践：生态产品价值实现路径、机制与模式[M].北京：中国发展出版社，2019.

[②] 同上。

（三）新疆推进生态产品价值提升与产业升级的启示

新疆推进生态产品价值提升与产业升级有以下几点启示。

其一，高度重视规划引领与政策支持。新疆维吾尔自治区以因地制宜、绿色可持续发展为基本原则，出台相关规划与政策体系，形成了自上而下、层层推进、系统详尽的旅游产业发展规划体系，大力推动旅游产业全域发展。产业规划的高端引领与相关政策的全力支持，极大地推动了当地生态旅游产业的发展。

其二，深入推进产业融合发展格局。新疆维吾尔自治区统筹各部门力量，协同推动旅游产业与相关产业深度融合发展，共建共享基础设施与公共服务设施，共同推出"旅游+"新产业、新业态、新品牌，基本形成了产业融合发展、有机联动的格局，促进了当地生态产品价值的提升与产业升级。

第六章

价值链下科技创新与产业升级路径建议

第六章 价值链下科技创新与产业升级路径建议

第一节　价值链下科技创新与产业升级耦合发展

一、价值链分工对科技创新与产业升级的锁定效应

国际价值链分工最本质的特点是推动生产技术的可分性，促进技术分工细化和专业化，同时能够促进产品内分工的发展及升级，并进一步促进生产过程的延伸和生产分工的深化，进而推动产业升级。潍坊市作为制造业大市，其科技创新与产业升级是伴随国际价值链分工的参与历程发展起来的。

价值链分工对掌握附加值高生产环节的主导企业而言，具有正向的推动作用，但对于非主导企业而言，伴随一定的经济增长效应，随之而来的则可能是低端锁定效应。价值链分工在参与分工的初期对企业发展具有一定的正向增长作用，企业在参与分工的过程中通过技术引进、模仿、产品更新换代等方式，促进企业技术进步及产业升级，进而扩大当地的经济规模。在分工后期，价值链分工对企业发展则可能产生负向封锁作用，通过技术封锁、市场限制、代工企业竞争等方式[1]，阻碍企业技术进步及产业升级，进而影响企业竞争能力。

当相对落后的企业试图向价值链高端环节攀升时，因其对主导企业既得利益构成一定的挑战与威胁，导致主导企业对落后企业进行结构封锁，将其锁定于价值链低端环节，并陷入高度依赖加工贸易和外资引进、生产与销售两头受控的恶性循环。

因此，企业在参与国际价值链分工的过程中，如果不能成功实现自主科技

---

[1] 任燕.价值链视角下潍坊市科技创新与产业升级的耦合研究[M].北京：经济管理出版社,2018.

创新与产业升级，过分依赖发达国家的先进技术，必将长期受到价值链高端主导企业的结构性制约，对中间产品、技术、资本及产品销售都无法控制，最终被锁定在"微笑曲线"的最底部。企业只有不断提升自主创新能力，加快向价值链高端转移，才能实现科技创新与产业结构升级。

二、价值链下科技创新与产业升级的耦合体系

价值链分工背景下，科技创新与产业升级的耦合体系主要建立于企业、产业及区域层面。

（一）基于企业层面的科技创新与产业升级

基于企业层面的科技创新与产业升级，主要体现在以下几个方面。

其一，企业层面的科技创新与产业升级耦合，主要来自企业的动态技术能力。该能力源于企业内部加工技术的提升，企业往往通过区域及国家创新系统的学习及内部的消化吸收，提升其动态技术能力，才能增加在国际价值链分工过程中的话语权。

其二，企业由本土型向全球型的转型发展。全球型企业是对价值链分工进行主动布局的主导企业，这些企业掌控着价值链分工的战略性和高利润环节；本土型企业只参与价值链分工中低附加值、低利润的生产环节，通常处于被主导企业被动选择的境地。本地企业只有不断提升自身技术实力，演变为具备全球价值链分工布局能力的全球型企业，才能最终实现科技创新与产业升级的耦合发展。

其三，由层级型向市场型过渡的价值链治理模式。层级型治理模式中落后企业与主导企业的技术实力及分工地位差距较大，往往受到主导企业的结构性制约，不利于进行技术模仿与学习，因其被锁定在价值链低端通常很容易被竞争对手取代。市场型治理模式中参与价值链分工的非主导企业往往具备一定的

技术实力或市场竞争优势,从而在分工体系中具备一定的话语权,也能更为有效地进行技术模仿与学习。参与价值链分工的企业只有努力嵌入市场型价值链治理模式,才能更为有效地实现科技创新与产业升级耦合发展。

(二)基于产业层面的科技创新与产业升级

基于产业层面的科技创新与产业升级,主要体现在以下几个方面。

其一,产品的独特性及不可复制性。产业层面科技创新与产业升级的耦合发展,重点在于产业的核心竞争力。产业核心竞争力更多地来自产业内部或本土型企业,即大多数行业企业具备独特的特色与优势,能够为市场提供独特的、不可复制的产品。这种产品升级及核心竞争力的获得只能来自产业内部的科技创新,以及支持科技创新的难以复制的隐性知识[1]。

其二,产业的独特性及不可重复性。一国产业如果发展基础较为雷同,在参与国际价值链分工时就会呈现大而不强的局面,产业竞争优势不明显;如果参与分工的企业技术较为雷同,也会使所在行业呈现技术重复性太多的特点,进而阻碍产业的创新与升级。参与国际价值链分工时,产业的独特性与不可重复性极为重要,是保持产业竞争优势、推动产业升级不可或缺的特质。

(三)基于区域层面的科技创新与产业升级

基于区域层面的科技创新与产业升级,主要体现在以下几个方面。

其一,获取价值链分工的高附加值利益。区域层面科技创新与产业升级的耦合发展,其根本在于获得价值链分工的更高利益。具体参与形式:一是该区域更多的企业由本土型企业向外向型企业转变,积极参与价值链分工,面向更为广阔的国际市场,获取价值链分工利益;二是参与价值链分工的企业由低附

---

[1] 任燕.价值链视角下潍坊市科技创新与产业升级的耦合研究[M].北京:经济管理出版社,2018.

加值环节向高附加值环节拓展，由本土型向全球型企业演变，努力提高在国际市场的影响力，获取价值链分工的高端利益。

其二，实现生产要素的升级。在国际价值链分工体系中，基础设施、产业基础、人力资源等高级生产要素在全球流动并重新配置，资源配置更为优化，产出效率更高。作为发展中国家，要实现科技创新与产业升级的耦合发展，需要快速提升其基础设施、产业基础与人力资源，优化提升其高级生产要素，从而以更好的技术水平与市场地位参与国际价值链分工。

其三，嵌入价值链分工高端环节。在经济全球化进程中，各国企业应基于本地生产要素及产业特征，发挥自己的特色与优势，积极参与国际价值链分工，获取国际生产体系的分工利益，推动科技创新与产业升级耦合发展，进而提升地区竞争优势。行业企业应充分发挥其竞争优势，努力从附属型企业向主导型企业转变，争取掌握国际市场话语权，避免因技术实力与竞争优势不足，而陷入企业被竞争者替代、产业升级空心化的局面。

三、价值链下科技创新与产业升级的耦合路径

（一）科技创新与产业升级耦合的"蛙跳"路径

科技创新与产业升级耦合的"蛙跳"路径，主要体现在以下几个方面。

其一，技术扩散效应。发展中国家参与全球价值链分工，本国企业得以接触到高技术含量的国外中间产品，有利于企业的模仿与学习，节约本国企业研发成本。同时，可以更有效地配置本国企业的劳动力要素，通过培训学习等方式进一步提高劳动力素质。这种技术溢出效应能够带动发展中国家积极进行技术模仿与创新，带动产业转型升级，实现跨越式发展[1]。

---

[1] 任燕.价值链视角下潍坊市科技创新与产业升级的耦合研究[M].北京：经济管理出版社,2018.

第六章 价值链下科技创新与产业升级路径建议

其二，本土市场效应。发展中国家企业在学习掌握先进国家生产技术的基础上，针对本地市场的需求与消费者偏好，研发生产新产品并在本土市场销售，不仅可以扩大该产品的市场份额，形成规模经济效应，而且能够进一步积累技术创新与产业升级的资本。以本国的巨大市场需求为依托，企业能够更迅速地融入全球市场，更好地嵌入全球价值链分工体系，更有效地实现科技创新与产业升级的耦合发展。

其三，跨国公司外溢效应。跨国公司在全球价值链分工中的全球布局，进一步推动了资本、技术、管理等各种要素的全球性流动，跨国公司与参与价值链分工的企业间的合作，也产生了多种渠道的技术、管理外溢效应，进而推动当地企业科技创新与产业升级。同时，价值链分工体系中的非主导企业如果长期过分依赖跨国公司的技术与资本，则会被长期排除在高利润环节与高端产业之外，陷入被锁定在全球价值链底端的风险。因此，非主导企业必须通过自主研发与技术创新，学习吸收跨国公司的技术优势，努力实现技术赶超和产业转型，才能实现从技术溢出到科技创新与产业升级耦合的"蛙跳"。

（二）抢占全球价值链高端的发展路径

抢占全球价值链高端的发展路径，主要体现在以下几个方面。

其一，实现价值链的节点间攀升。在全球价值链分工体系中，发展中国家的非主导型企业通常参与低附加值的底部加工组装环节，发达国家的主导型企业则参与高附加值的研发与销售环节，非主导企业很难突破来自价值链顶端主导型企业的结构封锁效应。发展中国家的落后企业只有不断向高附加值高分工利益的研发或营销等环节攀升，才能突破发达国家企业对分工环节的限制，实现其科技创新与产业升级的耦合发展，并最终提升其分工地位。

其二，实现价值链的节点内增值。企业在参与全球价值链分工过程中，着力突出本地特色与优势，从技术、管理等方面进行全面的质量控制，努力扩大其加工制造环节的增值空间，提升其生产环节的附加值，则可能获得比研发或销售环节更高的分工利益。这种价值链分工节点内的增值模式，诸如日本索尼、松下等企业的"精益生产"模式，则形成了该产业及相关企业独具特色的竞争优势。

其三，实现价值链之间的升级跃迁。发展中国家的企业在参与价值链分工时，伴随其技术、资本等实力的累积和提升，可以从附加值相对较低的轻纺、玩具等产业，逐步向附加值相对较高的机械、电子等产业延伸，切入高附加值高利益的产业链分工，在不同价值链之间实现优势拓展，实现价值链之间的转型升级与高端跃迁。

（三）外生增长型发展路径

外生增长型发展路径，主要体现在以下几个方面。

其一，实现制造工艺升级。发展中国家的企业应通过提升其产品的制造工艺，拓展生产制造环节的利润空间，提升该环节的附加值[①]。以制造业为主导优势的地区和企业，可以通过由二级供应商向一级供应商转型、提高代工能力发展多元化生产等方式，不断创新和改进其生产工艺，依托其独特的制造优势实现产业结构升级。

其二，实现要素功能提升。发展中国家在参与价值链分工过程中，应更加注重对基础设施、产业体系、服务环境等要素的提升，以良好的投资环境和服务保障增强对跨国公司的吸附力，避免陷入低要素成本的低端竞争。同时，在未来的分工体系中，应更多地引进成本敏感性低、技术含量高的产业与企业，为本地企业的科技创新与产业升级争取时间、提供保障。

其三，强化企业根植性。发展中国家应大力培育具有强大竞争力的本地企业，加快形成地域根植性强、竞争力强的产业体系，提升其优势产业的国际竞争优势。可以通过增强本地企业的供应链建设、培育本土生产制造企业的优质

---

① 任燕.价值链视角下潍坊市科技创新与产业升级的耦合研究[M].北京：经济管理出版社,2018.

品牌等途径，强化优势产业的根植性，进而增强其企业嵌入全球价值链的广度与深度。

第二节　山东省科技创新与产业升级发展思路

一、山东省科技创新与产业升级面临的形势

创新驱动是推动经济增长的动力和引擎，是加快转变经济发展方式的中心环节，更是推动产业转型发展的内在动能。山东省正处于由大到强战略性转变的关键时期，经济增长方式正在发生变化，呈现出速度换挡、结构调整、动力转换的新特征。

第一，科技创新综合实力进一步加强。2018年，山东省全社会研究与试验发展（R&D）经费支出占生产总值的比重达到2.15%，发明专利授权量达到20 338件，达到国际领先和国内领先先进水平的重要科技成果分别为416项和682项。全省源头创新能力大幅提升，农业科技、海洋科技继续保持领先优势，区域创新综合能力持续保持全国前列[1]。

第二，科技支撑产业转型升级能力显著增强。在省科技重大专项和重大科技创新工程的支持下，一批重点领域关键技术实现重大突破，带动全省高新技术产业迅速发展。

第三，区域科技创新高地效应明显。山东半岛国家自主创新示范区和黄河三角洲农业高新技术产业示范区成为引领全省经济发展的重要增长极，全省形

---

[1] 山东省人民政府关于印发山东省"十三五"科技创新规划的通知[R].山东省人民政府公报,2017-01-20.

成云平台服务下省级农业科技园、省级农高区、国家农业科技园、国家农高区四级联动、梯次发展的农业科技园区体系,成为支撑"两区一圈一带"协同发展的重要力量。

第四,创新创业环境更加优化。出台了推动大众创新创业、科技服务业、技术市场、科技型小微企业等发展的一系列政策措施,省级以上科技企业孵化器、众创空间发展迅速,创新创业孵化体系更加完善。在全国率先实施小微企业知识产权质押贷款扶持政策,科技金融结合取得重要进展。

(一)科技创新与产业升级面临的机遇

当前,世界科技创新呈现新趋势,国内经济社会发展提出新要求,为山东省科技创业与产业升级创造了机遇。

第一,新一轮科技革命和产业变革为山东省制造业发展转型升级创造了机遇。当前,全球信息网络、生物科技、清洁能源、新材料与智能制造等领域呈现群体跃进态势,颠覆性技术不断涌现,正在催生新产业、新业态、新模式,全球制造业格局深度调整。山东省作为我国先进制造业和高端装备制造业密集的地区,有条件率先抓住新一轮科技革命和产业变革的契机,尽快推动制造业转型升级,整合更多先进制造技术,促进制造业的智能化、自动化、个性化发展。我国实施《中国制造2025》,将为推动山东省智能制造生产方式和服务业态创新提供机遇,有助于推动区域发展新型智能制造模式,抢占现代制造业制高点。

第二,全球创新资源和要素加速流动,为山东省充分利用外部创新资源、推动跨越式发展提供了机遇。当前,全球创新要素跨区域、跨国界流动,知识、资本、人才、成果以及科研基础设施等在创新生态较好的区域快速整合聚集,迅速转化为新产品、形成新产业。这就要求山东省充分利用外部资源,积极弥补创新资源的不足,集聚更多的高端要素和高端项目,为经济发展注入新的活力。同时,应进一步发挥政策优势,突出体制、机制和服务创新,在山东省营造服务更有效率、更加公平的投资环境。

第三，商业模式与技术创新深度融合，为激发山东省创新创业活力提供了机遇。商业模式创新改变产业组织、收入分配和需求模式，新技术、新方式与新资本不断融合，推动新产业快速成长。大数据与云计算、物联网等新技术相结合，正在迅疾并将日益深刻地改变人们的生产生活方式，重构商业思维和商业模式。这就要求山东省积极把握商业模式创新的良好机遇，进一步完善和营造良好的创新创业环境，推动网络经济与实体经济融合发展，把推动大众创新创业作为新的经济增长点。

第四，区域经济一体化进程加快，为山东省开放创新发展创造了新的空间。随着区域经济、科技一体化进程加快，为山东省发挥地理位置优势、实现开放创新发展提供了机遇。山东省坐拥山东半岛蓝色经济区和黄河三角洲高效生态经济区，北面有京津冀都市经济圈，南面有上海、江苏都市圈，具有重要的战略位势，应充分利用两大战略区域的资源，打造面向京津冀、上海、江苏的便捷通道。山东省是中日韩自由贸易区的重要区域，为其承接日韩高端产业、现代服务业转移和高科技输出创造了机遇。

（二）科技创新与产业升级存在的不足

当前，山东省科技创新与产业升级仍存在不足，具体体现在以下几个方面。

第一，科技创新与产业发展资源和基础不足。山东省科技投入总量仍然不足，政府研发投入占比显著较低，与浙江、江苏等先进省份相比，研发投入强度仍然较低。科研任务聚焦产业发展瓶颈、重大需求不够，问题和结果导向不足，科技创新没有成为高质量发展的核心驱动力量，原始创新能力不足。创新体系整体效能不高，基础研究经费总量与结构呈现"双失衡"状态，企业基础研究投入与产出呈现"双薄弱"状态。

第二，产业生态匮乏，创新环境不够完善。山东省产业发展整体仍处于全球产业链的低中端，难以在试产应用中实现迭代升级。社会创新创业的文化氛围不浓厚，城镇居民有创业意愿的比例低，大学应届毕业生的创业比例远低于南方沿海城市。

第三，社会创新创业活力不足。山东省开展研发活动的企业比例较低，建有研发机构的规模以上企业比例较低；企业资金投入主要靠企业自己解决，由于企业创新的经济效益不够显著，限制了创新活动的持续开展。从企业主体看，国有企业的创新引领作用尚未充分发挥。

第四，顶尖人才和高水平团队缺乏。人才黏性不足、高层次人才短缺已经成为提升企业竞争力的瓶颈，激发人才创造活力的评价激励机制尚不健全，优秀青年科技人才也存在供给不足的情况。人才供求的结构性矛盾日益突出，高端创新资源不足，制约了山东省产业转型升级和区域科技创新能力的提升。

第五，创新生态亟待优化。政府职能转变尚不到位，行业垄断、地方保护和侵犯知识产权等妨碍市场公平竞争的现象仍然存在。公平开放、激励创新的创新生态环境营造不够，对关键领域自主创新产品的支持与保障力度不足，也压缩了创新产品和服务的发展空间。

二、科技创新与产业升级的指导思想与原则

（一）指导思想

坚持以习近平新时代中国特色社会主义思想为指导，全面贯彻落实党的十九大和十九届二中、三中、四中、五中全会精神，深入贯彻新发展理念，聚焦国家、省经济社会发展重大战略需求，坚持创新是第一动力、人才是第一资源，深入实施创新驱动发展战略，努力在高新产业培育、研发体系建设、科技成果转化、科技人才引进等方面实现新突破，全面提升创新供给能力，为推进新旧动能转换、促进全市经济社会高质量发展提供强有力的科技支撑。

加快构建有利于科技创新、成果转化、产业升级和人才聚集的体制机制，以科技服务企业发展为中心任务，以提升产业发展质效为目标，优化产业空间

布局，高效配置要素资源，营造良好产业生态，扎实推进新旧动能转换，加快构建体现山东省优势特色的现代化产业体系，以科技进步引领推动质量提升、效率变革，加快构建现代化经济体系。

（二）基本原则

山东省科技创新与产业升级遵循以下几项基本原则。

一是坚持创新驱动。牢牢把握创新是引领发展的第一动力的核心要义，着力推进科技创新、体制机制创新、商业模式创新、社会治理创新，推动新技术、新产业、新业态蓬勃发展，加快实现发展动力转换。

二是坚持人才开发。深刻把握人才是创新发展的第一资源，把人才资源开发摆在科技创新最优先的位置，全力激发创新发展核心原动力。完善科技人才发现、培养、激励机制，在科技创新活动中发现人才、培养人才、凝聚人才，打造规模宏大、结构合理、本领过硬的高素质人才队伍，最大限度激发科技人才创新活力。

三是坚持重点突破。把握科技前沿发展态势，聚焦科技创新重大目标，加强创新链、产业链、资金链协同联动，整合统筹各方创新要素资源，在创新驱动重点领域和关键环节上实现新突破，构筑高质量科技创新供给体系。凝练一批战略性和针对性强的科技难题和需求，选择一批关键技术和核心技术作为主攻方向，实施重大领域科技核心关键技术突破战略，力争以局部的突破和跨越带动核心竞争力和自主创新能力的整体跃升。

四是坚持高端引领。强化顶层设计与规划引导，紧紧围绕产业高端发展需求，集聚高层次创新创业人才、培育高能创新型企业集群、建设高效科技服务体系，持续提升产业科技创新能力，促进高端要素集聚与高端产业发展"相辅相成"。

五是坚持产业提升。突破关键核心技术，培养和吸引高端人才，加速科技成果产业化，在一些重点领域适度超前部署，引领产业结构向高端攀升。实施一批重大科技专项，培育壮大战略性新兴产业，运用高新技术改造优势产业，提升产业发展的层次和质量，增强产业核心竞争力。

六是坚持开放创新。放眼全球开放创新趋势，积极主动融入世界创新网络，深入推进开放创新，提高全球配置创新资源的能力，提升创新合作层次和水平，深度参与全球创新治理，提高创新体系整体效能，有效应对国际科技封锁，增强国际科技话语权。

七是坚持服务发展。将科技创新作为服务经济社会发展的重要抓手，以科技创新引领产业、组织、模式、文化等全面创新，不断提高科技进步对经济增长、绿色发展和社会民生服务的贡献率。积极发挥重大科研创新平台的示范引领作用，全力推进创新型城市和现代化高品质城市建设。

三、科技创新与产业升级的发展目标

（一）总体目标

把握机遇，科学决策，合理规划，以创新驱动发展为主线，全力推进创新型城市建设和经济社会高质量发展。经过五年发展，具有山东特色的区域创新体系基本形成，激励自主创新的体制机制和政策体系进一步完善，科技进步与创新成为支撑经济发展方式转变的主导力量。

到"十四五"末，实施一批重大科技创新项目，建成一批省级以上高水平科技创新平台，转化一批重大科技创新成果，基本形成产业布局合理、质量效益提升、产业结构优化、创新能力增强、开放水平提高的现代产业新体系。

（二）具体目标

山东省科技创新与产业升级的具体目标有以下几个方面。

一是发挥科技项目实施带动作用。组织企业申报国家级、省级重大项目，加大项目检查监督及验收考核力度，做好计划项目实施工作，依靠项目实施带动创新能力提升，利用产业升级加快经济结构调整和发展方式转变。

二是加快科技创新平台建设。立足山东省经济发展实际，促进企业加快研发平台建设，集中科技资源，对制约区域产业发展的"瓶颈"技术难题进行攻关，提升行业领域创新能力。着力扭转目前山东省各类研发平台开放性不足的局面，引导其面向全省相关企业提供行业技术服务，发挥好研发平台带动全行业技术水平共同提升的作用。

三是推动高新技术产业发展。把高新技术产业发展作为优化产业结构、促进转型升级和创新驱动发展的重要抓手，加快改造提升传统产业，增强高新技术产业规模，不断提升高新技术产业在规模以上工业中产值的比重，使高新技术产业真正成为引领全省经济发展的主力军。

四是推进政产学研金服用深度融合。推动科技创新的协调联动机制更加完善，企业协同创新主体地位更加突出，政产学研金服用创新要素有效集聚和优化配置。发挥科技部门在企业和科研院所中的桥梁纽带作用，根据科技型企业实际技术需求，深入推进山东省院企对接、校企对接活动，全面提升产学研合作水平。促进更多院士、专家与山东省企业开展科技合作，加快引进高质量研究院或分支机构，加快建设高端国际科技合作平台。

五是加快人才引进与培育。深入实施人才优先发展战略，突出"高精尖缺"导向，实施重大人才工程，着力发现、培养、集聚高层次人才。加快引进外国高端专家、院士、千人计划、万人计划、泰山学者、泰山产业领军人才等高端科技人才，加快引进外专人才来鲁创新创业，以人才引进培养为着力点，推进产业创新发展。

六是创新能力显著增强。全社会研发经费占国内生产总值比重、规模以上企业研发经费占比达到国内先进水平，专利申请总量、授权总量继续保持全国领先位次，科技创新的引领作用更加凸显，推进国家创新型省份建设。

七是创新驱动生态体系显著完善。科技创新质量和效益大幅提升，自主创新能力居全国前列，成为区域性创新中心，加快推进山东新旧动能转换综合试验区建设，打造国内一流的自主创新示范区。

第三节　山东省科技创新与产业升级发展路径

一、大力发展高新技术产业

（一）深入推进新旧动能转换

加快推动装备制造、海洋化工等产业快引进、提层次、强实力，培育壮大新一代信息技术、数字经济、新能源新材料等新兴产业，进一步壮大高新技术产业规模。开展工业企业"亩产效益"综合绩效评价，建立导向更清晰、指标更规范、权重更合理的企业分类综合评价机制。

加快铸造行业转型升级，严禁新增铸造产能，对确需新建的铸造项目实施等量或减量置换。充分运用工业企业技术改造综合奖补、重大企业技术改造项目贷款贴息、工业企业技术改造新增财力奖补等政策措施，推进高水平技术改造项目。

（二）加快推动高新技术产业发展

培育高新技术企业，优化产业结构布局。实施科技型中小企业、高新技术企业、创新型领军企业三大培育工程，推动一部分发展前景广、创新能力强的企业纳入高企培育库，重点培育其成长为高新技术企业。落实首次认定高企财政补助等优惠政策，鼓励企业发展高新技术产业，确立高新技术产业在全省经济中的主导地位，优化产业结构布局。

把高新技术产业发展作为优化产业结构、促进转型升级和创新驱动发展的重要抓手，加快传统产业转型升级，加快发展新兴产业，培植新的经济增长点，促进产业结构调整和产品的升级换代。依托高新技术企业、科技型中小企业、院士工作站、工程技术研究中心、重点实验室、孵化器、众创空间等载体，加快高新技术产业发展。增强高新技术产业规模，不断提升高新技术产业在规模以上工业产值中的比重，使高新技术产业真正成为引领全省经济发展的主力军。

（三）培育发展战略性新兴产业

借助物联网、大数据、区块链等技术，联合高等院校、科研院所及企业，围绕工业企业应用、金融、供应链、文创、食品溯源、检验检测、医疗健康等领域，布局一批"区块链+"产业，逐步打造国内国际有一定影响力的集区块链科研、人才培养、应用落地孵化于一体的服务管理平台，抢占科技新高地。

积极培育生物医药产业。对接储备一批可以落户平台的医药研发生产项目、创新企业及高端人才，全面深化与国内外相关研发机构在人才培养、药物临床试验、药品中试加工等方面的交流合作，加快推进新药中试报产平台落地建设。按照政府主导、企业主体、市场化运作的模式，以高端制剂和医疗器械为重点，整合生物医药产业链上的有关优势资源，建设销售外包服务平台（CSO）、研发外包服务平台（CRO）、生产外包服务平台（CMO）三大平台，打造集医药研发、生产和销售于一体的创新发展的医药产业集聚平台。

（四）大力加强科技计划项目培育

围绕新能源汽车、装备制造、造纸包装、新材料等重点产业，大力挖掘培育科技含量高、发展前景好、带动能力强的优质科技项目，强化重点支持，积极申报市级以上科技项目。引导支持有条件的企业与高校、科研院所合作实施重大科技项目，提升项目科技含量和竞争力，积极申报国家级、省级重点科技项目。加强企业技术创新基础能力建设，以提高创业服务能力为重点，鼓励企业与高等院校、科研院所等共建研发机构，以"产学研"模式带动企业科技创新项目申报。

发挥科技项目实施带动作用。组织企业申报国家级、省级重大项目，加大项目检查监督及验收考核力度，做好计划项目实施工作，依靠项目实施带动创新能力提升，利用技术升级加快经济结构调整和发展方式转变。

二、培育优势高新技术企业

（一）大力培育和做大做强高新技术企业

建立高新技术企业长期培育机制。不断扩充高新技术企业培育库，对有申报意向的企业全部入库培养，发掘培植有潜力的企业升级为高新技术企业，按照高企认定标准逐步规范提升，成熟一批，申报一批。支持骨干企业通过提高产品技术含量和附加值，占据产业链高端环节，全面增强核心竞争力。

加快培育壮大高新技术企业集群。支持行业龙头企业，不断提高企业的核心竞争力，推动持续创新，真正把科技转化为生产力。重点以产业园区为依托，建立高新技术企业培育库，深入实施中小微企业"小升高"计划，整合集成各类创新创业资源，进行倾斜扶持、重点培育，使其尽快成长为高新技术企业。

（二）构建以企业为主体的技术创新体系

强化企业创新主体地位。以建立市场化的技术创新导向机制为目的，加强资源整合和政策集成，着力强化企业的技术创新主体地位。实施创新型企业培育计划,鼓励和引导企业增加技术创新投入,落实专项资金资助、税收奖励返还、研发场所和住房租金免除等支持政策,鼓励企业开发或引进具有自主知识产权的科技成果,开发新产品,重点培育一批创新型领军企业,充分发挥其对技术创新的示范引领作用。实施企业研发机构提升计划,提升企业研发机构发展水平和支撑企业转型升级的能力。

突出抓好"双招双引"工作。确立以"平台+项目"的招引思路,围绕"市场导向、政府引导、企业主体"的原则,深化与国内知名科研院所的交流合作,提升与大院大所合作的深度和层次,通过整建制引进、建立分支机构等方式,积极引进落地科研院所合作项目。根据产业发展和人才实际需求,通过各种渠道、多种方式,引进高层次人才和紧缺急需的技能型人才。

(三)推进政产学研金服用深度融合

继续深化产学研合作协同创新,围绕产业链打造创新链,鼓励构建以企业为主体、产学研有机结合的技术创新联盟,提高创新成果的实用性和转化率。鼓励和引导企业与高等院校、科研机构联合建立技术研发机构,整合科技资源,按照人才、项目、园区一体化的模式,加快建立利益共享、风险共担的技术协同创新机制。支持企业建立高水平的行业技术创新中心,并将其建设成为新产品、新技术的研究开发中心,决策咨询中心,产学研联合与对外合作交流中心,人才吸引、凝聚与培训中心,及产品、技术服务与辐射中心。

推动科技创新的协调联动机制更加完善,企业协同创新主体地位更加突出,政产学研金服用创新要素有效集聚和优化配置。发挥科技部门在企业和科研院所中的桥梁纽带作用,根据科技型企业实际技术需求,深入推进院企对接、校企对接活动,促进更多院士、专家与企业开展科技合作,建立工作站、研究所,全面提升产学研合作水平。

三、大力加强科技创新平台建设

（一）加快建设科技服务平台

打造创业孵化平台。结合现有产业基础和优势，探索新型孵化方式，支持各园区搭建专业化、市场化创业服务平台，完善提升"众创空间+孵化器+加速器+产业园区"四位一体创新创业服务体系，培育形成若干特色鲜明、具有较强影响力和带动示范作用的创客空间和科技企业孵化器。

建设企业研发平台。发挥企业研发平台的"创新之核"和"成果之源"的作用，支持企业单独或联合高校、科研院所组建市级以上重点实验室、工程技术研究中心、院士工作站等企业研发平台。开展现有研发平台的上档升级，积极培育一批有望升级为省级、国家级的企业研发平台。

建设科技合作平台。瞄准创新源头，以优势企业和园区为合作主体，加快招院引所力度，重点对接引进"中科系""北清系""强企系"创新创业资源，打造一批企业化、市场化、多元化、国际化的新型科技合作平台，助推相关企业实现新旧动能转换。紧抓"一带一路"发展机遇，认真梳理企业需求，建设国际技术转移中心，吸引先进科技成果落地转化。

打造新型研发服务平台。通过政府引导、市场化运作，联合高等院校与科研院所，着力构建起集科技资源汇聚平台、应用技术研发载体、成果转化窗口、创新创业沃土和高端人才聚集高地于一体的新型创新研发机构服务平台。根据产业基础和特点，整合创新资源，依托规模以上企业，新建提升一批重点实验室、工程技术研究中心、院士工作站、产业技术创新联盟等创新平台。

（二）完善科技创新平台体系

完善企业科技创新体系。以建设企业为主体的技术创新体系为突破口，进一步深化改革，合理配置创新资源，改善创新布局，建立以企业为主体、市场为导向、产学研深度融合的技术创新体系，形成相互协同、相互支撑的良好创新生态系统。

建设现代工业创新体系。围绕全省科技任务需求，加强各类研发中心的引进，争取更多高校、科研院所落户山东省，建设产学研结合的现代工业创新体系。引导企业创建一批科技企业孵化器、工程技术研究中心、重点实验室，建设一流的应用研究基地，引领和带动优势行业技术进步。建立常态对接机制，聚焦高层次人才需求开展人才引进活动，深化与省内外高校院所合作交流，建立合作伙伴关系，与各高校、科研院所签订战略合作意向、框架合作协议，形成稳定深入的合作关系。

建立重大科技创新平台支撑服务体系。围绕主导产业和龙头企业需求，科学规划科技创新研发平台建设，采取企业主办、校企合作等多种形式，加快建立重大科技创新平台支撑服务体系，逐步形成以企业为主体，高校、科研院所为依托，自主创新与引进消化相结合的科技创新体系。积极做好工程技术研究中心培育工作，重点在项目、资金、人才方面给予倾斜，优化产业结构，推动工业提质增效升级，促进经济社会的可持续发展。

四、打造专业化科技创新孵化体系

（一）加快完善全链条创新创业孵化体系

围绕"种子期——初创期——高成长期"企业发展需求，以加速器建设为重点，加快构建"众创空间—孵化器—加速器—产业园"接力式科技孵化链条，加大对孵化器和众创空间引进管理团队、投资在孵企业、培育高新技术企业的支持力度，努力提高其孵化众创能力。依托县市区、省级以上开发区，围绕特色产业，布局建设专业科技孵化载体，助力区域经济发展。

依托行业龙头企业、新兴研发机构和高校、科研院所，围绕行业共性技术需求和技术难点，加快优势科技成果转移转化，促进产学研协同创新，大中小企业聚集。集成科技金融、创业辅导、技术转移等资源，推进资本和人才高效结合，进一步提升科技企业孵化器和众创空间专业化水平，形成"创新研发、创业孵化、产业集聚"联动机制，打通企业"孵化、培育、产业化"等关键环节，孵化培育一批具有核心竞争力的科技型企业。

（二）优化提升"双创"载体平台

根据产业定位和规划布局，积极支持骨干企业、平台型企业及相关公共服务机构等新建一批科技企业孵化器。提升"孵化创业载体"创新能力，加强科技研发、技术转移、投资融资、产业咨询、市场推广等方面的专业能力建设，为科技企业提供全方位、多层次和多元化的一站式服务，以孵化壮大科技型中小企业为目标，加速形成战略新兴产业，培育创造新的经济增长点。

加快"众创空间聚集区"建设，按照"互联网+创新创业"模式，推广发展创客空间、创业咖啡、创新工程、农科驿站等为代表的创新型孵化载体，着力为小微创业企业和个人创业者提供更优质的服务。实施科技企业孵化器和众创空间提档升级工程，支持运行良好的科技企业孵化器和众创空间争创国家级、省级，推动科技企业孵化器和众创空间增量提质上水平[1]。

（三）培育打造创新创业共同体

紧密结合区域资源禀赋和产业基础，按照聚焦优势产业、布局一批新兴产业的总体思路，坚持市场化机制和政策性支持相结合，积极探索政府和社会资本合作模式，鼓励多元主体参与创新创业共同体建设，健全完善资本链与产业链、科技链、人才链对接机制，构建政产学研金服用协同创新体系，发挥高端人才

---

[1] 蒋兰英.科技创新视角下建宁县食品加工产业转型升级的对策研究[J].产业与科技论坛,2019（12）.

集聚、企业孵化培育、创新创业服务、科技成果转化、产业集聚提升等方面的作用，推动经济实现高质量发展。

构建科技创新平台建设体系，着眼于全省发展战略和创新链布局需求，着力在科技创新平台建设上持续用力，进一步发挥园区在人才引进、招院引所、技术研发、成果转化等方面的载体作用，增强区域科技要素聚集能力。

五、促进科技成果转移转化

（一）完善技术转移转化体系

加强技术合同登记认定管理，依托技术市场体系为技术成果交易提供服务，提高服务水平和效率。开展技术转移示范机构建设，支持引进专业技术市场服务机构，推动线上线下技术交易，加大对转移机构培育和技术交易工作的支持力度。

畅通技术交易服务渠道。依托国家级技术转移示范机构，着力为企业提供技术合同登记备案工作的培训指导，组织企业与高校、科研院所开展产学研合作交流。通过政策和资金引导，培育和壮大技术转移服务机构，提升技术经纪服务能力，促进成果转移转化。加强人才队伍建设，加快培育技术经纪人市场，依托服务机构培养一批懂专业、懂管理、懂市场的技术交易服务人才队伍。

（二）加大科研经费投入

积极落实研发费用财政补助政策，鼓励企业加大科研经费投入力度，产生更多优秀的科技成果。同时，鼓励企业与高校、科研机构共同实施科技成果转化，吸引省域外个人、组织带科技成果来山东省转化，积极培育和扶持科技成果转化中介服务机构，发挥技术市场与行业协会等在成果转化中的作用。

强化企业创新主体地位，落实扶持政策，调动企业在技术创新决策、研发投入和成果转化上的主动性，积极培育科技创新领军企业。构建以企业为主体的产业技术创新联盟，开展产业共性技术攻关行动，形成"研发—孵化—转化—加速—产业化"的科技成果转化平台，推动科技成果向应用转化、向企业转化。

（三）推广服务平台载体建设

围绕主导产业，按照突出特色、提高辐射带动能力的发展思路，加快创新平台及科技园区的建设。以企业研发中心为重点，加大资金、人才、政策扶持力度，引导企业进行技术工艺的创新、引进、吸收、转化和推广，增强企业发展新兴产业、运用现代高新技术嫁接改造传统产业的能力，提高整体技术水平。

坚持需求导向和产业化方向，面向经济社会发展主战场推进科技创新，建成有影响力的区域性成果转化、孵化、交易中心。围绕产业链部署创新链，着力推动科技应用和创新成果产业化，发展一批规范化、市场化的科技服务中介机构。

六、大力加强高端人才引进

（一）创新人才培养模式

结合产业转型发展需求，大力支持本地高校和科研院所的发展，与国内外著名高校和科研院所建立良好的合作培养关系，不断提高高层次人才队伍的素质。结合企业的技术创新和重大研究项目，引导和支持企业加大创新型高端人才的开发投入，培养更多创新型科技人才。

以深化产学研合作为重点，围绕现代产业体系建设所急需的科技人才，开展人才专场服务活动，充分利用企业与国内外高校、科研院所专家团队精准对接活动,积极开展"一对一""一对多""多对一"的专场服务,推动更多科技人才来鲁创新创业。通过"互联网+科技成果转化"在线对接模式,打造线上线下相结合的对接服务新体系。

(二)引进和培育高端技术人才

聚焦产业人才需求,突出"高精尖缺"导向,着力引进培育创新创业高端人才和团队,培养和造就重点专业人才,增强企业自主创新能力和核心竞争力。实施创新人才引进扶持计划,重点引进国家"千人计划""万人计划"、省内"泰山学者"等创新人才,积极对接各类人才培养提升工程,打造拥有关键技术、发展高新技术产业、带动新兴产业发展的创新创业人才或团队。

实施柔性引智工程,鼓励企业采取合作研究、兼职聘用、联合攻关等方式柔性引进高层次人才和团队。鼓励人才创业和项目研发、转化,支持高层次人才承担各种类型的科技项目,申请知识产权,对科技人员就地转化科技成果按照所得收益的一定比例给予奖励。

(三)推动高新技术人才集聚

围绕科技兴企、工业强省,积极引进高新技术产业、支柱产业、新兴产业以及重点工程等领域急需的高科技人才。制定符合山东省实际的高科技人才引进政策,开通人才来鲁创业绿色通道。加强高科技人才平台载体建设,推动企业与国内外高校、科研院所对接合作,共同建立工程技术研究中心、重点实验室等科技创新平台。坚持引进资金、项目、技术与引进人才并重,实现招商引资与招才引智良性互动。充分发挥本省优势行业、龙头企业、支柱产业对人才的吸纳作用,吸引一批优秀人才来鲁发展。

制定落实配套政策措施,提高科技人才待遇,鼓励知识、技术和才能等要素参与收益分配,稳定人才。采用企业与高校联合培养等方式,着力培养一批具有现代经营管理技能的高素质企业家队伍。加大人才智力引进工作力度，积极引入产业发展急需的各类人才，重点引进产业创新型人才和技术带头人、拥有自主知识产权成果的人才、科技成果转化急需的管理人才等，倾力引进站在科技前沿、占据技术制高点的顶尖人才，并发挥其社会影响力形成专家效应，吸引更多创新团队向山东省聚集。

第四节　山东省科技创新与产业升级环境保障

山东省应坚持把优化科技服务、聚集优质科技资源，作为激发创新活力的重要抓手。加快构建科技创新管理新机制，健全科技创新投融资机制，实施知识产权强省战略，完善科技信息服务体系。整合政府、企业、高校、科研院所等各类创新资源，汇聚各类服务机构，打造有利于科技创新与产业升级的良好生态环境。

一、构建科技创新管理新机制

（一）深化科技体制改革

进一步深化科技计划改革。加快实现内部流程优化，把握和吃透国家大政方针、战略规划精神，围绕产业链布局创新链，研究制订科技创新发展规划、科技工作年度计划，明确科技创新目标、任务和发展举措。

科学设置科技计划体系。逐步探索建立由第三方专业机构管理科技项目的机制，优化科技项目评价、筛选机制，规范项目管理，推进协同创新，提升管理效能，保证科技计划管理的公平、公正和公开。深化财政科技资金管理改革，形成由市场决定技术创新项目和资金分配的机制，优化科技创新生态环境。

（二）加快从研发管理向创新服务转变

进一步创新科技服务方式。完善科技管理部门权力清单、责任清单和公共服务清单，健全事中事后监管机制，优化提升科技孵化中心、科技合作中心等平台功能，完善"互联网＋科技服务"模式，推动政府职能从研发管理向创新服务转变，为各类创新主体提供方便快捷的公共服务。进一步提升服务意识，当好服务科技与经济融合发展的"店小二"，深化行政审批体制改革，明确权力责任清单，提高服务质量。

加强基层科技服务机构建设。深入基层和企业一线，密切联系各类创新主体，摸清全省科技创新情况，针对制约全省科技创新发展的堵点、难点和痛点，制定专项举措，逐一攻克。建立健全内部职能职责分工，进一步细化与完善工作机制，解决好科学技术转化、普及、提高问题，解决好"最后一公里"突破和创新问题。

（三）注重技术创新服务保障

完善和加强基层科技服务机构管理运转机制。加强科技服务体系，建设好有助于科学技术知识的产生、传播和应用转化活动的载体系统，主要包括科技政策、信息传播、资源共享，咨询、推广、中介服务机构，科技企业孵化器、大学科技园，科技市场、人才队伍等要素。积极推进科技系统业务工作"流程再造"，简化服务环节，提升服务效率，提高服务质量，着力为创新发展提供"一站式""保姆式"服务。

建立科技创新活动容错机制。鼓励、保护管理者创新动力，要鼓励管理者在政策制定上更加大胆，政策实施上更加灵活，真正做到"法无禁止皆可为"。应进一步建立政府管理部门的容错机制、纠错机制，推动政策实施关键部门的协调沟通，尽量加大事后监管，在法律允许范围内学会特事特议和例外处理，同时加大故意违法的机会成本。

应持续改进工作作风，重点在敢于担当、激情干事、更严更实上抓提升、见实效，对新业态要更敏锐更宽容，产业配套要更完备更贴心，创业孵化要更专业更精细。加强科技"诚信体系"建设，将失信企业列入失信黑名单，禁止申报科技类项目、平台、奖项，为科技创新工作保驾护航。应积极倡导诚信文化，树立各级政府诚信践诺的良好形象，营造人人关心创新环境、人人建设创新环境的浓厚氛围。

二、健全科技创新投融资机制

（一）建立多元化创新发展投入体系

进一步完善科技投入体制。坚持政府引导与市场机制相结合，构建多元化、多层次、多渠道的科技投融资体系。加大财政科技专项资金支持力度，完善科技发展计划体系，引导企业强化自主投入，逐步形成以政府投入为引导、企业投入为主体、风险投入为补充的高新技术投融资体系。

进一步强化财政投入对自主创新的导向作用。制定和落实有关税收激励政策，建立和完善支持创新型企业发展的信用担保体系，加快发展创业风险投资事业。严格落实上级对财政科技投入的有关规定，提高财政资金使用效率。进一步完善金融创新体系，强化金融对人才的支持，推动银行机构设立"人才贷"，支持高层次人才创新创业。

（二）拓宽科技型企业融资渠道

创新科技信贷模式。发挥创新基金和科技成果转化贷款风险补偿资金的引导作用，支持金控集团和有关商业银行开发科技专属金融产品，为科技型企业提供个性化、订单式服务，解决企业贷款难、融资难的问题。

拓宽资本市场融资渠道。积极推动符合条件的中小企业通过中小板、创业板、"新三板"等实现上市融资，拓展私募股权、私募债券、股权质押等多元化的融资渠道。依托政府投融资平台，逐步扩大各类创新基金规模，为创新发展提供有力的资金保障。围绕智能装备、生物医药、新一代电子信息、新能源、新材料等战略性新兴产业及机械装备、绿色化工等传统优势产业，与城投集团合作成立产业创新发展基金，以股权、债权等方式开展合作，引导创新型产业发展，提升企业自主创新能力。

（三）完善科技金融综合服务体系

加快推进科技与金融深度融合。以促进科技成果的转化应用为目标，以优化财税政策为引导，着力强化金融支持创新作用，改善科技型企业投融资环境。提供科技金融服务，实现科技与金融全产业链对接。

规范设立政府创业投资引导基金，鼓励创投机构、大型骨干企业设立子基金，重点投资于新材料、节能环保、生物医药、电子信息等高新技术领域，以及装备制造、食品加工与纺织服装等优势传统产业的升级改造等，促进成果转化应用。完善科技信用保证体系，规范设立中小企业信用担保基金，对担保机构、保险公司等信用保证机构给予业务补助，引导、扩大科技型中小企业融资规模。

建立企业融资信用体系，通过政府购买服务等方式，引入专业资信评估机构，建立健全中小微企业融资信用体系，实现企业融资信用信息的共享。开展创新创业竞赛展示，吸引创投机构、金融机构全过程参与，为创业者和小微企业提供专业的创业辅导、管理咨询和投融资服务。

三、完善科技信息服务体系

（一）构建科技资源共享网络体系

利用现有资源和网络，加快建设内容丰富、更新及时、组织严密、传输快捷、准确有效的科技服务信息传播系统，保障科技服务体系信息化水平的提升。充分运用现代信息技术，有效整合现有科技资源，建设科技创新大数据综合服务体系。积极与科技资源发达地区对接，搭建科技资源共享网络，实现区域大型科学仪器设备设施协作共用网络。

加快构建以中科院为中心，涵盖科研院所、重点高校、科技中介服务机构为一体的开放式科技成果合作网络体系。建成集项目成果库、科技专家库和企业需求数据库为一体的科技合作信息网，有效推动企业、重点高校、专家资源的互动交流，促进前沿技术和创新成果及时转化。

（二）加强科技信息平台建设

整合全省科技项目、政策等资源，搭建多部门联动的网络服务平台。打造科技政策发布平台，通过数据开放，调动社会力量开发利用政府创新资源信息，开启政府与社会信息共治的新局面；整合现有科技计划，使项目申报、受理、管理、评估等环节实现数字化和网络化，盘活政府科技资源。

打造科技需求征集和发布平台，鼓励企业线上发布技术需求，科技管理部门跟踪了解并针对有潜力的项目展开服务。打造科技成果推送平台，建立高校、科研机构科技成果免费发布平台，促进科研单位与重点产业企业合作，建设科技成果互联互通的"网上大市场"；线上发布展示高校科技成果，面向企业实现精准推送。

（三）加强科技信息服务载体建设

健全完善集科技成果展示、技术评估、成果交易等功能于一体的"一站式"技术交易市场，借力"互联网+"，实现技术、人才、资金、政策等创新要素的供需双方同步在线对接。健全科技政策信息传播与资源共享、科技企业孵化器与大学科技园、科技市场与人才队伍等要素的载体系统，促进科技知识产生、传播与应用转化。引导依托实力企业发展信息中介服务机构组织，建立以信息网络为基础的技术推广体系，促进科技信息化示范基地建设，推动科技推广、科技咨询和教育的发展。

（四）增强政府在科技信息服务中的作用

充分发挥政府宏观调控职能，对科技信息服务运行机制、资金、政策等各个方面起到主导作用。运行机制上，政府通过协调各个相关部门，对科技资源进行整合，从而发布更全面、更有效、更有针对性的科技信息。资金上，增加财政资金的投入，用于支持信息服务建设，同时放宽资金筹措的渠道并增强资金管理。政策上，加大政府对信息服务发展的政策支持力度，制定通信、金融、信贷和税收等方面的优惠政策，吸引社会各个领域以多种形式共同建设科技信息服务体系。

四、实施知识产权强省战略

（一）强化知识产权运用和保护

重点围绕实施知识产权管理能力提升工程、大保护工程、运用促进工程、质量提升工程、发展环境建设工程"五大工程"，全力推动知识产权强省战略实施。推动知识产权贯标提质增效，促进企业知识产权运用，加大对中小企业创新支持力度。全面建成知识产权保护中心，大力提升知识产权创造能力，指导推荐企业积极申报国家、省、市专利奖。进一步完善市县两级执法体系，加快培育一批核心知识产权和技术标准，着力加强专利侵权纠纷调处，加大知识产权保护力度。

（二）深化知识产权金融服务

推行企业知识产权标准化管理，完善知识产权质押融资风险补偿政策，扩大知识产权质押融资财政贴息补助范围，充分发挥知识产权质押融资风险补偿基金引导作用，有效带动专利保险、知识产权证券化等新兴知识产权金融服务业态发展，强化金融机构与企业协作。适当扩大专利专项资金规模，优化专利专项资金支出结构，加大对发明专利、国际专利申请费和维持费的支持力度。

（三）强化知识产权服务质量提升

加快打造知识产权市场化服务生态，构建专业高效的知识产权服务体系，不断完善知识产权服务载体，优化知识产权服务市场环境。完善知识产权评估、质押、托管、流转、变现机制，有效促进知识产权转化实施和市场化流转。培育壮大知识产权中介服务品牌，建立省市知识产权服务业联盟，发挥行业组织自律作用，开展机构分级评价，建立健全信用管理制度。扶持培育优秀知识产权服务机构，打造行业标杆单位，带动知识产权服务业整体服务能力提升。

五、强化政策激励措施

加强创新政策的落实力度，在促进重大科技项目实施、加快创新平台建设、鼓励企业科技创新、推动高新技术产业发展、强化高端人才培育等方面健全完善相关配套政策，为山东省创新发展与产业升级提供政策保障。

（一）实施推进科技项目开展的政策

支持重大科技成果项目攻关。紧抓上级有利政策，对高端装备、智能制造、虚拟现实、生物医药、现代农业、海洋化工等优势产业科技项目进行重点培育，深入谋划实施一批产业链长、带动性强的全局性、基础性、战略性重大项目，集成政策、资金、人才等资源，突破产业链"卡脖子"关键技术。优化完善科技发展计划布局，设立专项支持相关领域开展科技项目攻关。落实"要素跟着项目走"机制，破解瓶颈制约，提高配置效率，为项目建设提供重要支撑。围绕优势产业，继续支持企业、高校及科研院所联合开展技术研发与项目攻关。

加大重点、优质项目奖励力度。支持企业争取国家级、省级智能制造试点示范项目，支持优质项目招引。进一步优化科技奖励结构，加大科技奖励评审中的产业化绩效权重，提高成果转化和产业化类项目奖励比例。

（二）实施加大创新平台建设的政策

加大创新平台建设的政策支持力度。进一步落实有关优惠政策，营造创新平台发展的良好环境。在财政预算中拿出专项经费，重点培育和支持科技研发平台实施科技创新项目，对科技创新平台优先推荐列入省级以上政策类支持计划。鼓励创新平台整合现有的各类专家、科技成果、孵化平台、设备、企业、产品等信息，建立科技信息和资源共享平台，为各类创新主体提供信息服务，提高资源利用和科技创新效率。

制定完善科技企业孵化器扶持政策。突出配套设施、孵化能力、创业环境、种子筛选等环节，全力推进科技企业孵化器建设，进一步明确创新型孵化载体发展方向和服务功能。实施市级众创空间发展计划，鼓励社会力量组织兴办众创空间。加大创新创业共同体培育力度，落实大型仪器共享及创新券政策，推动大型仪器共享服务开展，扩大创新券政策覆盖范围，严格审核把关，理顺创新券管理流程，促进政产学研金服用融合创新。

（三）完善鼓励企业创新与研发投入的政策

支持企业技术创新。完善覆盖不同发展阶段的企业创新扶持政策体系，进一步增强企业技术创新的主体地位。对开展技术创新活动的中小企业，加大科技资金、产业资金的支持规模，为成长型科技创新企业提供科技项目申请、人才引进、用地等集成服务。完善企业技术创新机构专项资助政策，对企业建立的工程技术研究中心、国家重点实验室等技术创新机构给予专项资助。推进企业技术研发中心建设，对于条件成熟的企业技术研发中心，推荐申报国家、省技术中心。

鼓励企业加大研发投入。发挥市场在资源配置中的决定性作用，引导激励企业和社会力量加大科技投入。狠抓科技创新政策落实，鼓励企业通过加大科技创新和研发投入，提升净资产收益率与增加值指标的含金量、含新量和含绿量。支持技术改造攻关，支持企业实施以机器人系统为核心的智能化技术改造，建立政府引导、企业负责、金融支持、社会资本参与的企业技术改造稳定增长机制。完善支持企业技术创新的普惠性政策，加大企业研发费用加计扣除、研发费用后补助等优惠政策的落实力度。

（四）实施推动高新技术产业发展的政策

支持高新技术产业发展。落实高新技术产业发展政策，促进创新资源和新兴产业加速汇聚。聚焦增强资源配置能力，加大对科技创新成果转移转化的稳定支持，落实科技项目配套资金，进一步发挥财政资金的示范引导作用。支持重点龙头企业延伸链条建设产业园区，协同引进上下游配套企业和产业链缺链项目。对围绕主导产业或龙头企业落户同一园区的项目，可多个项目捆绑计算投资额或地方贡献，享受招商发展激励政策。

加快推进高新技术产业建设。加大政策和资金的支持力度，通过制定一系列措施，支持龙头骨干企业加快发展，示范带动产业发展。加大对新技术、新产业、新业态、新模式的培育力度，做大做优支柱产业、特色产业、新兴产业，积极推动集群内科技型大中小企业形成完善的生产配套或协作体系，支持与集群产业链相关联的研发设计、创业孵化、技术交易、投融资、知识产权、教育培训等创新服务机构建设，构建集群产业生态系统。

（五）强化推动高端人才培育的政策

提升高层次人才服务水平。认真抓好人才引进、培养、使用全流程管理，积极组织申报各类人才工程和示范基地，打造引才引智政策和体制机制的创新平台。依托骨干企业，加快引进青年人才和外国专家人才，推荐争取国家科技部创新人才推进计划，协助各类人才积极争取上级科技资源支持。广泛组织参加各类人才竞赛，以赛代评，激发科技人才创造活力。

完善外专人才政策体系，不断优化引才聚才环境。突出服务导向，在高层次人才服务区设立外国人才服务窗口，打造"精准化、信息化、专业化"人才服务模式。加大财政支持力度，稳步实施外国人来华工作许可证办理工作，进一步完善外国人才引进和服务的相关配套政策，不断提升行政服务标准化水平。

坚持政策引领，健全人才成长的长效激励机制。完善以增加知识价值为导向的收入分配机制，落实科技成果转化分配激励政策，提高科技人才待遇，鼓励知识、技术和才能等要素参与收益分配。强化有关人才政策的落实督导力度，提高各类人才自主创新的积极性。在重大项目安排、财政资金分配等方面向高层次人才倾斜，把财政支持企业发展的各类专项资金，优先用于企业人才培养，特别是优先支持创新团队、产学研合作等人才计划项目。

参考文献

[1] 陈婷,郑宝华.产业协同研究综述[J].商业经济,2017(3):49-53.

[2] 廖忠群.从产业链的角度认识和分析广西电子信息产业[J].广西科学院报,2005(S1):29-31.

[3] 梁琦.中国制造业分工、地方专业化及其国际比较[J].世界经济,2004(12):32-40.

[4] 王晓玲,孙德林.江西电子信息产业的比较研究与发展对策[J].企业经济,2003(12):179-180.

[5] 季国平.中国新型显示产业的现状与发展[J].现代显示,2003(6):4-6.

[6] 魏丽华.京津冀产业协同发展的困境分析[J].开发研究,2016(2):117-121.

[7] 张明之.区域产业协同的类型与运行方式:以长三角经济区产业协同为例[J].河南社会科学,2017,25(4):79-85.

[8] 綦良群,王成东.产业协同发展组织模式研究:基于分形理论和孤立子思想[J].科技进步与对策,2012,29(16):40-44.

[9] 唐少清,姜鹏飞,李剑玲.京津冀地区产业协同机制研究[J].区域经济评论,2017(1):81-88.

[10] 陈芳,眭纪刚.新兴产业协同创新与演化研究:新能源汽车为例[J].科研管理,2015,36(01):26-33.

[11] 张国兴,高晚霞,张振华,等.产业协同是否有助于提升节能减排的有

效性：基于 1052 条节能减排政策的研究［J］.中国管理科学，2017，25（3）：181-189.

［12］石莹.激发第一动力建设创新型城市［N］.潍坊日报，2017-03-04.

［13］潍坊市人民政府.关于印发潍坊市"十三五"科技创新规划的通知［R］.潍坊市人民政府公报，2017-01-20.

［14］刘杰.以创新为驱动 助推潍坊产业转型升级研究［J］.中外企业家，2016（12）：30-32.

［15］魏丽华，李书锋.协同发展战略下京津冀跨区域临空产业布局分析：基于"行政区经济"向"产业区经济"转变的视角［J］.经济研究参考，2014（63）：43-49.

［16］刘雪芹，张贵.京津冀区域产业协同创新能力评价与战略选择［J］.河北师范大学学报：哲学社会科学版，2015，38（1）：142-148.

［17］郭爱君，毛锦凰.丝绸之路经济带建设中的我国节点城市产业定位与协同发展研究［J］.西北大学学报：哲学社会科学版，2015，45（4）：18-27.

［18］李大立，李正良.信息产业特点及湖南信息产业发展研究［J］.湖南经济，2002（3）：11-13.

［19］赵峥.科技创新驱动中国城市发展研究［J］.学习与探索，2013（3）：104-107.

［20］林毅夫.制度、技术与中国农业发展［M］.上海：上海人民出版社，2014.

［21］潍坊市统计局.山东统计年鉴（2011—2016）［M］.北京：中国统计出版社，2016.

［22］潍坊市统计局.奋进的四十年：山东分册［M］.北京：中国统计出版社，1989.

［23］王欣.农业现代化研究综述［J］.福建质量管理，2017，12（10）：35.

［24］潍坊市农业科学院.山东农业发展历程与新趋势［M］.济南：山东科学

技术出版社，1989.

[25]《中国农业全书》总编辑委员会.中国农业全书：山东卷[M].北京：中国农业出版社，1994.

[26] 陈锡文.经济新常态下破解"三农"难题新思路[M].北京：清华大学出版社，2016.

[27] 陈锡文，赵阳，罗丹.中国农村改革30年回顾与展望[M].北京：人民出版社，2008.

[28] 方中雄，高兵.京津冀协同发展战略下首都基础教育地位、作用与变革趋势研究[J].中国教育学刊，2017（12）：6-13.

[29] 王维,李孜沫,王晓伟.长江经济带产业协同发展格局研究[J].管理现代化，2017，37（1）：23-25.

[30] 周锐，王宝平，张伊娜，等.长江经济带国家级高新技术产业开发区发展指数研究[J].城乡规划，2017（5）：76-81.

[31] 杨运韬，陈景新，张月如.京津冀与长江经济带区域创新效率比较研究[J].中国经贸导刊：理论版，2017（35）：52-53.

[32] 何雄伟.优化空间开发格局与长江经济带沿江地区绿色发展[J].鄱阳湖学刊，2017（6）：50-58+126-127.

[33] 盛方富，李志萌.创新一体化协调机制与长江经济带沿江地区绿色发展[J].鄱阳湖学刊，2017（6）：44-49.

[34] 谷玉辉，吕霁航.长江中游城市群协调发展存在的问题及对策探析[J].经济纵横，2017（12）：117-122.

[35] 董树功.协同与融合：战略性新兴产业与传统产业互动发展的有效路径[J].现代经济探讨，2013（2）：71-75.

[36] 王莉红.中国大陆地区平板显示产业与半导体产业协同发展的思考[J].集成电路应用，2013（10）：12-15.

[37] 朱传言，肖峋.京津冀电子信息产业协同创新机制构建[J].人民论坛，

2015（5）：217-219.

［38］王必锋，赖志花.京津冀高端服务业与先进制造业协同发展机理与实证研究［J］.中国流通经济，2016，30（10）：112-119.

［39］陈建华.金融协同与京津冀产业升级［J］.中国金融，2015（17）：80-82.

［40］李海东，马威，王善勇.高技术产业内协同创新程度研究［J］.中国高校科技，2013（12）：66-69.

［41］臧维，秦凯，于畅.基于资源视角的京津冀高新技术产业协同创新研究[J].华东经济管理，2015，29（2）：47-54.

［42］张玥，黄琨.网状产业链视角下高新技术产业协同创新研究[J].特区经济，2016（4）：43-45.

［43］陈建军，刘月，邹苗苗.产业协同集聚下的城市生产效率增进：基于融合创新与发展动力转换背景［J］.浙江大学学报：人文社会科学版，2016，46（3）：150-163.

［44］彭红英.浙江省产业协同集聚现象及其对产业转型升级的影响［J］.中国商论，2016（23）：105-106.

［45］余东华.以"创"促"转"：新常态下如何推动新旧动能转换［J］.天津社会科学，2018，24（1）：15.

［46］邓小平.邓小平文选：第2卷［M］.北京：人民出版社，1994.

［47］邓小平.邓小平文选：第3卷［M］.北京：人民出版社，1993.

［48］党忠.论毛泽东、邓小平和江泽民的"三农"观［J］.中共四川省委省级机关党校学报，2004，13（4）：11-14.

［49］潍坊市经济和信息化研究院.农业大省基础稳固，提质增效成果然：党的十八大以来山东经济社会发展成就系列分析之三［EB/OL］.20172017-10-18.http: //www.sdjxw.org.cn/news.asp?vid=2151#.

［50］胡东香.关于山东粮食生产的调查与思考［J］.山东经济战略研究，

2016，11（4）：17-19.

［51］潍坊市统计局.2011—2016年潍坊市国民经济和社会发展统计公报［M］.北京：中国统计出版社，2017.

［52］山东省新旧动能转换重大工程实施规划［EB/OL］.2018-2-22.http：//www.shandong.gov.cn/art/2018/2/22/art_2477_234419.html.

［53］陈其慎，于汶加，张艳飞，等.资源-产业"雁行式"演讲规律［J］.资源科学，2015，37（5）：871-882.

［54］陈卫平，朱述斌.国外竞争力理论的新发展［J］.国际经贸探索，2002，（3）：2-4.

［55］代谦，别朝霞.人力资本、动态比较优势与发展中国家产业结构升级［J］.世界经济，2006（11）：70-84.

［56］邓丽娜.FDI、国际技术溢出与中国制造业产业升级研究［D］.济南：山东大学，2015.

［57］邓向荣，曹红.产业升级路径选择：遵循抑或偏离比较优势——基于产品空间结构的实证分析［J］.中国工业经济，2016（2）：52-67.

［58］武玉英，龙海云，蒋国瑞.京津冀新能源汽车产业协同发展对策研究［J］.科技管理研究，2015，35（12）：71-75.

［59］江风益，刘军林，王立，等.硅衬底高光效GaN基蓝色发光二极管［J］.中国学：物理学力学天文学，2015，45（6）：19-36.

［60］卫平，郭江.供给侧视角的我国高技术产业产能过剩测度与影响因素［J］.产经评论，2017（5）：123-132.

［61］韩国高，高铁梅，王立国，等.中国制造业产能过剩的测度、波动及成因研究［J］.经济研究，2011（12）：18-31.

［62］程俊杰.中国转型时期产业政策与产能过剩：基于制造业面板数据的实证研究［J］.财经研究，2015（8）：131-144.

［63］国家统计局.2009年上半年经济述评之十五：破解产能过剩困局［EB/

OL］.http：//finance.sina.com.cn/roll/20090902/13286697092.shtml.

［64］青岛市人民政府．青岛市人民政府关于印发青岛市医养健康产业发展规划（2018—2022年）的通知［R］．青岛市人民政府公报，2018-11-30.

［65］马林峰，相丹．转型升级推动产业向中高端迈进［N］．潍坊日报，2016-03-31.

［66］钱焕涛，张辉．创新让传统产业焕发新活力［J］．今日中国，2017（12）：44-45.

［67］山东省人民政府．山东省人民政府关于印发山东省"十三五"科技创新规划的通知［R］．山东省人民政府公报，2017-01-20.

［68］吴淑娟，吴海民．基于DEA模型的LED企业规模效率评价研究：以我国上市公司为例［J］．发展研究，2014（3）：72-76.

［69］刘莹．基于哈肯模型的我国区域经济协同发展驱动机制研究［D］．长沙：湖南大学，2014.

［70］许优美．天津市产业链及其演化趋势分析：基于2007年投入产出表的分析［D］．天津：天津财经大学，2010.

［71］吴三忙，李善同．中国经济复杂度及其演变：基于1987年至2007年的投入产出表测度［J］．管理评论．2013（3）：3-17.

［72］全诗凡，江曼琦．京津冀区域产业链复杂度及其演变［J］．首都经济贸易大学学报．2016（2）：42-49.

［73］Haken. Visions of synergetics［J］.Journal of the Franklin Institute，1997，07(9)：759-792.

［74］孟庆松，韩文秀．复合系统协调度模型研究［J］.天津大学学报，2000(4)：444-446.

［75］赵弘．北京大城市病治理与京津冀协同发展［J］.经济与管理，2014(3)：5-9.

［76］马俊炯．京津冀协同发展产业合作路径研究［J］.调研世界，2015（2）：

3-9.

[77] 高素英,张烨,许龙,等.协同发展视野下京津冀产业协同路径研究:以轨道交通产业为例[J].天津大学学报:社会科学版,2016,18(6):529-534.

[78] 刘秉镰,孙哲.京津冀区域协同的路径与雄安新区改革[J].南开学报:哲学社会科学版,2017(4):12-21.

[79] 高卷.京津冀协同发展背景下雄安新区发展思路研究[J].经济与管理评论,2017,33(6):130-136.

[80] 吴敬链,厉以宁,林毅夫,等.供给侧改革:引领"十三五"[M].北京:中国财政出版社,2016.

[81] 鞠立新.略论协同推进长江经济带供给侧结构性改革[J].上海商学院学报,2016,17(3):1-8.

[82] 国家行政学院经济学教研部.中国供给侧结构性改革[M].北京:人民出版社,2016.

[83] 国务院.国务院关于印发中国(湖北)自由贸易试验区总体方案的通知[Z].2017-3-15.

[84] 蒋娅娜.我国农产品现代流通体系机制创新[J].商业经济研究,2018(6):119-122.

[85] 李丽,徐丹丹.城乡流通差距对农村居民消费的影响:以北京市为例[J].中国流通经济,2018(2):28-36.

[86] 姚晓萍.发达国家农业经济发展对我国农村摆脱经济贫困的启示[J].商业经济研究,2018(2):127-128.

[87] 张晓林.乡村振兴战略下的农村物流发展路径研究[J].当代经济管理,2019(4):6.

[88] 胡亚兰,鲍金红.我国农村物流发展现状、商业保险模式与优化策略:基于供给侧改革视角的研究[J].现代经济探讨,2018(12):127-132.

[89] 张荣.“互联网+”背景下农村物流发展研究[J].中外企业家,2018(32):69.

[90] 张天佐.农业生产性服务业是振兴乡村的大产业[J].农村经营管理,2018(12):15-17.

[91] 郭海红.互联网驱动农业生产性服务创新:基于价值链视角[J].农村经济,2019(1):125-131.

[92] 徐力行,高伟凯.产业创新与产业协同:基于部门间产品嵌入式创新流的系统分析[J].中国软科学,2007(6):131-134.

[93] 叶提芳.新常态下国际贸易对中国产业结构变迁的影响研究[M].武汉:华中科技大学出版社,2017.

[94] 国务院研究室编写组.十二届全国人大四次会议《政府工作报告》学习问答(2016)[M].北京:中国言实出版社,2016.

[95] 周四军,廖芳芳,李丹玉.考虑行业异质性的我国工业能源效率分析[J].产经评论,2017(1):14.

[96] 刘守英.百名学者前瞻中国经济[M].北京:中国发展出版社.2016.

[97] 王又花.关于湖南信息产业发展的思考[J].科技管理研究,2011,31(24):172-174.

[98] 胡盈,张津,刘转花,等.基于引力模型和城市流的长江中游城市群空间联系研究[J].现代城市研究,2016(1):52-57.

[99] 鲁继通.京津冀区域协同创新能力测度与评价:基于复合系统协同度模型[J].科技管理研究,2015,35(24):165-170.

[100] 李琳,龚胜.长江中游城市群协同创新度动态评估与比较[J].科技进步与对策,2015,32(23):118-124.

[101] 曹林峰,施建华.基于序参量的汽车产业与区域物流发展协同度测算:以江苏盐城汽车产业为例[J].产业与科技论坛,2015,14(20):101-103.

[102] 张淑莲, 胡丹, 高素英, 等. 京津冀高新技术产业协同创新研究 [J]. 河北工业大学学报, 2011, 40 (6): 107-112.

[103] 张静晓, 李慧, 周天华. 我国建筑业产能过剩测度及对策研究 [J]. 科技进步与对策, 2012, 29 (18): 44-47.

[104] 李兴华. 协同创新是加快推进 LED 产业发展的关键 [N]. 人民日报: 海外版, 2012-07-11.

[105] 袁捷敏. 工业产能利用率估算方法实证研究 [J]. 商业时代, 2012 (19): 109-111.

[106] 许强, 应翔君. 核心企业主导下传统产业集群和高技术产业集群协同创新网络比较: 基于多案例研究 [J]. 中国软科学, 2012, 26 (6): 10-15.

[107] 闫军印, 梁波. 基于投入产出模型的我国矿产资源产业关联度研究 [J]. 当代经济管理, 2013, 35 (3): 59-64.

[108] 张静晓, 李慧. 中国建筑业产能过剩的结构基础与指标测度 [J]. 西安建筑科技大学学报: 自然科学版, 2013, 45 (1): 105-110.

[109] 路正南, 刘春奇, 王国栋. 光伏产业链协同绩效评价指标体系研究 [J]. 科技与经济, 2013, 26 (1): 106-110.

[110] 韦素华, 张唯. 武汉光电子信息产业发展的优势与劣势分析 [J]. 行政事业资产与财务, 2014 (6): 99-101.

[111] 翁英英, 张伟. 我国汽车产业链协同发展及其提升战略: 基于投入产出分析 [J]. 企业经济, 2013 (12): 142-146.

[112] 王兴明. 产业发展的协同体系分析: 基于集成的观点 [J]. 经济体制改革, 2013 (5): 102-105.

[113] 刘方平. "一带一路": 引领新时代中国对外开放新格局 [J]. 甘肃社会科学, 2018 (2): 64-70.

[114] 高丽娜, 蒋伏心. "新比较优势"下的"一带一路"倡议研究 [J]. 世

界经济与政治论坛，2017（2）：56-69.

［115］董明芳，袁永科.基于直接分配系数的产业分类方法［J］.统计与决策，2014（24）：37-39.

［116］吴莲贵.湖南省新一代信息技术产业发展路径与对策研究［J］.现代企业教育，2014（24）：520-521.

［117］杨晓敏.基于创新链的产业集群的协同创新研究：以天津市 LED 产业为例［D］.天津：河北工业大学，2015.

［118］赵巾帼，罗庆云.加快湖南省新一代信息技术发展创新人才培养研究［J］.科技创新导报，2014，11（32）：173-174.

［119］苏文龙.中国工业产能过剩的测度［D］.大连：东北财经大学，2015.

［120］奚琳琳.中国光伏产业产能过剩问题研究［D］.南京：南京财经大学，2015.

［121］李伟锋.湖南电子信息业活力迸发［N］.湖南日报，2014-10-12.

［122］孙久文，张红梅.京津冀一体化中的产业协同发展研究［J］.河北工业大学学报：社会科学版，2014，6（3）：1-7.

［123］王浩.江苏省制造业产能过剩的测度与成因分析［D］.南京：南京财经大学，2015.

［124］李琳，刘莹.中国区域经济协同发展的驱动因素：基于哈肯模型的分阶段实证研究［J］.地理研究，2014，33（9）：1603-1616.

［125］易瑜，吴莲贵.湖南省发展新一代信息技术产业问题研究［J］.甘肃科技，2014，30（16）：9-11.

［126］章祥荪，贵斌威.中国全要素生产率分析：Malmquist 指数法评述与应用［J］.数量经济技术经济研究，2008（6）：111-122.

［127］宋依蔓.现代化经济体系建设下高职教育服务实体经济研究［J］.教育与职业，2019（4）：7.

［128］陈丹萍.我国内部审计管理现状与对策［J］.审计研究，2017（6）：

95-96.

［129］闫应召.我国物流仓储管理信息化建设存在的问题、成因及对策分析［J］.全国流通经济，2017（21）：19-20.

［130］高锋.打好助力民营企业高质量发展"组合拳"［N］.中华合作时报，2019-03-01.

［131］林毅.经济制度变迁与中国经济增长：基于1952—2010年数据的分类检验［J］.经济与管理研究，2012（7）：13-21.

［132］马威.高技术产业内协同创新程度研究分析［D］.合肥：中国科学技术大学，2014.

［133］何胜,唐承丽,周国华.长江中游城市群空间相互作用研究［J］.经济地理，2014，34（4）：46-53.

［134］王来军.基于创新驱动的产业升级研究［D］.北京：中共中央党校，2014.

［135］CHEN C. Searching for intellectual turning points: Progressive knowledge domain visualization［J］. Proc. Nat. Acad. Sci., 2004, 101（Suppl）: 5303-5310.

［136］CHEN C. Cite Space Ⅱ: Detecting and visualizing emerging trends and transient patterns in scientific literature［J］. Journal of the American Society for Information Science and Technology, 2006, 57（3）: 359-377.

［137］CHEN C. Science mapping: A systematic review of the literature［J］. Journal of Data and Information Science, 2017, 2（2）: 1-40.

［138］ROUSSEEUW P J. Silhouettes: A Graphical Aid to the Interpretation and Validation of Cluster Analysis［J］. Journal of Computational & Applied Mathematics, 1987, 20（20）: 53-65.

［139］CHARNES A, COOPER W W, RHODES E. A brief history of a long collaboration in developing industrial uses of linear programming［J］. Operations Research, 2002（1）: 35-41.

[140] CAVES D W, CHRISTENSEN L R, DIEWERT W E. The economic theory of index numbers and the measurement of input, output and productivity [J]. Econometrica, 1982, 6: 1393-1414.

[141] FARE R, GROSSKOPF S, LOVELL C A K. Production Frontiers [M]. Cambridge: Cambridge University Press, 1994.

[142] DIETZENBACHER E, LUNA I R, BOSMA N S. Using Average Propagation Lengths to Identify Production Chains in the Andalusian Economy [J]. Estudios DE Economia Aplicada, 2007, 7 (23): 405-422.

[143] ERIK D, ROMERO I. Production Chains in an Interregional Framework: Identification by Means of Average Propagation Lengths [J]. International Regional Science Review, 2007, 30 (7): 48-60.

[144] JAFFE B A. Real effects of academic research [J]. The American Economic Review, 1989 (79): 957-970.

[145] LINK A N, REES J. Firm size, university based research and the returns to R&D [J]. Small Business Economics, 1990 (12): 25-31.

[146] LOET LEYDESORF. The mutual information of university industry government relations: an indicator of the triple helix dynamics [J]. Scientometrics, 2003, 58 (2): 451.

[147] GOKTEPE D. The triple helix as a model to analyze Israeli magnet program and lessons for late-developing countries like Turkey [J]. Scientometrics, 2003, 58 (2): 222-224.

[148] ETZKOWITZ H. The dynamics of innovation: from national systems and "mode 2" to a triple helix of university-industry-government relations [J]. Research Policy, 2000, 29: 109-123.

[149] PORTER M E. Location, competition and economic development: local clusters in a global economy [J]. Economic Development Quarterly, 2000 (1): 15-35.

[150] PORTER M. The competitive advantage of nations [J]. Harvard Business Review, 1990, 68 (2): 73-93.

[151] ASHEIM B. Regional innovation systems: the integration of local sticky and global ubiquitous knowledge [J]. Journal of Technology Transfer, 2002, 27 (2): 77-86.

[152] MARSHAL L A. Principles of Economics [M]. London: Macmillan, 1920.

[153] CICCONE A, HALL R E. Productivity and the density of economic activity [J]. American Economic Review, 1996 (1): 54-70.

[154] MITRA R, PINGALI V. Analysis of growth stages in small firms: a case study of automobile ancillaries in India [J]. Journal of Small Business Management, 1999, 37 (3): 62-75.

[155] VERNON R A. International investment and international trade in the product cycle [J]. Quarterly Journal of Economics, 1966 (2): 190-207.

[156] AHOKANGAS P, HYRY M, RASANEN P. Small technology-based firms in fast-growing region cluster [J]. New England Journal of Eetrepreneurship, 1999 (2): 19-26.

[157] PORTER M E. The Comparative Advantage of Nations: the comparative advantage of nations [M]. New York: Free Press, 1990.

[158] PADMORE T, GIBSON H. Modeling system of innovation: a framework for industrial cluster analysis in regions [J]. Research Policy, 1998 (26): 625-641.

[159] MARSHAL L A. Principles of Economics [M]. London: Macmil-lan, 1920.

[160] HENDERSON J V. The sizes and types of cities [J]. American Economic Review, 1974 (64): 640-656.

[161] 蒋兰英. 科技创新视角下建宁县食品加工产业转型升级的对策研究 [J]. 产业与科技论坛, 2019 (12): 26-28.

[162] 姚亚敏.潍坊市低碳经济发展研究［D］.济南：山东财经大学，2015.

[163] 任燕.价值链视角下潍坊市科技创新与产业升级的耦合研究［M］.北京：经济管理出版社，2018.

[164] 臧旭恒.产业经济学［M］.北京：经济科学出版社，2002.

[165] 徐强.产业集聚因何而生：中国产业集聚形成机理与发展对策研究［M］.杭州：浙江大学出版社，2004.

[166] 波特.国家竞争优势［M］.李明轩，邱如美，译.北京：华夏出版社，2002.

[167] 王燕燕.济南市高新技术企业集群化成长研究［D］.济南：济南大学，2008.

[168] 张淑静.产业集群的识别、测度和绩效评价研究［D］.武汉：华中科技大学，2006.

[169] 马歇尔.经济学原理［M］.朱志泰，译.北京：商务印书馆，1997.

[170] 涂俊，李纪珍.从三重螺旋模型看美国的小企业创新政策［J］.科学学研究，2006（3）：411-416.

[171] 黄速建.中国产业创新发展报告［M］.北京：经济管理出版社，2010.

[172] 王缉慈.创新的空间：企业集群与区域发展［M］.北京：北京大学出版社，2001.

[173] 盖文启.创新网络［M］.北京：北京大学出版社，2002.

[174] 藤田昌久，蒂斯.集聚经济学［M］.刘峰，张雁，陈海威，译.成都：西南财经大学出版社，2004.

[175] 埃茨科威兹.创业型大学与创新的三螺旋模型［J］.科学学研究，2009（4）：481-484.

[176] 黄珊.湖南省制造业产业集群对经济增长的影响研究［D］.长沙：湖南大学，2009.

[177] 傅京燕.中小企业集群的竞争优势及其决定因素［J］.外国经济与管理，

2003，25（3）：29-30.

[178] 程宝栋，宋维明.产业集聚与中国木材产业竞争力研究［J］.北京林业大学学报，2006，28（12）：50-152.

[179] 孙天琦.产业组织结构研究［M］.北京：经济科学出版社，2001.

[180] 刘彬.江苏省制造业产业集群分布及其经济效应分析［D］.南京：南京航空航天大学，2006.

[181] 张保胜.基于产业集群的经济发展浅析[J].产业与科技论坛,2006(3)：14-16.

[182] 吴宣恭.企业集群的优势及形成机理［J］.经济纵横，2002（11）：2-5.

[183] 魏守华，石碧华.论企业集群的竞争优势［J］.中国工业经济，2002（1）：59-65.

[184] 张亚红.绍兴新昌科技创新现状及路径分析［J］.统计科学与实践，2016（3）：55-57.

[185] 马建堂.生态产品价值实现路径、机制与模式［M］.北京：中国发展出版社，2019.

[186] 黑龙江省社会科学院.黑龙江的生态产品价值实现探索实践：生态产品价值实现路径、机制与模式［M］.北京：中国发展出版社，2019.

[187] 中共新疆维吾尔自治区委员会党校.新疆的生态产品价值实现探索实践：生态产品价值实现路径、机制与模式［M］.北京：中国发展出版社，2019.

[188] 秦尊文，李兵兵.现代化经济体系的内涵与建设重点[J].社会科学动态，2018（5）：4.

附录一　潍坊市落实国家、省重点科技政策情况

表1　国家、省重点科技政策落实情况

序号	重点政策名称	落实措施和效果
1	国务院《关于深化中央财政科技计划（专项、基金等）管理改革方案的通知》（国发〔2014〕64号） 《中共潍坊市委潍坊市人民政府关于深化科技体制改革加快创新发展的实施意见》（鲁发〔2016〕28号）	潍坊市出台《潍坊市科技计划项目管理办法》（潍科规〔2018〕16号）、《关于加强市级财政科技资金管理推进自主创新工作的意见》（潍财教〔2012〕54号）、《潍坊市应用技术研究与开发专项资金管理暂行办法》（潍财教〔2006〕41号）等文件，围绕优势领域和优势产业，综合运用无偿资助、后补助、贷款贴息、有偿使用、股权（风险）投资、奖励等多种方式，不断优化科技资金投入方式，创新科研经费支持方式，充分发挥财政资金杠杆作用，带动企业增加研发投入，支持科技自主创新
2	国务院《关于印发国家技术转移体系建设方案的通知》（国发〔2017〕44号） 省政府《关于加快全省技术转移体系建设的意见》（鲁政发〔2018〕13号）	潍坊市制定出台了《进一步促进科技成果转移转化的实施意见》（潍政办发〔2020〕4号）、《潍坊市支持培育技术转移服务机构补助资金管理办法》（潍科发〔2019〕4号），通过完善技术市场体系、扩大技术交易内容和方式、加快培育成果转移转化服务机构、强化成果转移转化人才队伍建设等方式建立健全潍坊市技术转移体系建设，同时，鼓励技术转移服务机构加入市科技成果转化服务平台，并对符合条件的服务机构给予经费补助

续表

序号	重点政策名称	落实措施和效果
3	国务院《关于全面加强基础科学研究的若干意见》(国发〔2018〕4号) 省科技厅等部门《关于进一步加强基础科学研究的实施意见》(鲁科字〔2019〕117号)	出台《关于支持科技创新服务新旧动能转换重大工程财政政策的实施意见》,进一步加强基础科学研究。市财政加大应用基础性研究和社会公益性研究投入,支持科研人员围绕潍坊市产业技术创新需求和优势领域开展应用基础研究和前瞻性技术研究,不断提升原始创新能力,增强城市及产业核心竞争力。每年遴选一批海洋科学、生命科学等领域具有产业发展引领作用的重点研究项目,积极争取纳入省自然科学基金支持范围,切实增强新旧动能转换源头创新能力
4	中共中央办公厅、国务院办公厅《关于深化项目评审、人才评价、机构评估改革的意见》(中办发〔2018〕37号) 省政府办公厅《关于深化项目评审、人才评价、机构评估改革的实施意见》(鲁政办发〔2019〕21号)	充分听取有关部门、高校、科研院所和企业等的意见和建议,了解把握上级重点支持方向和布局安排,围绕潍坊市"十强"产业和社会发展重大需求,编制市科技计划项目指南,制定科学合理、定性与定量相结合的项目评审标准,完善项目评审程序,规范评审专家选取使用,推进项目评审更加科学公正 改进科技人才评价方式,深入推进"以赛代评"选才机制。坚持把人才赛会嵌入每年定期举办的"风筝会""鲁台会"等重大节会。改革人才评审模式,实施"以赛代评",优化奖项设置。常态化组织举办潍坊国际人才创新创业大赛和"人才潍坊"论坛等,提高全市人才工作整体水平。紧跟"创业齐鲁·共赢未来"高层次人才创业大赛组织模式改进,择优推荐更多优秀人才参赛 积极与上级进行对接,掌握关于机构评估改革的政策要求,落实科研院所在收入分配、科研经费管理、科技成果转化收益处置使用等方面的自主权。加强政策宣传,加强交流合作,引导各科研院所准确把握工作重点,大胆探索实践,推进法人治理结构建设

续表

序号	重点政策名称	落实措施和效果
5	国务院《关于优化科研管理提升科研绩效若干措施的通知》（国发〔2018〕25号）省政府《关于健全科技创新市场导向制度的若干意见》（鲁政发〔2019〕13号）	加强对科研项目的管理，修订出台《潍坊市科技计划项目管理办法》（潍科规〔2018〕16号），明确项目组织管理的主体及各自的职责，规定项目申报单位、项目负责人申报条件及申报程序，提出项目的评审方式及立项程序，完善项目申报评审和过程管理，对项目验收程序进行了规范，改革科研项目经费管理制度，推动项目管理从重数量、重过程向重质量、重结果转变
6	国务院办公厅《关于抓好赋予科研机构和人员更大自主权有关文件贯彻落实工作的通知》（国办发〔2018〕127号）省政府《关于健全科技创新市场导向制度的若干意见》（鲁政发〔2019〕13号）	积极引导鼓励各高校、科研院所制定完善内部相关配套政策，认真落实赋予科研机构和人员自主权相关规定，建立健全相关科研经费管理制度，确保改革政策落实到位。各高校、科研院所根据自身实际，制定了《潍坊职业学院科技成果转化管理办法》《潍坊市农业科学院促进科技成果转化管理办法》等具体实施办法，对在完成、转化科技成果中做出贡献的人员进行奖励，扩大科研人员在科技项目管理和项目经费使用上的自主权，充分激发科研人员创新活力，极大地鼓舞和调动了广大科技工作者就地转化科研成果的热情
7	中共中央办公厅、国务院办公厅《关于进一步弘扬科学家精神加强作风和学风建设的意见》（中办发〔2019〕35号）省委办公厅、省政府办公厅《关于弘扬科学家精神加强科研诚信建设的若干措施》（鲁办发〔2019〕15号）	加强网络和新媒体宣传平台建设，通过宣传栏、微信公众号等多种方式，大力弘扬科学家精神，宣传科研诚信典范榜样，形成尊重人才、尊崇创新、精益求精、追求卓越的良好氛围 完善科研诚信体系，突出问题导向，针对一定程度存在的科研人员弄虚作假、徇私舞弊等问题，建立信用管理和"黑名单"制度，对项目管理和实施中的相关主体实行全过程信用记录和信用评价，构建科研违规和失信行为调查处理机制，强化科研道德和行为规范意识，激励和引导广大科技工作者求真务实、勇于攀登，营造诚实守信的科研生态

附录二　山东省产业链条延展案例

表1　菏泽市主要产业链条延展

产业	产业链条延展
曹县庄寨镇桐木加工业	曹县林木产业以庄寨镇、桃园镇为中心,辐射并带动周边两省六县十多个乡镇。目前有拼板、木工板、胶合板、刨花板、锯沫板等多种系列的林木加工及半成品加工链。曹县木材加工年产值达50亿元,是鲁西南优质板材生产基地,曹县庄寨镇作为"中国泡桐加工之乡""中国杨木加工之乡",是中国桐木加工第一镇,桐木加工出口占全国的80%以上。全镇年林木加工量达260万立方米,年出口家具及各类板材50万立方米,出口量占全国60%以上,远销日本、韩国、东南亚及欧美等地区
东明县木材加工业	全县共有木材加工企业1800多家,从业人员达3万多人,年总产值4亿元,上缴利税3000余万元。大屯镇、马头镇利用当地资源,大力发展板材加工业,从事木材加工的集体、个体企业遍地开花,已成为全县板材加工的龙头乡镇
郓城县黄安镇木材加工业	依托当地丰富的杨木资源,形成了杨木旋皮、家具加工、架木贩运三大群体和一大批木材加工龙头企业。各类木材加工企业6300多家,固定资产投资6亿元,从业人员7.2万人,胶合板生产线620条,科技木生产线50条,拥有胶合板、细木工板、科技木等七大类产品。已成为华东地区木材加工基地和江北科技木生产基地,被列入山东省十大特色产业
曹县普连集镇条编工艺品	全县条编工艺从业人员1万多人,年加工白条2500万千克。生产各种工艺品400万套,完成产值2亿元,实现利税1500万元,销售总额、花色品种均居全国同行业首位。在镇内带动20多个专业村、42家企业、1400多个专业户,出口欧美、东南亚等地区

产业	产业链条延展
单县浮岗乡装饰木线条	单县浮岗乡装饰木线条产业带动全乡2275家木线条个体加工点,其中拥有百万元以上资产的个体私营企业140家,从业人员1万多人,年实现销售收入3亿多元,利税4000万元
巨野杨木加工业	现有木材加工企业500多家,从业人员近2万人,年加工木材50万立方米,产值6亿多元,太平镇就有杨木加工企业100多家,年创产值近亿元,是林木加工专业村镇

表2 临沂市主要产业链条延展

产业	产业链条延展
兰山区板材加工业	依托杨树丰产林的发展,以朱保、义堂两乡镇为中心,辐射面积达200平方千米,是全国四大板材生产基地之一,是全国最大的人造板生产区和销售集散地,被誉为"中国板材之乡"。人造板生产加工和配套企业达3480家,从业人员12万人,生产主导产品有胶合板、刨花板、细木工板等七大系列100多个品种,年产人造板1100多万立方米,年销售收入130亿元以上,其中25%的产品出口欧美、中东、韩国、日本等地区,连续4年对财政收入的贡献达1亿元以上
费县木材加工业、木业家具业	该县木材加工厂有近万家,还有11个专业木材市场,年加工木材800万立方米,实现产值130多亿元,占到费县整个工业产值的六成以上;木业家具产业是费县的三大支柱产业之一,目前该县各类木材家具加工企业达到1万余家,仅此一项产业,全县农民人均年可增加收入1500元以上
郯城县木材加工业	沙墩、黄山等乡(镇)杞柳加工企业28家,每年出口创汇3000万元;新村、港上等乡(镇)木材加工企业,年加工木材18万立方米,销售额占临沂批发市场的70%
经济开发区木家具业	目前临沂开发区规模以上家具制造企业已达20多家,家具产业初具规模,正全力打造北方家具制造业基地

表3 济宁市主要产业链条延展

产业	产业链条延展
汶上县木材加工业	全县木材产品种类不断增多、加工规模不断扩大、销售渠道迅速拓宽，目前已拥有多层板生产线22条，年生产多层板40万立方米；各类包装板生产线10条，年产量1万立方米；贴面装饰板生产线3条，年产量20万立方米；中、高密度纤维板生产线1条，年产量10万立方米。产品遍布吉林、黑龙江、寿光等全国各大市场，部分产品出口美国、韩国、日本、越南等。全县木材加工业户数达到500余家，其中500万元以上规模的12家；安置就业人员15000余人，人均年收入12000元以上；2008年上缴税金540万元
济宁市木材加工业	林产品加工以任城、兖州、曲阜等县市的胶合板、密度板、家具、木制品和鱼台、微山杞柳编织为主，全市杞柳编织出口创汇额超过1000万美元，木材加工企业产值过亿元的5家、过5000万元的16家、过千万元的43家、出口创汇的10家。林产品加工企业1026家，年加工木材207万立方米，年总产值38亿元
梁山县木材单板加工业	利用当地木业资源优势，借助交通局实施的"双通"工程，利用小额贷款发展木材单板加工业，沿乡村公路两旁建起板皮加工点210多家，吸收从业人员8000多人，成为农民增收支柱产业

表4 青岛市主要产业链条延展

产业	产业链条延展
胶州铺集镇木器加工业	对家具加工剩下的下脚料进行再加工，引进外资内资企业9家，扶持本地企业家具加工、胶合板厂、刨花板厂、包装箱加工、纸浆加工等企业80多家，年创利税近千万元
胶州杜村家具业	胶州杜村家具产业园取得了长足的发展，已形成集板材加工、弯曲木、实木家具制造、包装、运输等于一体，拥有家具相关企业80多家，产值超过10亿元的庞大产业，成为当地经济发展的支柱产业

表 5　德州市主要产业链条延展

产业	产业链条延展
宁津县木制家具业	宁津县素有"中国桌椅之乡"美誉，是山东省优质木制家具生产基地，目前宁津县家具企业（户）已发展到 2915 家，规模以上企业 55 家，熟练普通操作工、精雕细木工 4.5 万人。产品远销全国 20 个省市和境外 10 余个国家和地区。有各种规格的高档拼板、中高密度板、胶合板等生产企业，并建有 4 万平方米的家具交易市场
临邑木材加工业	临邑县已有木材加工企业 100 多家，从事杨木单板、多层板、杨木家具，中高密度纤维板、木雕工艺品等加工制作，从业人员近 3 万人，年销售总额突破 1.5 亿元，年创利税 3400 余万元
禹城木材加工业	贺友集团、坤达木业等多家木材加工企业，带动发展起木皮及木片加工业户百余家

表 6　泰安市主要产业链条延展

产业	产业链条延展
泰安市木材加工业	全市现有木材加工企业 392 家，其中集体 4 家，民营 27 家，个体 361 家；全市木材加工能力达 85 万多立方米，年消化木材 91 万立方米，年加工产值 4.5 亿元。目前全市木材加工企业的产品主要有中高密度板、胶合板、刨花板、木片、家具等
泰山东平木材加工业	目前该县有 90 多家木材加工企业，其中中顺纸业、金达木业、森桦木业等重点木浆造纸、板材加工项目撑起了林木加工业的主框架，原木产出的 80% 实现当地加工消化

表 7　淄博市主要产业链条延展

产业	产业链条延展
沂源县木材加工业	鲁村镇大力发展木材加工业，形成了木材购销、运输、加工为一体的产业链。年加工木材 50 多万立方米，产值达 1.5 亿元
淄川区红木家具业	西河镇是江北最大的红木家具生产基地，山东省红木家具之乡

表8　济南市主要产业链条延展

产业	产业链条延展
济阳县木材加工业	全县木材加工小区内各类木材收购、加工企业531家。其中，规模最大的仁风木材加工小区，拥有成品板加工企业4家，年销售收入均过1000万元，与之配套的木片加工企业95家，同时辐射带动运输、家具制作、商贸服务等相关业户204家，解决农村剩余劳动力2100多人

表9　聊城市主要产业链条延展

产业	产业链条延展
阳谷县木板皮深加工业	目前，全县拥有专业旋切木板皮的企业130多家，每年可加工木材800余万立方米，成为闻名的木板皮加工生产基地

附录三　山东省产业创新与发展调查问卷

尊敬的业界先进：

您好！

本次调查是为了获取山东省产业创新与发展综合状况，以便研究产业发展的动因及规律，从而为政府和产业界提供正确的政策建议。因贵公司在本地区属于代表性的公司，特恳请您拨冗填写下列问卷。我们保证调查结果仅供学术研究，衷心感谢您的支持！

一、公司基本情况调查

（请在相应选项"□"上打"√"，或直接在横线上填写）

1. 贵公司的名称_____，成立时间_____。

2. 贵公司的性质：

（1）国有公司 □　（2）集体公司 □　（3）私营公司 □　（4）三资公司 □

3. 贵公司职工总人数_____，其中初中占_____%，高中或中专占_____%，大专占_____%，本科及以上占_____%。

4. 贵公司技术人员数量：

（1）<10人 □　（2）10~20人 □　（3）20~50人 □　（4）>50人 □

5. 贵公司普通员工的主要来源：

（1）劳动力市场 □（2）人才市场 □　（3）相关公司 □（4）其他 □

6. 贵公司管理人员管理经验的主要来源：

（1）学习培训 □ （2）实践积累 □ （3）公司间交流□

（4）国际合作 □ （5）其他形式 □

7. 贵公司的竞争压力主要来自：

（1）本地公司 □（2）外地公司 □（3）国外公司 □（4）其他方面 □

8. 贵公司参与竞争的主要方式是：

（1）股市融资 □ （2）价格竞争 □ （3）产品质量竞争□

（4）营销手段竞争□（5）品牌竞争 □ （6）其他方式 □

9. 贵公司与本地其他公司间的协作关系有：

（1）产品开发 □ （2）合作营销 □ （3）员工培训 □

（4）合作购买原材料 □ （5）其他形式 □

10. 贵公司享有行业协会的服务有：

（1）相关公司信息 □ （2）信息公告板 □ （3）研讨会 □

（4）法律咨询 □ （5）政府与公司沟通桥梁 □ （6）其他服务 □

11. 贵公司获得资金的主要渠道有：

（1）银行贷款 □（2）自身积累 □（3）政府扶持 □（4）民间借贷 □

12. 贵公司获得政府的帮助有：

（1）税收减免 □（2）政策性贷款 □（3）技术培训 □（4）人才服务 □

（5）信息服务 □（6）其他服务 □

13. 贵公司与大学、科研机构的科研合作程度：

（1）非常密切 □（2）一般程度 □（3）偶尔合作 □（4）没有联系 □

14. 贵公司核心技术的来源是：

（1）自主研发 □ （2）与高校和科研机构联合研发 □

（3）引进与模仿□ （4）没有□

15. 贵公司是否具备较强的行业竞争力：

（1）具备 □（2）不具备 □

二、产业创新与发展状况调查

1. 您认为本地产业文化状况为：

（1）团结合作 □（2）良性竞争 □（3）恶性竞争 □

2. 您认为当地产业在全省的水平是：

（1）很高 □　（2）中等偏上 □　（3）中等 □

（4）中等偏下 □（5）很差 □

3. 您认为本地区产业发展战略：

（1）很完善 □　（2）比较完善 □　（3）一般 □

（4）不完善 □　（5）很不完善 □

4. 您认为当地产业集聚水平：

（1）很高 □（2）较高 □（3）一般 □（4）较差 □（5）很差 □

5. 您认为当地产业的形成过程是：

（1）靠市场自发形成 □（2）靠政府引导形成 □（3）二者兼有 □

6. 您认为技术创新对产业发展的重要性为：

（1）非常重要 □（2）比较重要 □（3）一般重要 □

（4）不大重要 □（5）无关紧要 □

7. 您认为当地产业创新与发展的环境状况为：

（1）良好 □（2）较好 □（3）一般 □（4）不够好 □（5）非常差 □

8. 您认为产业发展的良好外部环境条件表现在：

（1）支持性的产业发展政策 □　（2）熟练的劳动力 □

（3）完善的配套产业 □　　　（4）畅通的信息服务体系 □

（5）资本市场健全 □　　　　（6）完善的融资环境 □

9. 您认为产业的经济效应主要体现在：

（1）交易成本节约 □（2）区域创新 □（3）市场竞争优势 □

（4）专业化经济 □ （5）区域经济增长 □ （6）区位品牌 □ （7）社会网络

10. 您认为当地经济发展水平与产业发展的关系是：

（1）很密切 □　　（2）较密切 □　　（3）一般 □

（4）略有影响 □　　（5）没关系 □

11. 您认为本地发展循环经济对产业持续发展的意义是：

（1）很大 □ （2）较大 □ （3）一般 □ （4）略有影响 □ （5）没关系 □

三、产业创新与发展的影响因素评价

请评价下列因素对产业创新与发展的影响程度（请在所选栏目内打"√"）。

序号	项目	非常重要	比较重要	一般重要	不大重要	很不重要
1	企业发展规模与战略					
2	企业经济绩效水平					
3	企业管理理念与制度					
4	群内企业间合作与交流					
5	相关支撑产业的发展					
6	企业的技术创新能力					
7	政府支持企业创新					
8	与高校及科研机构合作					
9	当地企业间的竞争					
10	当地行业协会的作用					
11	当地资源供应					
12	当地资源潜力					
13	当地地理位置及交通					
14	当地融资渠道便利性					
15	当地基础设施建设水平					
16	当地公共服务水平					
17	政府发展战略及政策					
18	当地行业文化					
19	从业人员素质					
20	其他因素（请写出）					

致 谢

本书在写作过程中，得到潍坊市科技局宿廷波科长、王昆科长、王东兴科长及相关工作人员的大力支持，提供了关于山东省及潍坊市科技创新发展的大量具体的一手资料；得到山东省发展改革委、潍坊市发展改革委领导及工作人员的大力支持，提供了关于潍坊市产业发展的大量翔实的资料。

在此，特向以上领导和专家表示衷心的感谢！

周志霞

2021 年 6 月